A
IMBECILÍADA

de
Alexander Pope

A

IMBECILÍADA

tradução de
JOSÉ IGNACIO MENDES

2021

© FARIA E SILVA Editora, 2021

Editor
Rodrigo de Faria e Silva

Revisão
Danielle Mendes Sales

Projeto gráfico
Carlos Lopes Nunes

Diagramação
Estúdio Castellani

Capa
Carlos Lopes Nunes

O desenvolvimento desta tradução foi generosamente auxiliado por uma bolsa de residência na Übersetzerhaus Looren (Zurique, Suíça).

Dados Internacionais de Catalogação na Publicação (CIP)

Pope, Alexander

Imbecilíada / Alexander Pope, – São Paulo: Faria e Silva Editora, 2021
232 p.

ISBN 978-65-89573-46-3

1. 820 – Literatura inglesa

FARIA E SILVA Editora
Rua Oliveira Dias, 330 | Cj. 31 | Jardim Paulista
São Paulo | SP | CEP 01433-030
contato@fariaesilva.com.br
www.fariaesilva.com.br

SUMÁRIO

Introdução, *8*
Esta tradução, *15*
Para que nos ouçam os surdos, *18*

A IMBECILÍADA EM QUATRO LIVROS, *20*
Aviso ao leitor, *23*
Por autoridade, *24*
Epígrafes, *25*
Uma carta ao editor, *26*
Testemunhos de autores, *32*
Martinho Escrevinho sobre o poema, *53*
Ricardo Aristarco sobre o herói do poema, *57*

A IMBECILÍADA, *66*
Livro primeiro, *68*
Livro segundo, *92*
Livro terceiro, *122*
Livro quarto, *146*

Apêndices, *187*
  I. Prefácio às primeiras edições, *188*
  II. Uma lista de livros, artigos e poemas, *192*
  III. Advertência à 1ª edição 1729, *196*
  IV. Advertência ao Livro Quarto, 1742, *198*
  V. *The Guardian*, sobre as pastorais, *199*
  VI. Do Poeta Laureado, *206*
  VII. Anúncio, 1730, *210*
  VIII. Um paralelo entre os caracteres Dryden e Pope, *211*
Do autor, uma declaração, *216*

Índice das pessoas celebradas neste poema, *217*
Índice dos assuntos contidos neste poema e notas, *220*

Terminologia e opções de tradução, *226*
Referências bibliográficas, *229*

INTRODUÇÃO

por José Ignacio Mendes

Pope: poeta sublime e ressentido

Precoce, genial, doentio, combativo. Alexander Pope (1688-1744) foi tudo isso e mais ainda. Para alguma parte do público, é possível que Pope tenha se tornado conhecido porque um verso seu deu título ao filme *Eternal Sunshine of the Spotless Mind* (Brilho eterno de uma mente sem lembranças), de 2004. A citação foi tirada de *Heloísa a Abelardo* (1717):

How happy is the blameless vestal's lot!
The world forgetting, by the world forgot.
Eternal sunshine of the spotless mind!
Each pray'r accepted, and each wish resign'd.

Feliz é o fado da vestal impoluta!
Ao mundo alheia, do mundo oculta.
Brilho solar da mente sem defeito!
Cada prece atendida, cada desejo desfeito.
                      (versos iniciais da estrofe 14, trad. minha)

O título do filme remete ao gosto da personagem Mary por citações, as quais Pope forneceu em abundância à língua inglesa: "*Who breaks a butterfly upon a wheel?*", "*Fools rush in where angels fear to tread*", "*Damn with faint praise*", "*To err is human, to forgive, divine*", "*Hope springs eternal in the human breast*", "*A little learning is a dangerous thing*", "*To wake the soul by tender strokes of art*".[1]

A importância literária de Pope é indiscutível. Pouco após sua morte, ele já figurava no cânone da língua: Robert Lowth (1710-1787), autor de uma das primeiras e mais influentes gramáticas inglesas (1762), inclui Pope entre os mais destacados autores do idioma, junto com Shakespeare, Milton e Swift;

---

[1] Muitos desses versos que se tornaram aforismos foram inscritos no monumento contemporâneo *Pope's Urn*, erigido na localidade de Twickenham, na região metropolitana de Londres, onde o poeta residiu a maior parte de sua vida adulta.

Pope também é um dos sete autores mais citados por Samuel Johnson (1709-1784) em seu célebre e pioneiro dicionário (1755), junto com Shakespeare, Dryden, Milton, Addison, Bacon e a Bíblia.[2]

Desde muito cedo Pope foi um leitor voraz, que aprendeu sozinho francês, italiano, latim e grego, e leu Homero aos seis anos de idade. Acedeu à fama instantânea aos 21 anos de idade, com a publicação de suas *Pastorais* (1709). Admirado pela sua métrica musical, ganhou amigos notáveis, e também inimigos para a vida toda, ao publicar o *Ensaio sobre a crítica* (1711). Entre suas obras de juventude, o domínio dos clássicos e a veia satírica expressas em *O rapto da madeixa* (1712) eram contrabalançados pelo lirismo pré-romântico de *Heloísa e Abelardo*.

A devoção aos livros pode ter sido acentuada por uma saúde frágil, vitimada por tuberculose da espinha dorsal, que se manifestou aos 12 anos de idade, deixando-o curvado para a frente e para o lado, e com baixa estatura (1,37 m). Tal enfermidade também provocava dificuldades respiratórias, febre, olhos inflamados e dores abdominais e de cabeça. Aos padecimentos corporais se somava uma posição social marginalizada, pois os católicos como ele eram proibidos por lei de morar a menos de 16 km de Londres, de possuir terras, de ocupar cargos públicos e de frequentar escolas e universidades.[3] A condição plebeia de Pope, filho de um mercador de tecidos, e sua fidelidade ao regime Tory destituído após a morte da rainha Ana em 1714, completaram o cenário para fazer dele um autodidata, tirando duas breves passagens por escolas católicas clandestinas.

Congregação do cacete

As adversidades pessoais e familiares não impediram Pope de adentrar o mundo das letras com panache, lançando-se em diversas polêmicas. Entre 1713 e 1714 ele tomou parte nas atividades do Scriblerus Club, agremiação literária da qual também faziam parte, entre outros, o grande amigo de Pope, clérigo e escritor satírico Jonathan Swift (1667-1745), o poeta e dramaturgo John Gay (1685-1732) e o matemático e satirista John Arbuthnot (1667-1735), anfitrião e mentor do grupo, homem de conhecimento universal nas ciências e nas artes que, entre inúmeras realizações, foi médico particular da rainha Ana e criou a figura patriótica de John Bull, que personifica a Inglaterra. O clube

---

[2] *The Cambridge Encyclopedia of the English Language* (*CEEL*), p. 79 e 75.
[3] Rumbold, p. 9.

tirava seu nome do personagem fictício Martinus Scriblerus, cujas pretensas obras os membros escreveram alternada ou conjuntamente, parodiando a erudição pedante que desprezavam em certos intelectuais da época. Foi sob inspiração de Scriblerus, nesse ambiente de "sagacidade, indignação conservadora e camaradagem",[4] que a quadrilha satírica produziu suas obras mais notáveis: em 1726 as *Viagens de Gulliver*, de Swift, em 1728 a *Ópera do mendigo*, de Gay, a primeira *Dunciad*, de Pope, e o pseudo tratado estilístico *Peri Bathous, ou Da arte de afundar na poesia*, de Pope com contribuição de Arbuthnot, atribuído a Scriblerus. Mas essa saraivada de azedume ainda não foi o bastante para Pope, cujos alvos incluíam não apenas muares – os *dunces*, que são asnos – mas também o gado caprino, na forma de tantos bodes expiatórios.

Vingança em tetrâmetros

Se uns acham que rir é o melhor remédio, outros pensam que a defesa é o melhor ataque. Alexander Pope, por sua vez, juntou os dois provérbios num só e compôs um ataque próprio a provocar o riso, para defender-se das injustiças que julgava sofrer e remediar seu orgulho ferido. "*No other remedy*", ele pode ter pensado, acrescentando em inglês, ao sentido farmacológico do termo, a conotação de recurso judicial. Outra junção de sentidos foi ocasionada pela formulação em inglês do segundo provérbio: "*Best defense is an offense*". Na tradução em português de "*offense*", à ofensiva se adiciona a ofensa, o que descreve perfeitamente a *Dunciad*, obra em que o insulto é manejado com agressividade e destreza aptas a suscitar a injúria. Assim o fez "*to add insult to injury*", devem ter se queixado os alvos da investida sarcástica de Pope, e não se queixaram calados. Para piorar as coisas (e não "adicionar insulto a injúria", numa trôpega tradução literal), retrucaram com outras sátiras, cartas e panfletos que, se não tinham o mesmo calibre poético, igualavam-se no empenho belicoso. Mas quem foram eles e o que terão feito para causar a ira do poeta? Sem sabê-lo, reduzem-se consideravelmente as chances de entender ou apreciar a diatribe vingativa de Pope.

O ESTOPIM DA ÉPICA ESTÚPIDA

O infeliz que pisou nos calos do vate foi Lewis Theobald (1688-1744), nêmesis predestinada do poeta, nascido e morto no mesmo ano que ele, e

---

[4] Rumbold, p. 3.

que Pope, por despeito travestido de divergência fonética, insiste em grafar "Tibbald". Não que tenha sido o primeiro a melindrá-lo, muito longe disso. O franzino, enfermiço e complexado Pope era de uma irritabilidade notória. Seus oponentes de longa data já haviam sido satirizados em obras anteriores, como o *Ensaio sobre a crítica* e o *Peri Bathous*, e continuariam sendo em escritos posteriores, como a *Epístola ao Dr. Arbuthnot* (1735) e farta correspondência escrita com verve e veneno.

Mas Theobald gerou o incidente que deu origem à *Dunciad*. Não que ele fosse um tonto – era um erudito, tradutor e editor de renome. Nesse mister, aliás, superava em muito o poeta, que também se aventurava pela tradução, crítica textual e edição de livros. Em 1725, Pope publicou sua edição das obras completas de Shakespeare, por encomenda do editor Jacob Tonson. Theobald julgou-a deficiente do ponto de vista da ecdótica e lançou em 1726 sua própria edição. Quiçá magoado com a publicação anterior à sua, que terá lhe parecido um trabalho apressado e amador, Theobald intitulou sua edição nada menos que: *Shakespeare restored, or a specimen of the many errors as well committed as unamended by Mr Pope in his late edition of this poet; designed not only to correct the said edition, but to restore the true reading of Shakespeare in all the editions ever published*.[5]

Muito menos que isso bastaria para despertar no concorrente uma irritação que, na realidade, nunca adormecia. Tamanha foi a fúria de Pope que levou três anos para se extravasar numa sátira de 1.098 versos, na qual Theobald – ou "Tibbald" – figura como acólito eleito da deusa Dulness, que o preparará para espalhar sobre a Terra seu reinado de imbecilidade. A primeira edição da *Dunciad*, na qual o texto do poema vinha dividido em três livros, saiu em 1728 anonimamente. As reações foram imediatas. Essa primeira versão do poema trazia apenas as iniciais dos injuriados, que logo se manifestaram, acertadamente ou não, retrucando na imprensa com a virulência característica dos escritos polêmicos da época. Toda essa destilação de fel acabou por produzir uma sequência de edições do poema repleta de variações textuais.[6] Depois da primeira edição em três livros, veio uma segunda edição ligeiramente revista e acrescida de prefácios, notas e apêndices, intitulada *Dunciad Variorum*, em 1729. Nela Pope coligiu numerosos ataques que sofreu e respondeu a eles com

---

[5] Shakespeare restaurado, ou uma amostra dos muitos erros cometidos ou não emendados pelo Sr. Pope em sua edição recente desse poeta, concebida não apenas para corrigir tal edição, mas para restaurar a genuína leitura de Shakespeare em todas as edições já publicadas.
[6] Rumbold, p. 1.

igual vitupério, muitas vezes através do aparato crítico paródico atribuído à persona de Martinus Scriblerus, suposto editor da obra.

Mas a posteridade viria a dar razão a Theobald. As edições completas de Shakespeare de Edmond Malone e James Boswell, do fim do século XVIII e início do XIX, nas quais se baseiam as mais recentes, apoiaram-se na última edição de Theobald, de 1733 (também publicada por Tonson). Foi ele que escolheu as variantes mais abalizadas, suprimiu interpolações dos atores e desfez muitas alterações espúrias de edições anteriores. Até prevaleceu na sua opção de grafia do nome do Bardo: Shakespeare, o "sacode-lança", e não Shakspeare, como preferia Pope.

UM NOVO ALVO

Se Pope pudesse saber disso, não se imagina quantos versos mais teria que escrever para cuspir sua bile. (Ou esconder o remorso, já que incorporou a maioria das correções de Theobald em sua segunda edição de Shakespeare em 1728...) Mas o destino lhe deu outra ocasião de remoer seu desgosto. Seu antigo desafeto Colley Cibber (1671-1757) cruzou novamente seu caminho ao ser eleito Poeta Laureado em 1730, o que provocou mais um decênio de pirraças de ambas as partes. Nessa quizila, Pope destituiu "Tibbald" do pé do trono de Dulness e pôs em seu lugar o ator cômico de sucesso, gerente teatral bem-sucedido e dramaturgo precário Cibber, cuja acessão ao posto de rei dos idiotas motivou um quarto livro de 656 versos, mais longo que qualquer dos precedentes. Esse novo livro acompanhado de comentários, conhecido como *New Dunciad*, saiu em 1742. Pouco depois, com ajuda de seu secretário, William Warburton, Pope ainda produziu em 1743 uma edição definitiva do poema que reunia os três primeiros livros revistos e o quarto livro ligeiramente revisto com comentários e notas também revistos, apelidada *Dunciad in Four Books*.

UMA EPOPEIA DA IMBECILIDADE

Todas as versões da *Dunciad* compartilham um mesmo tema principal: a deusa Dulness, em guerra contra a razão, as luzes e a bondade, vem à terra promover a estupidez, a escuridão, o mal e a insipidez, escolhendo um acólito para instaurar um reinado de decadência, imbecilidade e mau gosto. O próprio autor acrescentou, no começo de cada livro, uma sinopse do enredo, que facilita muito a vida dos leitores ao destacar os raros acontecimentos do poema. No Livro I, Dulness escolhe Bays (*alter ego* de Cibber), que estava prestes a queimar seus escritos, como seu acólito para promover a degeneração da poesia. No Livro II, ela promove jogos variados para homenagear o recém-coroado Bays. No Livro III, Bays visita o mundo subterrâneo, onde vê um panorama mundial da degradação do intelecto e recebe a profecia de que vai realizar feitos semelhantes no teatro. No Livro IV, enfim, Dulness convoca seus asseclas das mais diversas procedências para estender as trevas e o caos por todo o universo.

Essa extensa alegoria concatenada vem expressa num estilo elevado, repleto de metáforas e alusões mitológicas, que adota o *heroic couplet*, dístico constituído de tetrâmetros rimados, que Pope havia ajudado a firmar como a forma poética consagrada para a epopeia traduzida ou composta em língua inglesa, e que ele era conhecido por manejar com habilidade.[7] Alguns episódios são tirados de epopeias clássicas (como os jogos fúnebres no canto XXIII da *Ilíada*, a visita ao mundos dos mortos e a visão profética no livro VI da *Eneida*), com referência à sua origem indicada em notas ao texto. Neles, as ações e motivações altaneiras dos heróis da Antiguidade são substituídas por outras mesquinhas e grotescas dos alvejados, assim ridicularizadas por contraste com o arcabouço épico em que se desenrolam.

No entanto, para além da função satírica, o poema manifesta o apreço de Pope pelos clássicos, que ele lia desde muito jovem e cultuou durante toda a vida, tendo traduzido a *Ilíada* em 1715-1720 e a *Odisseia*, com colaboradores, em 1725-1726, e redigido imitações de *Odes* e *Epístolas* de Horácio. Amigo de Swift e dos defensores de uma linguagem pretensamente pura,[8] ele havia tomado partido retrospectivamente nos ecos da Querela dos Antigos e dos Modernos, que vigera no fim do século XVII, defendendo as teses estéticas e morais dos Antigos, que davam primazia a uma educação classicista livresca e formal sobre o empirismo mais democrático das ciências físicas nascentes.[9] Essa opção, embora tenha engendrado versos sublimes, principalmente em sua poesia lírica, levou-o a cultivar dissensões por motivos que, com distanciamento, parecem irrelevantes, em questões que amiúde já haviam sido decididas em gerações passadas. Vejamos: na religião, Pope era perseguido por ser católico num país protestante; na política, era preterido por ser Tory numa monarquia Whig; na edição, foi superado por Theobald; e, na estética, defendeu com dogmatismo uma causa perdida. Ou seja, pode-se dizer que, em sua época, toda a magna diatribe de Pope estava do lado errado da história.

---

[7] Rumbold, p. 12.
[8] *CEEL*, p. 73.
[9] Rumbold, p. 3-4.

ESTA TRADUÇÃO

O sufixo –*iad* no título da *Dunciad* remete aos títulos das épicas clássicas admiradas por Pope: a grega *Ilíada* de Homero, a latina *Eneida* de Virgílio; a mesma forma se encontra nos *Lusíadas* portugueses de Camões. Todos consistem na junção de um nome próprio com tal sufixo: Ílion, outro nome para a cidade de Troia, arrasada pela guerra; Enéas, que escapa à hecatombe troiana e acaba por fundar a cidade de Roma; e os lusos navegadores.[10] A piada de Pope foi substituir um nome próprio ou gentílico a enaltecer por um adjetivo depreciativo: *dunce*. Um adjetivo: imbecil. Mais o sufixo: a *Imbecilíada*. O destino foi selado num átimo: quando descobri a tradução para o título, decidi que deveria traduzir a obra inteira.

    Esquivei-me à pretensão de opinar sobre a fixação do texto, cujo histórico é longo e atribulado, e recorri ao trabalho primoroso de Valerie Rumbold, que editou e comentou *The Dunciad in Four Books* (Londres, Routledge, 1ª ed. 1999, 2ª ed. 2009, reimpr. 2014, 456 p.). Seguindo a recomendação dela, traduzi, além do texto definitivo do poema em quatro livros, os diversos prefácios e apêndices e as notas de cunho satírico apostas por Pope e alguns colaboradores. Tais notas, em que se desdobram numa forma pseudo erudita numerosas paródias, injúrias e desavenças paroquiais, fazem parte, segundo Rumbold, da experiência integral do texto.[11] No texto em inglês, mantive a grafia preservada por ela, incluindo as particularidades e inconsistências de ortografia, caixa-alta, itálicos, pontuação e abreviações da edição original. Na tradução, adotei as grafias modernizadas dos nomes próprios conforme indicadas nos comentários editoriais da edição Rumbold, expandi as abreviações de nomes de obras e autores clássicos e inseri as referências completas das citações gregas e latinas quando fornecidas pela professora. A única intervenção que fiz, divergindo do texto fixado por Rumbold, foi manter trechos do texto ou, com mais frequência, das notas e do aparato pré e pós-textual que foram suprimidos na edição final em quatro livros de 1743. Esses

---

[10] As três épicas são citadas por Pope no Apêndice I como modelo para o título da *Dunciad*.
[11] Rumbold, p. 2 e 401.

trechos aparecem na edição de *The Poetical Works of Alexander Pope*, vol. II, 1856, de George Gilfillan, disponível no Project Gutenberg. Foram assinalados entre colchetes e também traduzidos.

Por coerência com a *Imbecilíada*, traduzi *dunce* em todas as ocorrências como "imbecil". Porém, muito mais difícil que traduzir o título foi encontrar uma tradução para o nome da deusa Dulness. Depois de numerosíssimas tentativas, pensei que seria interessante que o nome da deusa correspondesse ao de seus acólitos, qualificados no poema de *dull*, que podem ser os "torpes". Juntando essa ideia com as de neologismo e palavra curta, cheguei em "Tôrpia". O histórico dessa busca e outras opções de tradução aparecem num anexo no final deste volume.

Cabe também uma explicação sobre a pontuação: Pope pontua à maneira renascentista, utilizando os sinais menos como divisores lógicos de sintaxe da frase e mais como marcadores retóricos para a recitação. Uma característica notável pela abundância com que aparece é seu uso dos dois-pontos onde modernamente se empregaria vírgula ou ponto e vírgula.[12] Outra idiossincrasia de Pope é inserir pontos de exclamação no meio das orações, de modo que a carga enfática que a oração contém (e seria expressa pela exclamação ao final) é situada após uma unidade de sentido (como um vocativo) no começo da frase. Exemplos esclarecem:

> *A Gothic library! of Greece and Rome*
> *Well purged, and worthy Settle, Banks, and Broome.*
> Uma biblioteca gótica da Grécia e de Roma
> Bem purgada, e os valorosos Settle, Banks e Broome!
> (I 145-6)

> *Dulness! whose good old cause I yet defend,*
> *With whom my Muse began, with whom shall end,*
> *E'er since Sir Fopling's periwig was praise,*
> *To the last honours of the butt and bays:*
> Tôrpia! Cuja boa velha causa eu ainda defendo,
> Com quem minha Musa começou, com quem acabará,
> Desde que a peruca de Sir Fopling foi elogio
> Até as últimas honras das plumas e lauréis.
> (I 3-6)

---

[12] *CEEL*, p. 68.

Nesses casos, como se vê, podem ocorrer duas intervenções: o ponto de exclamação é deslocado para o fim da oração quando este estava próximo, ou as minúsculas após o ponto de exclamação interveniente são trocadas por maiúsculas, assinalando o início de nova oração.

Outra questão grafológica é a profusão de substantivos comuns com inicial maiúscula no original. Porém, nessa herança germânica se verifica uma flutuação no uso (ao contrário da língua alemã, que emprega maiúsculas sistematicamente para todo substantivo).[13] Para adequar a grafia aos padrões atuais e favorecer a legibilidade e entendimento, mantive as maiúsculas somente quando denotavam personificação de conceito.

---

[13] *CEEL*, p. 67.

PARA QUE NOS OUÇAM OS SURDOS

Mas por que traduzir a *Dunciad*? Alguns motivos circunstanciais justificam a empreitada. Do ponto de vista editorial, a *Imbecilíada* é a obra máxima de Pope, em extensão e tempo de criação,[14] portanto vale torná-la conhecida do público leitor em português, que tem pouco contato com esse autor. Academicamente, para os cultores da história das ideias, interessa por ser um retrato da sua época, no qual o poeta critica a corrupção governamental, o comercialismo das artes e a decadência do gosto,[15] documentando as posições filosóficas, estéticas, políticas, religiosas e sociais dos seus partidários e adversários. Quanto ao feitio literário, é uma obra colaborativa na sua concepção inicial e nas notas, prefácios e apêndices,[16] que nasceu gêmea das *Viagens de Gulliver* de Swift e da *Ópera do mendigo* de John Gay.[17]

Todavia, num nível mais profundo, a *Imbecilíada* é a expressão de um autor insatisfeito com seu país e com seu tempo. E quem não está, em qualquer lugar e a qualquer momento? Podemos suspeitar que aqueles que estão por demais satisfeitos com o mundo tal como o conhecem não enxerguem as mazelas próprias à sua realidade social ou os vícios inextirpáveis da natureza humana. Se conseguirmos ignorar as picuinhas obsoletas da *Imbecilíada*, na essência ela nos recorda que sempre há razão para se insurgir ou aprimorar. A obra pode ser lida não só como sátira, mas também como uma meditação e advertência sobre a ignorância, sempre válida e fundamental, em qualquer tempo e lugar, no combate incessante para conduzir a natureza humana em direção a um pouco mais de moral e razão.

Teria Pope tido algum sucesso em desbaratar nossa imbecilidade contemporânea? Temo que não, pois sua abordagem, parcial e vingativa, estava fadada a acrescentar mais lama ao palude. Então quem nos socorrerá contra o avanço da torpeza, nesta nossa época em que aqueles que pretendem

---

[14] Rumbold, p. 1.
[15] Rumbold, p. 11.
[16] Rumbold, p. 2.
[17] Rumbold, p. 3.

denunciar a idiotice com maior estardalhaço e grosseria só dão provas da sua própria tacanhez? ("*It takes one to know one*", diria Pope.) Certamente não o tradutor, que se esforçou apenas – e já foi demais – para apresentar a obra ao público, que a julgue e faça dela o que bem quiser. Mas talvez o leitor, se souber enxergar além das rixas e acusações, e precaver-se contra a estupidez alheia – e a própria.

E valha-me, Tôrpia!

A IMBECILÍADA EM QUATRO LIVROS

de Alexander Pope

Tradução de José Ignacio Mendes

> "And your wise men don't know how it feels
> To be thick as a brick."
>
> Ian Anderson, na suíte que compõe o álbum
> *Thick as a Brick*, do Jethro Tull
> (1972)

A
IMBECILÍADA
EM
QUATRO LIVROS

Impressa conforme a cópia completa
encontrada no ano de 1742

com os
Prolegômenos de Escrevinho
e
Notas diversas

Aos quais se acrescentam
Várias notas publicadas agora pela primeira vez, a Hipercrítica
de Aristarco e sua *Dissertação* sobre o Herói do Poema.

Tandem Phoebus adest, morsusque inferre parantem Congelat,
et patulos, ut erant, indurat hiatus. Ovídio [*Metamorfoses* XI 58, 60]

LONDRES,
Impresso por M. Cooper no Globe em Pater Noster Row,
MDCCXLIII.

AVISO AO LEITOR

Por muito tempo tive a intenção de dar alguma espécie de Notas sobre as obras deste poeta. Antes de ter a felicidade de conhecê-lo, eu havia escrito um comentário sobre o seu *Ensaio sobre o homem*, e desde então concluí outro acerca do *Ensaio sobre a crítica*. Já havia um sobre a *Imbecilíada*, que gozou da aprovação geral; mas ainda creio que faltavam alguns acréscimos (num tom mais sério) às notas humorosas de Escrevinho, e até àquelas escritas pelo Sr. Cleland, Dr. Arbuthnot e outros. Tive recentemente o prazer de passar alguns meses com o autor no campo, onde o persuadi a fazer o que eu desejava há muito tempo, e favorecer-me com sua explicação de várias passagens em suas obras. Aconteceu que, bem nessa ocasião, foi publicado um livro ridículo contra ele, cheio de reflexões pessoais, que lhe proporcionou a feliz oportunidade de melhorar este poema, conferindo-lhe a única coisa que faltava – um herói mais considerável. Ele sempre teve consciência do seu defeito nesse particular, e admitiu que o havia deixado passar com o herói que tinha simplesmente por falta de outro melhor; e não conservava a menor expectativa de que havia algum reservado para essa posição como o que desde então obteve o laurel: mas já que isso aconteceu, ele não podia mais negar essa justiça a ele ou à *Imbecilíada*.

    E no entanto me arriscarei a dizer que havia outro motivo que teve ainda mais peso junto ao nosso autor. Essa pessoa era tal que de cada idiotice (para não dizer vício) da qual outra se envergonharia derivou constantemente uma vaidade; e portanto era o homem no mundo que menos seria ferido por ela.

WILLIAM WARBURTON

POR AUTORIDADE

Em virtude da Autoridade em nós investida pela Lei para sujeitar os poetas ao poder de um censor, nós revisamos esta peça; na qual, constatando que o título e apelação de Rei foram dados a um certo fingidor, pseudo poeta ou fantasma, de nome Tibbald; e temendo que o mesmo pudesse ser considerado de certa forma uma reflexão sobre a Majestade, ou pelo menos um insulto à Autoridade Legal que conferiu a outra pessoa a coroa da poesia: Nós ordenamos que o dito fingidor, pseudo poeta ou fantasma desapareça e evapore completamente desta obra: E declaramos que o dito Trono da Poesia a partir deste momento está abdicado e vacante, a menos que seja devida e licitamente ocupado pelo próprio Laureado. E fica por meio desta estipulado que nenhuma outra pessoa pretenda preencher o mesmo.

EPÍGRAFES

Dennis, observações sobre o Pr. Arthur

Não posso deixar de pensar que é a coisa mais razoável do mundo distinguir bons escritores desincentivando os maus. Tampouco é uma coisa malevolente, com relação até às próprias pessoas acerca das quais as reflexões são feitas. É verdade, pode privá-las, um pouco mais cedo, de um lucro fugaz e reputação transitória; mas talvez possa ter um bom efeito, e obrigá-las (antes que seja demasiado tarde) a declinar aquilo para o que elas são tão inaptas, e a ter recurso a algo em que possam ter mais êxito.

Caráter do Sr. P., 1716

As pessoas que Boileau atacou em seus escritos eram em sua maioria autores, e a maioria desses autores, poetas: e as censuras que ele lhes infligiu foram confirmadas por toda a Europa.

Gildon, pref. a seu novo Ensaio

É grito comum dos poetastros da cidade, e seus sequazes, que é uma coisa malevolente expor os que fingem ter lume e poesia. Os juízes e magistrados podem, com boa e íntegra razão, ser censurados por malevolência quando executam as leis contra um ladrão ou impostor. O mesmo vale na república das letras, se os críticos e juízes deixarem cada ignorante que aspira a escrevinhar impingir-se ao público.

Theobald, carta ao *Mist*, 22 de junho de 1728

Ataques podem ser direcionados contra falhas do gênio ou contra a pretensão de escrever sem ele.

Concanen, ded. ao autor da *Imbecilíada*

A sátira da torpeza é coisa que foi praticada e permitida em todas as eras.

Pelo que sai de tua própria boca eu te julgarei, perverso escrevinhador!

UMA CARTA AO EDITOR
OCASIONADA PELA PRIMEIRA EDIÇÃO CORRETA DA *IMBECILÍADA*

É com prazer que fiquei sabendo que o Sr. providenciou uma cópia correta da *Imbecilíada*, que as muitas outras espúrias tornaram tão necessária; e é com mais prazer ainda que fui informado de que ela será acompanhada de um comentário; uma obra tão necessária que não posso pensar que o próprio autor a teria omitido, caso tivesse aprovado a primeira publicação deste poema.

As notas tais como me ocorreram, envio-as ao Sr. por meio desta: o Sr. me fará um favor se as inserir entre as que foram, ou serão, transmitidas ao Sr. por outros; pois não apenas os amigos do autor mas até estranhos parecem empenhados, por bondade, em tomar cuidado de um órfão de tanto gênio e espírito, que o genitor parece ter abandonado desde o início, e sofreu por ter vindo ao mundo nu, desguardado e desacompanhado.

Eu estava lendo alguns dos artigos ofensivos publicados recentemente quando minha grande consideração por uma pessoa cuja amizade eu estimo como uma das maiores honras de minha vida e um respeito muito maior pela verdade do que por ele ou qualquer homem vivo lançaram-me em investigações das quais as notas anexas são o fruto.

Percebi que a maioria desses autores foram (sem dúvida com a melhor razão) os primeiros agressores. Eles haviam tentado, até ficarem exaustos, o que podia ser obtido ralhando um contra o outro; ninguém estava nem preocupado nem surpreso se esse ou aquele escrevinhador se mostrasse um imbecil. Mas cada qual estava curioso para ler o que podia ser dito para provar que o Sr. Pope o era, e estava pronto a pagar algo por essa descoberta; um estratagema que, caso eles o admitam com justiça, poderia não apenas redimi-los aos meus olhos, mas resguardá-los do ressentimento de seus lídimos superiores, que eles ofendem diariamente, apenas (como caridosamente espero) para obter *através* deles aquilo que não conseguem obter *deles*.

Descobri que isso não era tudo. O insucesso nisso os havia movido à ofensa pessoal, seja contra ele ou (o que penso que ele menos poderia perdoar) contra seus amigos. Eles haviam chamado homens de virtude e honra de homens maus, muito antes que ele tivesse a oportunidade ou inclinação de chamá-los de maus escritores; e alguns haviam sido ofensores há tanto tempo que ele já tinha esquecido suas pessoas e suas calúnias, até que eles tiveram o prazer de revivê-las.

Mas o que tinha feito o Sr. Pope antes para incensá-los? Ele tinha publicado essas obras que estão nas mãos de todos, nas quais não há a mínima menção a nenhum deles. E o que ele fez desde então? Ele riu e escreveu *A Imbecilíada*. O que foi dito deles ali? Uma verdade muito séria, que o público havia dito antes, que eles eram torpes; e nem bem isso foi dito que eles mesmos se deram grandes trabalhos para conseguir, ou até comprar, espaço na imprensa para atestar por suas próprias mãos que isso era verdade.

Eu deveria ter ficado em silêncio se tivesse visto qualquer inclinação em meu amigo para ser sério com tais acusadores ou se eles tivessem apenas mexido com seus escritos; pois qualquer um que publica expõe si mesmo ao juízo no seu país. Mas quando seu caráter moral foi atacado, e de uma maneira da qual nem a verdade nem a virtude podem defender o mais inocente; de uma maneira que, mesmo aniquilando o crédito da acusação perante os justos e imparciais, ainda assim agrava muito mais a culpa dos acusadores; refiro-me a autores sem nomes; então pensei, já que o perigo era comum a todos, que a preocupação devia sê-lo também; e que era um ato de justiça detectar os autores, não apenas por conta disso, mas também porque muitos deles são os mesmos que, por vários anos passados, fizeram pouco caso dos maiores nomes da Igreja e do Estado, expuseram ao mundo os infortúnios privados de famílias, ofenderam a todos, até as mulheres, e cujos artigos prostituídos (para um ou outro partido, nas infelizes divisões de seu país) insultaram os caídos, os desamparados, os exilados e os mortos.

Além disso, que considero ser uma preocupação pública, já confessei que tenho outra particular. Faço parte daqueles que há muito amam e estimam o Sr. Pope; e por muitas vezes declarei que não era sua capacidade ou seus escritos (que sempre pensamos ser a parte menos valiosa de seu caráter), mas o homem honesto, aberto e benfazejo o que mais estimamos e amamos nele. Porém, se o que essas pessoas dizem for crido, devo parecer a todos meus amigos ora um tolo, ora um patife; ora tapeando a mim mesmo, ora tapeando a eles; de modo que estou tão interessado em refutar essas calúnias quanto ele próprio.

Não sou autor, e consequentemente não posso ser suspeito de inveja ou ressentimento contra qualquer um desses homens, dos quais nem um sequer me é conhecido de vista; e quanto aos seus escritos, procurei-os (nesta ocasião) em vão, nos gabinetes e bibliotecas de todos os meus conhecidos. Eu ainda os desconheceria se um cavalheiro não me houvesse fornecido (suponho que vindo de alguns deles, pois geralmente são muito mais perigosos amigos que inimigos) os trechos que envio ao Sr. Eu protesto solenemente que não acrescentei nada à malícia ou absurdidade deles; o que me compete declarar, já que as provas disso serão logo e irrecuperavelmente perdidas. O Sr. pode em certa medida impedi-lo, preservando pelo menos seus títulos,[18] e desvelando (até onde puder depender da veracidade de sua informação) os nomes dos autores ocultados.

A primeira objeção que ouvi ser feita ao poema é que as pessoas são demasiado obscuras para uma sátira. As pessoas mesmas, ao invés de permitir a objeção, perdoariam a sátira; e, caso se pudesse ser tentado a oferecer uma resposta séria, não seriam todos os assassinatos, insurreições populares, a insolência da corja nas ruas, e dos criados nas casas, castigados com a maior injustiça se a vileza dos ofensores os isentasse de punição? Ao contrário, a obscuridade os torna mais perigosos, por menos se pensar neles: o direito só pode emitir juízo acerca de fatos observáveis; somente a moralidade pode censurar as intenções maliciosas; de forma que, para a calúnia secreta, ou a flecha que voa no escuro, não resta punição pública, exceto a que um bom escritor inflige.

A objeção seguinte é que essa espécie de autores são pobres. Isso poderia ser alegado como desculpa no Old Bailey[19] por crimes menores que a difamação (pois é o caso de quase todos os que são julgados lá), mas decerto não pode ser aqui: afinal, quem afirmará que roubar outro de sua reputação compensa a falta dela em si mesmo? Não questiono que tais autores sejam pobres, e desejo ardorosamente que a objeção fosse removida por qualquer ganha-pão honesto. Mas a pobreza aqui é o acidente, não o tema: quem descreve a malícia e vilania como pálidas e magras não expressa a menor raiva contra a palidez ou magreza, mas contra a malícia e vilania. O boticário em *Romeu e Julieta* é pobre; mas teria portanto justificativa para vender veneno? A pobreza em si mesma torna-se justo tema de sátira quando é consequência do vício, prodigalidade ou negligência da ocupação lícita da pessoa; porque então aumenta os encargos públicos, enche as ruas e estradas de ladrões, e os sótãos de adulteradores, falsários e jornalistas.

Mas admitindo que dois ou três deles ofendem menos em sua moral que em seus escritos, deve a pobreza tornar sagrado o absurdo? Se assim fosse, a fama dos autores ruins seria tratada com muito mais proveito que a de todos os autores bons no mundo; e não haveria um de cem que já tivesse sido chamado pelo seu devido nome.

---

[18] O que fizemos numa lista impressa no Apêndice.
[19] [N.T.] Old Bailey, a corte criminal central de Londres.

Eles confundem toda a questão: não é caridade incentivá-los no caminho que seguem, mas tirá-los dele; pois os homens não são palermas porque são pobres, mas são pobres porque são palermas.

Não é divertido ouvir nossos autores vociferar por um lado, como se suas pessoas e caracteres fossem demasiado sagrados para a sátira, e o público objetar por outro que eles são demasiado vis até para o ridículo? Mas quer o pão ou a fama sejam seu fim, deve-se conceder que nosso autor, por e neste poema, lhes deu caridosamente um pouco de cada.

Há dois ou três que, por seu nível e fortuna, não tiram benefício das objeções anteriores, supondo que sejam válidas; e esses eu lamento ver em tal companhia. Mas se, sem qualquer provocação, dois ou três cavalheiros se voltam contra um só, num caso em que o interesse e reputação dele estão igualmente envolvidos, eles não podem, certamente, depois de terem se dado o gosto de ganhar sua inimizade na imprensa, reclamar de terem sido incluídos entre eles.

Outros, me foi dito, fingem ter sido seus amigos outrora. Decerto são seus inimigos que dizem isso, já que nada pode ser mais odioso que tratar um amigo como eles fizeram. Mas disso não consigo me convencer, quando considero a constante e eterna aversão de todos os maus escritores por um bom.

Àqueles que reivindicam algum mérito por serem seus admiradores, eu perguntaria de bom grado se isso o sujeita a uma obrigação pessoal? Por tal critério, ele seria o mais obrigado e humilde criado do mundo. Ouso jurar a esses em particular que ele nunca desejou que eles fossem seus admiradores, nem prometeu em troca ser o deles, o que teria sido um sinal verídico de que ele os conhecia; mas o mundo malicioso não teria suspeitado de tal aprovação por algum motivo pior que a ignorância no autor do *Ensaio sobre a crítica*? Seja como for, as razões da admiração deles e do desprezo dele ainda subsistem, pois suas obras e as deles são as mesmas que eram.

Uma, portanto, de suas assertivas acredito ser verdadeira: "Que ele tem desprezo pelos escritos deles". E há outra que seria provavelmente autorizada por ele antes de qualquer bom juiz além dele: "Que os seus próprios encontraram demasiado sucesso junto ao público". Mas como não é compatível com sua modéstia reivindicar isso com justiça, não cabe a ele, mas inteiramente ao público, defender seu próprio juízo.

Resta o que na minha opinião pode parecer uma alegação melhor para essas pessoas do que qualquer outra a que recorreram. Se a obscuridade ou a pobreza pudessem isentar um homem da sátira, deveriam muito mais a idiotice ou a torpeza, que são ainda mais involuntárias; ora, tanto quanto a deformidade pessoal. Mas mesmo isso não os ajudará: a deformidade torna-se objeto de ridículo quando um homem afeta ser elegante; e também a torpeza, quando ele afeta ser um lume. Elas não são ridicularizadas porque o ridículo em si é, ou deveria ser, um prazer, mas porque é justo desenganar e vindicar a parte honesta e desafetada da humanidade do engodo, porque o interesse particular deve ceder ao geral, e um grande número dos que não são naturalmente tolos nunca deveriam ser feitos de tolos, só para agradar a uns poucos que o são. Do mesmo modo, vemos que, em todas as eras, todos os vãos fingidores, quer fossem pobres ou torpes, foram constantemente tópicos dos mais acerbos satiristas, do Codro de Juvenal ao Damon de Boileau.

Tendo mencionado Boileau, o maior poeta e mais judicioso crítico de sua época e país, admirável por seus talentos, e talvez mais ainda por seu juízo na aplicação adequada deles, não posso deixar de notar a semelhança entre ele e o nosso autor nas qualidades, fama e fortuna, na consideração que lhes foi demonstrada por seus superiores, na estima geral de seus iguais e na sua alargada reputação entre os estrangeiros; entre estes últimos o nosso teve o melhor destino, pois teve como seus tradutores pessoas do mais eminente nível e habilidade em suas respectivas nações.[20] Mas a semelhança consiste em nada mais além de terem sido igualmente enganados pelos ignorantes fingidores da poesia de seu tempo, dos quais não restará a menor memória, a não ser em seus próprios escritos e nas notas feitas sobre eles. O que Boileau fez em quase todos os seus poemas, nosso autor fez apenas neste: ouso responder no lugar dele que ele não fará em nenhum outro; e com base neste princípio, de atacar somente os poucos que o haviam caluniado, ele não o poderia ter feito de forma alguma caso tivesse sido impedido de censurar pessoas obscuras e indignas, pois assim eram praticamente todos os seus inimigos. Contudo, como a paridade é muito notável, espero que continue até o fim; e se ele mesmo vier a nos dar uma edição deste poema, poderei ver alguns deles tratados com a mesma gentileza, dado seu arrependimento ou melhor mérito, que Perrault e Quinault o foram enfim por Boileau.

Em um ponto preciso ser admitido a pensar que o caráter do nosso poeta inglês é mais amável. Ele não perseguiu fortuna ou sucesso; ele viveu

---

[20] *Ensaio sobre a crítica*, em verso francês, pelo General Hamilton; o mesmo, também em verso, por Monsieur Roboton, Conselheiro e Secretário Particular do rei Jorge I, depois pelo Abbé Reynel, em verso, com notas. *Rapto da madeixa*, em francês, pela Princesa de Conti, Paris 1728, e em verso italiano pelo Abbé Conti, um nobre veneziano; e pelo Marquês Rangoni, Enviado Extraordinário de Modena ao rei Jorge II. Outras de suas obras por Salvini de Florença *etc*. Seus Ensaios e Dissertações sobre Homero, traduzidos diversas vezes em francês. *Ensaio sobre o homem*, pelo Abbé Reynel, em verso, por Monsieur Silhouet, em prosa, 1737, e depois por outros em francês, italiano e latim.

com os grande sem adulação, foi amigo de homens de poder, sem pensões, dos quais, quando ele pediu, não recebeu mais favores do que os que lhe foram feitos para os seus amigos. Assim como suas sátiras eram tanto mais justas por serem postergadas, assim também eram seus panegíricos, ofertados apenas às pessoas que ele tinha conhecido familiarmente, apenas pelas virtudes que ele havia observado nelas há tempos, e apenas no momento em que outros cessaram de louvá-las, ou mesmo começaram a caluniá-las – ou seja, quando fora do poder ou fora de moda.[21] Uma sátira, portanto, de escritores tão notórios pela prática contrária condizia com nenhum homem tão bem quanto com ele; pois nenhum, está claro, privou tão pouco de suas amizades ou tanto da daqueles que eles mais haviam enganado – isto é, os maiores e melhores de todos os partidos. Deixem-me aduzir outra razão, de que, embora envolvido na amizade deles, ele nunca desposou suas animosidades; e pode reivindicar quase solitariamente a honra de não ter escrito uma linha sobre qualquer homem que, por meio de culpa, de vergonha ou de medo, por meio de variação da fortuna ou mudança de interesses, ele jamais relutou em admitir.

Concluirei observando que prazer deve ser para cada leitor bondoso ver em todo este poema que nosso autor, mesmo no seu riso, não é complacente com sua própria malevolência, mas apenas castiga a dos outros. Quanto ao seu poema, somente serão capazes de lhe fazer justiça os que, para usar as palavras de um grande escritor, sabem como é difícil (com relação tanto ao tema quanto à maneira) *vetustis dare novitatem, obsoletis nitorem, obscuris lucem, fastiditis gratiam.* Eu sou
    Seu mais humilde criado,
St.James's
22 dez. 1728   WILLIAM CLELAND[22]

---

[21] Como o Sr. Wycherley, na ocasião em que a cidade clamava contra seu livro de poemas; o Sr. Walsh, após sua morte; Sir William Trumbull, quando renunciou ao cargo de Secretário de Estado; Lorde Bolingbroke, ao partir da Inglaterra após a morte da Rainha; Lorde Oxford em seu último declínio de vida; o Sr. Secretário Craggs, ao final do ano do Mar do Sul, e após sua morte; outros somente em epitáfios.

[22] Este cavalheiro era da Escócia, e educado na Universidade de Utrecht, com o Conde de Mar. Ele serviu na Espanha sob o Conde Rivers. Depois da paz, foi nomeado um dos Comissários da Alfândega na Escócia, depois dos Impostos na Inglaterra, cargo do qual, após ter se mostrado por vinte anos diligente, meticuloso e incorruptível, embora sem nenhum outro auxílio da fortuna, foi subitamente destituído pelo Ministro com a idade de sessenta e oito anos; e morreu dois meses depois, em 1741. Ele era uma pessoa de saber universal e conversa esclarecida; nenhum homem tinha um coração mais caloroso para um amigo, nem uma afeição mais sincera pela Constituição do seu país.

Martinho Escrevinho,
SEUS PROLEGÔMENOS E ILUSTRAÇÕES À IMBECILÍADA:
COM A HIPERCRÍTICA DE ARISTARCO

TESTEMUNHOS DE AUTORES
ACERCA DO NOSSO POETA
E DE SUAS OBRAS

M. ESCREVINHO SAÚDA O LEITOR

Antes de te apresentarmos nossas exercitações sobre este poema tão deleitável (tirado dos muitos volumes de nossa *Adversaria* de autores modernos) procederemos aqui, segundo o louvável uso dos editores, a coligir os vários juízos dos doutos acerca do nosso poeta: vários de fato, não apenas de autores diversos, mas dos mesmos autores em momentos diferentes. Tampouco recolheremos somente os testemunhos daqueles lumes eminentes que obviamente passarão à posteridade, e consequentemente serão lidos sem nossa coleção; mas nos dedicaremos igualmente, com incrível labor, a desencavar diversos outros que, se não fosse pela nossa diligência, nunca poderiam, a uma distância de poucos meses, aparecer ao olho do mais curioso. Assim poderás não somente fruir o deleite da variedade, mas também chegar a um juízo mais certo, através de uma grave e circunspecta comparação das testemunhas entre si, ou de cada qual com si mesma. Por isso também te será facultado formar reflexões, não apenas de natureza crítica, mas moral, ao te serem desvendadas as muitas especificidades tanto da pessoa quanto do gênio, e tanto da fortuna quanto do mérito, do nosso autor: no que, se eu relatar certas coisas porventura de pouco interesse para ti, e algumas de pouco interesse até para ele, rogo-te que consideres com que minúcia todos os verdadeiros críticos e comentadores costumam insistir nisso, e quão relevante isso lhes parece, ainda que a ninguém mais. Perdoa-me, gentil leitor, se (seguindo douto exemplo) eu vez ou outra me tornar tedioso: permite-me fazer os mesmos esforços para descobrir se meu autor era bom ou mau, benevolente ou malevolente, modesto ou arrogante, quanto outro para saber se seu autor era loiro ou moreno, baixo ou alto, ou se usava casaco ou batina.

Tencionávamos começar com sua vida, parentesco e educação: mas quanto a isso, até seus contemporâneos divergem em excesso. Um diz[23] que ele foi educado em casa; outro[24] que ele foi criado em St. Omer por jesuítas; um terceiro[25] que não foi em St. Omer, mas em Oxford; um quarto[26] que ele não recebeu nenhuma educação universitária. Os que admitem que ele foi criado em casa divergem igualmente a respeito do seu tutor: um diz[27] que ele foi mantido por seu pai a propósito; um segundo[28] que ele era um padre itinerante; um terceiro[29] que ele era um pároco; um[30] o chamou de clérigo secular da Igreja de Roma; outro,[31] de monge. Concordam igualmente pouco sobre seu pai, de quem um[32] supõe, como o pai de Hesíodo, que era artesão ou mercador; outro,[33] agricultor; outro,[34] chapeleiro *etc*. Nem faltou autor que desse ao nosso poeta um pai como Apuleio deu a Platão, Jâmblico a Pitágoras, e vários a Homero, a saber, um demônio. Assim para o Sr. Gildon:[35] "É certo que sua origem não vem de Adão, mas do Diabo; e que só lhe faltam cornos e cauda para ser a exata semelhança de seu pai infernal". Constatando, portanto, tal contrariedade de opiniões, e (seja lá o que nos advém desse tipo de geração) não tendo gosto por controvérsias, adiaremos o relato da vida do nosso poeta até que os autores consigam determinar entre eles que pais ou educação ele teve, ou se teve qualquer educação ou pais.

Procedamos ao que é mais certo, suas obras, embora não menos incertos os juízos sobre elas; começando com seu *Ensaio sobre a crítica*, acerca do qual ouve primeiro o mais antigo dos críticos,

---

[23] *Vidas dos poetas* de Giles Jacob, vol. II na sua *Vida*.
[24] Reflexões de Dennis acerca do *Ensaio sobre a crítica*.
[25] *A Imbecilíada dissecada*, p. 4.
[26] *Guardian*, nº 40.
[27] *Vidas* de Jacob, *etc*. vol. II.
[28] *A Imbecilíada dissecada*, p. 4.
[29] Farmer P. e seu filho.
[30] *A Imbecilíada dissecada*.
[31] *Figuras da época*, p. 45.
[32] *A Imbecilíada feminina, p. ult*.
[33] *A Imbecilíada dissecada*.
[34] Roome, *Paráfrase sobre o 4º do Gênesis*, impressa em 1729.
[35] *Caráter do Sr. Pope e seus escritos, numa carta a um amigo*, impresso por S. Popping, 1716, p. 10. Curll, em sua *Chave à Imbecilíada* (primeira edição, que se diz ter sido impressa por A. Dodd), na página 10, declarou que Gildon era o autor daquele libelo; porém, nas edições subsequentes da sua *Chave*, ele removeu essa assertiva e afirmou (na *Curlíada*, p. 4 e 8) que ele foi escrito somente por Dennis.

O SR. JOHN DENNIS:
"Seus preceitos são falsos ou triviais, ou ambos; seus pensamentos são rudes e abortivos, suas expressões absurdas, sua métrica áspera e desarmônica, suas rimas triviais e comuns: em vez de majestade, temos algo que é muito reles; em vez de gravidade, algo que é muito pueril; e em vez de clareza e ordem lúcida, temos com demasiada frequência obscuridade e confusão". E em outro lugar: "Que métrica rara há aqui! Poder-se-ia jurar que esse jovem desposou uma musa antiquada que havia processado algum pecador caduco para divorciar-se dele por conta de impotência e que, tendo sido infectada pelo seu cônjuge anterior, sofre de gota em sua idade decrépita, o que a faz mancar de forma detestável".[36]

Não menos peremptória é a censura do nosso historiador hipercrítico,

O SR. OLDMIXON:
"Não ouso dizer nada acerca do *Ensaio sobre a crítica* em verso; mas se algum leitor mais curioso descobrir nele algo novo que não está nos prefácios e dedicatórias de Dryden e no seu *Ensaio sobre a poesia dramática*, para não mencionar os críticos franceses, ficarei muito grato por ter o benefício da descoberta".[37]

Ele é seguido (como na fama, também no juízo) pelo modesto e simplório

SR. LEONARD WELSTED,
que por grande respeito pelo nosso poeta não o nomeia, mas deita olhos sobre seu ensaio, junto com o do Duque de Buckingham, e as críticas de Dryden e de Horácio, que ele critica mais abertamente:[38] "Quanto aos numerosos tratados, ensaios, artes *etc.*, em verso e em prosa, que foram escritos pelos modernos acerca desses preceitos basilares, nada fazem senão repisar os mesmos pensamentos reiteradamente, tornando-os ainda mais banais. A maioria de suas peças nada são além de um monte ultrajante e insípido de lugares-comuns. Até

---
[36] *Reflexões críticas e satíricas acerca de uma rapsódia chamada "Um ensaio sobre a crítica"*. Impressas por Bernard Lintot, in-8º.
[37] *Ensaio sobre a crítica* em prosa, in-8º, 1728, pelo autor da *História crítica da Inglaterra*.
[38] Prefácio aos seus *Poemas*, p. 18, 53.

Horácio, na sua *Arte da poesia*, jogou fora várias coisas, o que deixa patente que ele pensava que uma arte da poesia não tinha utilidade, mesmo enquanto ele escrevia uma".

A todas essas grandes autoridades, só podemos opor a do

SR. ADDISON:[39]
"A *Arte da crítica* (diz ele), que foi publicada há alguns meses, é uma obra-prima do gênero. As observações se seguem, como as da *Arte da poesia* de Horácio, sem aquela regularidade metódica que teria sido exigida de um prosador. Algumas delas são incomuns, mas de forma que o leitor deve concordar com elas quando as vê explicadas com a facilidade e perspicácia com que são expostas. Quanto às que são mais conhecidas e aceitas, são colocadas sob uma luz tão bela, e ilustradas com alusões tão apropriadas, que todas elas têm a graças da novidade, e tornam o leitor que já estava familiarizado com elas ainda mais convencido da sua verdade e solidez. E aqui permitam-me mencionar aquilo sobre o que Monsieur Boileau discorreu tão bem no prefácio às suas obras: que o lume e a boa escrita não consistem tanto em propor coisas que são novas, mas em dar a coisas que são conhecidas um torneio agradável. É impossível para nós, que vivemos nas idades mais recentes do mundo, fazer observações em crítica, moralidade ou qualquer arte ou ciência que não foram tocadas por outros; pouco nos resta senão representar o senso comum da humanidade sob luzes mais fortes, mais belas ou mais incomuns. Se um leitor examinar a *Arte da poesia* de Horácio, encontrará poucos preceitos com os quais não pode se deparar em Aristóteles, e que não eram comumente conhecidos de todos os poetas da era augustana. Seu modo de expressá-los e aplicá-los, não sua invenção deles, é o que devemos principalmente admirar.

Longino, em suas *Reflexões*, nos deu o mesmo tipo de sublime que ele observa nas várias passagens que os ocasionou: não posso deixar de ressaltar que nosso autor inglês exemplificou, da mesma maneira, vários dos preceitos nesses próprios preceitos". Daí ele apresenta alguns exemplos de particular beleza na métrica e conclui dizendo que

---
[39] *Spectator*, nº 253.

"existem três poemas em nossa língua da mesma natureza, cada qual uma obra-prima em seu gênero: o *Ensaio sobre o verso traduzido*, o *Ensaio sobre a arte da poesia* e o *Ensaio sobre a crítica*".

Sobre a *Floresta de Windsor*, é peremptório o juízo do dogmático

SR. JOHN DENNIS:[40]
"Trata-se de uma rapsódia deplorável, escrita impudentemente emulando o *Colina de Cooper* de Sir John Denham. O autor dela é obscuro, é ambíguo, é afetado, é temerário, é bárbaro".

Mas o autor do *Dispensário*,

O DR. GARTH,
no prefácio ao seu poema *Claremont*, diverge dessa opinião: "Quem viu os dois excelentes poemas *Colina de Cooper* e *Floresta de Windsor* – um escrito por Sir John Denham, o outro pelo Sr. Pope – fará prova de grande dose de benevolência se aprovar este".

Sobre a *Epístola de Eloísa*, diz-nos o obscuro escritor de um poema chamado *Sawney* "que, como o *Henry e Emma* de Prior encantou os gostos mais refinados, nosso autor escreveu sua Eloísa em oposição a ele, mas esqueceu a inocência e a virtude: se você tirar seus pensamentos ternos e desejos ferozes, todo o resto é sem valor".[41] Nisso, creio, seu juízo assemelha-se ao de um alfaiate francês acerca da quinta e dos jardins à beira do Tâmisa: "É tudo muito bonito, mas se tirar o rio não vale nada".

Mas muito contrária a essa era a opinião do

SR. PRIOR,

que disse na sua *Alma*:[42]

"Ó Abelardo, jovem desventurado,
Tua história justificará esta verdade!

---

[40] Carta a B. B. no fim das *Observações sobre o Homero de Pope*, 1717.
[41] Impresso em 1728, p. 12.
[42] *Alma*, canto 2.

Mas bem sei que tua cruel provação
De um poeta mais nobre adorna a canção:
Dom Pope, que teu azar compadeceu,
Com terna preocupação e talento teceu
Uma teia de cetim; e nunca esmaecerão
Suas cores: gentilmente ele dispôs
O manto sobre tua triste desdita,
E Vênus há de abençoar sua textura" *etc.*

Passemos agora à sua tradução da *Ilíada*, celebrada por numerosas penas, mas bastará mencionar o infatigável

Cav. RICHARD BLACKMORE,
que (apesar de ser em outras ocasiões um severo censor do nosso autor) a qualifica de "tradução louvável".[43]

O solícito escritor

SR. OLDMIXON,
em seu ensaio mencionado acima, frequentemente a exalta.

E o aborrecido

SR. LEWIS THEOBALD
assim a enaltece:[44] "O espírito de Homero respira por toda esta tradução. Estou em dúvida se devo admirar mais a fidelidade ao original, ou a força e beleza da linguagem, ou a sonora variedade da métrica; mas quando vejo que todas elas se encontram, traz-me à mente o que o poeta diz de um de seus heróis, que ele sozinho levantou e lançou com facilidade uma pedra pesada, que dois homens comuns não poderiam erguer do chão; do mesmo modo, uma única pessoa realizou na sua tradução o que eu já havia desistido de ver feito por força de várias mãos magistrais". De fato, o mesmo cavalheiro parece ter mudado de sentimento em seu "Ensaio sobre a arte de afundar na reputação" (impresso no *Mist's Journal*, 30 de março de 1728), no

---

[43] Em seus *Ensaios*, vol. 1, impressos por E. Curll.
[44] *Censor*, vol. II, nº 33.

qual ele diz o seguinte: "Para afundar na reputação, deixem que ele ponha na cabeça de mergulhar em Homero (deixem o mundo indagar, como fará, como diabos ele chegou lá) e pretender vertê-lo para o inglês, para que sua versão denote sua negligência da maneira de fazer". Estranha variação! Nos é dito no

MIST'S JOURNAL, 8 DE JUNHO,
"Que esta tradução da *Ilíada* não se conformava em nenhum aspecto ao gosto refinado do seu amigo, o Sr. Addison, porque ele empregou uma musa mais jovem num empreendimento dessa sorte, que ele próprio supervisionou". Se o Sr. Addison a julgou conforme ao seu gosto ou não, pode-se ver melhor no seu próprio testemunho no ano seguinte à publicação, nestas palavras:

SR. ADDISON, *FREEHOLDER* Nº 40:
"Quando me considero um proprietário fundiário britânico, fico particularmente satisfeito com os labores daqueles que já melhoraram nossa linguagem com as traduções de velhos autores gregos e latinos. Já temos a maior parte dos seus historiadores na nossa língua, e o que mais honra a nossa linguagem é que ela foi adestrada para expressar com elegância os maiores dos seus poetas em cada nação. Os iliteratos entre nossos compatriotas podem aprender a julgar, com apoio no Virgílio de Dryden, a mais perfeita realização épica. E aquelas partes de Homero que já foram publicadas pelo Sr. Pope nos dão razão para pensar que a *Ilíada* aparecerá em inglês com tão pouco desmerecimento para aquele poema imortal".

Quanto ao resto, há um ligeiro erro, pois essa musa mais jovem era mais velha; tampouco o cavalheiro (que é amigo do nosso autor) foi empregado pelo Sr. Addison para traduzi-la depois dele, já que ele mesmo diz que o fez antes.[45] Ao contrário, o fato de que o Sr. Addison incentivou nosso autor nesta empreitada aparece por declaração nesse sentido no prefácio à *Ilíada*, impresso algum tempo antes da sua morte, e em suas próprias cartas de 26 de outubro e 2 de novembro de 1713, nas quais ele declara ser sua opinião que nenhuma outra pessoa estava à altura disso.

---

[45] Ver prefácio à tradução do Sr. Tickel do primeiro livro da *Ilíada*, in-4º.

Depois vem seu Shakespeare no palco: "Deixem que ele (cito alguém que penso ser o

SR. THEOBALD, *MIST'S JOURNAL*, 8 DE JUNHO DE 1728)
publique o autor que ele menos estudou, e esqueça de cumprir até o dever enfadonho de um editor. Nesse projeto deixem-no emprestar ao livreiro seu nome (por uma soma adequada de dinheiro) para promover o crédito de uma assinatura exorbitante". Gentil leitor, faz a gentileza de lançar teus olhos sobre a Proposta citada abaixo, e sobre o que segue (alguns meses depois da assertiva anterior) no mesmo jornal de 8 de junho: "O livreiro propôs o livro por assinatura e levantou alguns milhares de libras para o mesmo: creio que o cavalheiro não compartilhou os lucros dessa assinatura extravagante".

"Depois da *Ilíada*, ele empreendeu (diz o

MIST'S JOURNAL, 8 DE JUNHO DE 1728)
a continuação daquela obra, a *Odisseia*; e tendo garantido o sucesso por uma numerosa assinatura, ele empregou alguns subordinados para realizar o que, segundo suas propostas, deveria vir de suas próprias mãos."

A essa grave acusação nada podemos opor, na verdade, senão as palavras da

PROPOSTA DO SR. POPE PARA A *ODISSEIA*
(IMPRESSA POR J. WATTS, 10 JAN. 1724):
"Aproveito esta ocasião para declarar que a assinatura para o Shakespeare pertence integralmente ao Sr. Tonson, e que o benefício desta proposta não vai exclusivamente para meu próprio uso, mas para o de dois de meus amigos, que me assistiram nesta obra". Mas esses mesmos cavalheiros são enaltecidos acima do nosso poeta em outro dos *Mist's Journals*, 30 de março de 1728, onde se diz: "que ele não aconselharia o Sr. Pope a tentar o experimento novamente de ter uma grande parte de um livro feita por assistentes, para que essas partes extrínsecas não ascendam por azar ao sublime, e retardem a derrocada do todo". Vede! Esses subordinados tornaram-se bons escritores!

Se alguém disser que, antes de as ditas propostas serem impressas, a assinatura foi iniciada sem declaração de tal assistência, decerto aqueles que a organizaram, ou (na sua expressão) a garantiram, a saber, o mui excelentíssimo Lorde Visconde Harcourt, acaso vivo estivesse, testemunharia, e o mui excelentíssimo Lorde Bathurst, ainda vivo, de fato testemunha que isso é uma falsidade.

Eu lamento que pessoas que afirmam serem cultas, ou de qualquer nível de autores, ou acusem falsamente, ou sejam falsamente acusadas. Mas nós, que somos apenas relatores, sejamos imparciais em nossas citações, e continuemos.

MIST'S JOURNAL, 8 DE JUNHO DE 1728:
"O Sr. Addison tirou este autor da obscuridade, proporcionou-lhe o conhecimento e a amizade de todo o corpo da nossa nobreza, e transferiu seus poderosos interesses junto a esses grandes homens a esse bardo em ascensão, que frequentemente auferiu por esse meio contribuições inabituais do público". Isso seguramente não aconteceria se, como o autor da *Imbecilíada dissecada* relatou, "o Sr. Wycherley o havia apresentado antes a um convívio familiar com os maiores pares e mais brilhantes lumes então vivos".

"Nem bem (diz o mesmo jornal) estava seu corpo [de Addison] sem vida que esse autor [Pope], revivendo seu ressentimento, difamou a memória do seu falecido amigo; e, o que foi ainda mais hediondo, tornou público o escândalo." Vexatória acusação! Desconhecido, o acusador! A pessoa acusada não testemunha em causa própria; a pessoa, em cuja consideração é acusada, morta! Mas se estiver vivo qualquer nobre cuja amizade, sim, qualquer cavalheiro cuja assinatura o Sr. Addison providenciou para o nosso autor, que ele se avance para que a verdade apareça! *Amicus Plato, amicus Socrates, sed magis amica veritas*. Na verdade, toda a história da difamação é uma mentira. São testemunhas essas pessoas de integridade que, vários anos antes do Sr. Addison falecer, viram e aprovaram os ditos versos, de modo algum numa difamação mas numa reprimenda amigável enviada em particular pela mão do nosso autor ao próprio Sr. Addison, e nunca tornada pública, até que seus próprios jornais e Curll a imprimiram. Um nome apenas, que tenho autorização para declarar aqui, bastará para comprovar essa verdade, o do mui excelentíssimo Conde de Burlington.

Em seguida ele é acusado de um crime (na opinião de certos autores, suspeito, mais hediondo que qualquer um em moralidade), a saber, o plágio, pelo inventivo e estapafúrdio

Cav. JAMES MOORE SMITH:[46]
"Ao ler o terceiro volume das *Miscelâneas* de Pope, encontrei cinco versos que achei excelentes; e quando me aconteceu louvá-los, um cavalheiro apresentou uma comédia moderna (os *Modos rivais*), publicada no ano passado, onde estavam os mesmos versos tim-tim por tim-tim.

Esses cavalheiros são sem dúvida os maiores plagiários, pois pretendem formar uma reputação roubando as obras de um homem enquanto ainda está vivo, e tiradas da prensa pública". Acrescentemos a isso o que foi escrito pelo autor dos *Modos rivais*, o dito Sr. James Moore Smith, numa carta ao nosso próprio autor, que o informou, um mês antes da peça ser encenada, em 27 jan. 1726/7, que "esses versos, que ele o havia anteriormente autorizado a inserir nela, seriam conhecidos como seus, algumas cópias tendo alcançado o exterior. Ele deseja, não obstante, que como os versos foram lidos em sua comédia para diversas pessoas, o Sr. P. não a prive deles" *etc.* Certamente, se adicionarmos os testemunhos de Lorde Bolingbroke, da dama a quem os ditos versos foram originalmente dirigidos, do Sr. Hugh Bethel e outros, que sabiam que eles eram do nosso autor muito antes do dito cavalheiro compor sua peça, espera-se que os equânimes, que não se afeiçoam ao erro, retifiquem sua opinião pelo sufrágio de figuras tão honradas.

E segue mais outra acusação, insinuando não menos que sua inimizade para com a Igreja e o Estado, que não poderia vir de outro informante senão o dito

SR. JAMES MOORE SMITH:[47]
"As *Memórias de um clérigo de paróquia* eram uma ofensa muito torpe e injusta contra uma pessoa que escreveu em defesa de nossa religião e constituição, e que já morreu há muitos anos". Isso também parece por demais inverídico, por ser conhecido de diversas pessoas que essas memórias foram escritas na sede de Lorde Harcourt em Oxfordshire, antes da morte daquela excelente pessoa (o bispo Burnet) e muitos anos antes do surgimento daquela história, da qual se afirma que elas são uma paródia. Verdade indiscutível é que o Sr. Moore teve

---
[46] *Daily Journal*, 18 de março de 1728.
[47] *Ibid.*, 3 de abril de 1728.

esse desígnio, e foi ele mesmo o homem que instou ao Dr. Arbuthnot e ao Sr. Pope que o auxiliassem nisso; e que ele tomou emprestadas essas memórias do nosso autor, quando essa história veio a lume, com o intento de transformá-las numa tal paródia. Porém, não sendo capaz de obter do nosso autor sequer uma única indicação, e ora mudando de ideia ou tendo mais ideia que habilidade, contentou-se em guardar as ditas memórias e lê-las como suas para todos os seus conhecidos. Há uma nobre pessoa, a cuja companhia o Sr. Pope por acaso o apresentou, que se lembra bem que a conversa do Sr. Moore versava sobre o "desprezo que ele tinha pela obra daquele reverendo prelado, e como ele estava cheio da intenção que ele declarava ter de expô-la". Essa nobre pessoa é o Conde de Peterborough.

Aqui, na verdade, nós deveríamos implorar o perdão de todas as mui excelentíssimas e distintas figuras mencionadas anteriormente, por tê-las mencionado na mesma página que essa escumalha de jornalistas ralhadores e rimadores, se não tivéssemos tido seu venerável comando para fazê-lo; e que elas são aduzidas não como testemunhas na controvérsia, mas como testemunhas que não podem ser controvertidas; não para disputar, mas para decidir.

Certo é que, dividindo nossos escritores em duas classes, dos que eram conhecidos do nosso autor e dos que eram estranhos a ele, os primeiros são os que falam bem, e os outros os que falam mal dele. Da primeira classe, o nobilíssimo

JOHN DUQUE DE BUCKINGHAM

resume seu caráter nestes versos:[48]

> "Porém tão maravilhosa, tão sublime coisa
> Como a grande *Ilíada* sequer me faria cantar,
> A menos que eu pudesse com justiça recomendar
> Um bom companheiro e fiel amigo;
> Um feito moral, ou meramente de boa índole,
> Pode exceder todo o mérito em ciências".

---

[48] Versos ao Sr. Pope pela sua tradução de Homero.

Assim também ele é retratado pelo excelentíssimo

> SIMON HARCOURT:[49]
> "Diz, jovem notável, que coluna escolherás,
> Que arco laureado, para tua Musa triunfante?
> Embora cada grande corte antiga seja tua em seu sacrário,
> Embora cada laurel através do domo seja teu,
> Vai ao bom e justo, áspera vereda!
> O deleite de tua alma".

Registrado de igual maneira por sua disposição virtuosa e gentil compostura pelo engenhoso

> SR. WALTER HART

nesta apóstrofe:[50]

> "Ó! sempre merecedor, sempre coroado com louvor!
> Abençoado em tua vida, e abençoado em todos teus cantares.
> Mais, que as Irmãs cada pensamento refinem,
> E até tua vida seja impoluta como teu verso.
> Mas a inveja ainda persegue com ódio mais feroz,
> Obscurece a virtude e difama a Musa.
> Uma alma como a tua, em dor, em aflição, resignada,
> Vê com justo desprezo a malícia da humanidade".

O espirituoso e moral satirista

> DR. EDWARD YOUNG,

ansiando por algum obstáculo à corrupção e maus modos da época, conclama nosso poeta a empreender uma tarefa tão digna de sua virtude:[51]

> "Por que dormita Pope, que lidera o trem da Musa,
> Não ouve que a Virtude, que ele ama, reclama?".

---

[49] Poema prefixado às suas obras.
[50] Nos seus *Poemas*, impressos por B. Lintot.
[51] *Paixão universal*, sátira I.

O SR. MALLET,

em sua *Epístola sobre a crítica verbal*:

> "Cuja vida, severamente examinada, transcende seus cantares;
> Pois lume supremo é somente seu segundo louvor".

O SR. HAMMOND,

aquele delicado e correto imitador de Tibulo, em suas *Elegias de amor*, elegia XIV:

> "Agora, inflamados por Pope e pela Virtude, deixam a idade,
> Em vil procura da perversão que os desfaz,
> E rastreiam o autor por sua página moral,
> Cuja vida imaculada ainda responde à sua canção".

O SR. THOMSON,

em seu elegante e filosófico poema das *Estações*:

> "Embora não cante mais docemente seu próprio Homero,
> Sua vida é a canção mais encantadora".

No mesmo diapasão também canta o douto clérigo de Suffolk,

O SR. WILLIAM BROOME:[52]

> "Assim, erguendo-te nobremente pela bela causa da Virtude,
> De tua própria vida transcreve as leis inabaláveis".

E, para terminar, ouçamos o reverendo deão de St. Patrick:

> "Uma alma imbuída de cada virtude,
> Por patriotas, padres e poetas ensinada.
> Cuja piedade filial excede

---

[52] Nos seus *Poemas* e no fim da *Odisseia*.

> Qualquer coisa que contar a história grega.
> Um gênio apto para cada negócio,
> Cujo menor talento é seu lume" *etc.*

Passemos agora a divertir-te voltando-nos ao outro lado, e mostrando seu caráter traçado por aqueles com quem ele nunca conversou, e cuja fácies ele não conhece, ainda que se volte contra ele: primeiro, novamente, começando com o bombástico e nunca suficientemente citado

> SR. JOHN DENNIS,
> que, em suas *Reflexões acerca do Ensaio sobre a crítica*, assim o descreve: "Um pequeno hipócrita fingido, que nada tem na sua boca além de inocência, verdade, amizade, boa índole, bondade e magnanimidade. Ele é um amante tão devotado da falsidade que, sempre que tem em mente caluniar seus contemporâneos, achaca-os de algum defeito que é o exato contrário de alguma boa qualidade pela qual todos os seus amigos e conhecidos os apreciam. Ele parece ter um despeito particular com relação a pessoas de qualidade e autores desse nível. Ele deve derivar sua religião da de St. Omer". Mas quanto ao *Caráter do Sr. P. e seus escritos* (impresso por S. Popping, 1716), ele diz: "Embora ele seja professor da pior religião, ele zomba dela"; mas que "não obstante ele é um papista virulento; porém um pilar da Igreja da Inglaterra".

De ambas opiniões

> O SR. LEWIS THEOBALD
> parece ser também, declarando, no *Mist's Journal* de 22 de junho de 1728: "Que, se ele não for astutamente enganado, tornou prática sua cacarejar de ambas as partes em seus próprios sentimentos". Mas, quanto ao seu despeito contra pessoas de qualidade, o mesmo jornal não concorda, dizendo (8 de maio de 1728): "Ele teve, por um meio ou por outro, o conhecimento e a amizade de todo o corpo da nossa nobreza".

Por mais contraditório que isso possa parecer, o Sr. Dennis e Gildon, no *Caráter* supracitado, tornam tudo claro, assegurando-nos: "Que ele é uma criatura que concilia todas as contradições; ele é uma besta e um homem; um

Whig e um Tory; um escritor (ao mesmo tempo) de *Guardians* e *Examiners*;[53] um paladino da liberdade e do poder discricionário dos reis; um professor jesuítico da verdade e um vil e ignóbil fingidor de magnanimidade". Portanto, perante o conjunto dos relatos, devemos concluir que ele foi um grande hipócrita, ou um homem muito honesto; um terrível tapeador de ambas as partes, ou muito moderado com ambas.

Seja como melhor parecer ao judicioso leitor. O que é certo é que ele é pouco favorecido por certos autores, cuja ira é perigosa: pois um declara que ele deveria ter a cabeça posta a prêmio e ser caçado como uma fera selvagem.[54] Outro protesta que ele não sabe o que pode acontecer; aconselha-o a resguardar sua pessoa; diz que ele tem inimigos ferrenhos e declara expressamente que ele terá sorte se escapar com vida.[55] Um deseja que ele corte sua própria garganta ou se enforque.[56] Mas o Pasquim parecia mais inclinado a pensar que isso deveria ser feito pelo governo, representando-o envolvido em sinistros propósitos com um lorde do Parlamento, depois processado.[57] O Sr. Dennis mesmo escreveu a um ministro que ele é uma das pessoas mais perigosas deste reino;[58] e assegurou ao público que ele é um inimigo declarado e mortal do seu país; um monstro que, um dia, mostrará uma alma tão impetuosa quanto a de um índio louco, que dispara furioso para matar o primeiro cristão que encontrar.[59] Outro dá informação de traição descoberta num poema seu.[60] O Sr. Curll tem a ousadia de preencher um verso incompleto com reis e princesas.[61] E um Matthew Concanen, ainda mais impudente, publica por extenso os dois nomes mais sagrados desta nação como membros da *Imbecilíada*.[62]

Isso é prodigioso! Mas é quase tão estranho que, em meio a essas invectivas, seus maiores inimigos tenham (não sei como) dado testemunho de algum mérito nele.

---

[53] Os nomes de dois semanários.
[54] Theobald, carta no *Mist's Journal*, 22 de junho de 1728.
[55] Smedley, prefácio à *Gulliveriana*, p. 14, 16.
[56] *Gulliveriana*, p. 332.
[57] No ano de 1723.
[58] No ano de 1729.
[59] Prefácio às *Observações sobre o Rapto da madeixa*, p. 12, e na última página desse tratado.
[60] Páginas 6 e 7 do prefácio, de Concanen, a um livro intitulado *Uma coleção de todas as cartas, ensaios, versos e anúncios ocasionados pelas Miscelâneas de Pope e Swift*. Impressa por A. Moore, in-8º, 1712.
[61] *Chave à Imbecilíada*, 3ª edição, p. 18.
[62] Uma lista de pessoas *etc.* no fim da supracitada *Coleção de todas as cartas, ensaios etc.*

O SR. THEOBALD,
ao censurar seu Shakespeare, declara: "Ele tem tamanha estima pelo Sr. Pope, e tão elevada opinião de seu gênio e excelências que, apesar de professar uma veneração que beira a idolatria pelos escritos desse inimitável poeta, ele relutaria muito até em fazer justiça a si mesmo às custas do caráter desse outro cavalheiro".[63]

O SR. CHARLES GILDON,
depois de o ter violentamente atacado em muitas peças, por fim veio a desejar, do fundo do coração, "que o Sr. Pope seja persuadido a nos dar as *Epístolas* de Ovídio de sua mão, pois é certo que veremos o original de Safo a Faón com muito mais vida e semelhança em sua versão do que na de Sir Carr Scrope. E isso", ele acrescenta, "tanto mais se deve desejar porque, na língua inglesa, não temos praticamente nada escrito com verdade e naturalidade sobre o amor".[64] Ele também, ao censurar Sir Richard Blackmore por suas opiniões heterodoxas sobre Homero, desafia-o a responder ao que o Sr. Pope disse em seu prefácio acerca desse poeta.

O SR. OLDMIXON
o chama de grande mestre da nossa língua; declara que "a pureza e perfeição da língua inglesa podem ser encontradas no seu Homero"; e, dizendo que há mais versos bons no Virgílio de Dryden que em qualquer outra obra, excetua somente esta do nosso autor.[65]

O AUTOR DE UMA CARTA AO SR. CIBBER
diz:[66] "Pope foi tão bom versejador [outrora] que, com exceção de seu predecessor, o Sr. Dryden, e de seu contemporâneo, o Sr. Prior, a harmonia da sua métrica não encontra igual" e que ele tinha todo o mérito que um homem pode ter dessa maneira. E

O SR. THOMAS COOKE,
depois de muito vilipendiar o Homero do nosso autor, exclama: "Mas em suas outras obras quantas belezas lampejam,

---

[63] Introdução ao seu *Shakespeare restaurado*, in-4º, p. 3.
[64] Comentário ao Ensaio do Duque de Buckingham, in-8º, 1721, p. 97, 98.
[65] No seu *Ensaio sobre a crítica* em prosa.
[66] Impressa por J. Roberts, 1742, p. 11.

Enquanto a música mais doce habita cada linha!
Essas ele admirava – sobre essas ele marcou seu louvor,
E ordenou que vivessem para iluminar os dias futuros".[67]

Assim também um que assume o nome de

H. STANHOPE,

artífice de certos versos a Duncan Campbell[68] naquele poema que é inteiramente uma sátira ao Sr. Pope, confessa:

"É verdade, se as notas mais refinadas só pôde mostrar
(Afinadas na altura certa, ou regularmente baixas)
Para que déssemos fama a esses meros vocais,
Pope deveria receber mais do que podemos oferecer:
Pois quando um rio deslizante é seu tema,
Seus versos correm mais suaves que o mais suave dos regatos" *etc.*

O *MIST'S JOURNAL*, 8 DE JUNHO DE 1728,
embora diga: "A métrica suave da *Imbecilíada* é a única coisa que a notabiliza, fora isso não tem nenhum mérito", o mesmo jornal tem estas palavras: "Admite-se que o autor é mestre perfeito de uma versificação fácil e elegante. Em todas as suas obras encontramos os torneios mais felizes e símiles mais naturais, maravilhosamente breves e semeados com largueza".

O *Ensaio sobre a Imbecilíada* também concede (p. 25) que ela é repleta de belas imagens. Mas o panegírico que coroa tudo o que pode ser dito acerca desse poema é proferido pelo nosso laureado,

O SR. COLLEY CIBBER,
que "concede que é o melhor poema do seu gênero que já foi escrito", mas acrescenta que "foi uma vitória sobre uma parcela de pobres-diabos, que era quase covardia derrotar. Seria como um homem triunfar por ter matado umas tantas moscas estúpidas que o ofenderam. Se

---
[67] *Batalha dos poetas*, fólio, p. 15.
[68] Impressos sob o título de *Progresso da torpeza*, in-12º, 1728.

ele as tivesse deixado quietas, a esta altura, pobres almas!, elas estariam todas sepultadas no esquecimento".[69] Aqui vemos nosso excelente laureado admitir a justiça da sátira acerca de cada homem exceto dele mesmo, como o grande Sr. Dennis fez antes dele.

Os ditos

SR. DENNIS E SR. GILDON,
na mais furiosa de todas as suas obras (o *Caráter*, p. 5, citado anteriormente), confessam porém em concerto[70] "que certos homens de bom entendimento o valorizam pelas suas rimas". E (p. 17) "que ele tem, como o Sr. Bays no *Ensaio* (isto é, como o Sr. Dryden), uma inclinação notável para rimar e escrever versos suaves".

Acerca do seu *Ensaio sobre o homem*, foram numerosos os louvores proferidos pelos seus inimigos confessos, imaginando que o mesmo não fora escrito por ele, já que foi impresso anonimamente.
Assim cantou acerca dele até

BEZALEEL MORRIS:
"Auspicioso bardo! enquanto todos admiram tua labuta,
Todos exceto os egoístas, ignorantes e vãos;
Eu, que nenhum suborno arrastou à bajulação servil,

---

[69] Carta de Cibber ao Sr. Pope, p. 9, 12.
[70] Vê como o Sr. Dennis provou nosso erro neste lugar: "Quanto ao fato de eu ter escrito em *concerto* com o Sr. Gildon, eu declaro pela honra e palavra de um cavalheiro que nunca escrevi sequer uma única linha em *concerto* com qualquer outro homem. E estas duas cartas do Sr. Gildon mostrarão claramente que nós não somos escritores em *concerto* um com o outro:
Senhor,
— *O ápice da minha ambição é agradar aos homens do melhor juízo; e ao descobrir que entretive meu mestre de modo agradável, tenho a medida da recompensa do meu labor.*
Senhor,
Eu não havia tido a oportunidade de ouvir falar do seu excelente panfleto até este dia. Estou infinitamente satisfeito e contente com ele, e espero que o senhor receba o incentivo que seu admirável desempenho merece, etc.
Ch. Gildon
Pois não fica claro que qualquer um que envia tais cumprimentos a outro não tem o hábito de escrever em parceria com aquele a quem ele os envia?" (Dennis, *Obs. sobre a Imbec.*, p. 50). Portanto, o Sr. Dennis pode ficar à vontade para tomar esta peça para si mesmo.

> Devo pagar o tributo ao teu mérito devido:
> Tua Musa, sublime, relevante e clara,
> Ao mesmo tempo informa a alma e encanta o ouvido" *etc.*

E

O SR. LEONARD WELSTED
escreveu assim[71] ao autor desconhecido, quando da primeira publicação do dito *Ensaio*: "Devo confessar, depois da recepção com que foi brindada recentemente a mais vil e mais imoral obscenidade, que fiquei surpreso de ver aquilo de que há muito havia desistido – uma realização que merece o nome de um poeta. Assim, senhor, é sua obra. Ela está realmente acima de qualquer elogio, e deveria ter sido publicada numa era e num país mais dignos dela. Se meu testemunho tiver peso em algum lugar, pode ter certeza de dispor dele da maneira mais ampla" *etc.*

Assim vemos que cada uma de suas obras foi enaltecida por um ou outro de seus mais inveterados inimigos; e do sucesso delas todas eles dão testemunho unânime. Mas é suficiente, *instar omnium*, observar o grande crítico, o Sr. Dennis, lamentá-lo amargamente, do *Ensaio sobre a crítica* a este dia da *Imbecilíada*! "Um exemplo dos mais notórios", diz ele, "da depravação do gênio e do gosto, a aprovação que este ensaio encontra."[72] "Posso afirmar com segurança que nunca ataquei qualquer desses escritos, a menos que tivessem sucesso infinitamente além do seu mérito. Este, apesar de oco, é um escrevinhador popular. A loucura epidêmica do tempo lhe deu reputação."[73] "Se, depois do cruel tratamento que tantos homens extraordinários (Spenser, Lorde Bacon, Ben Jonson, Milton, Butler, Otway e outros) receberam do país nesses últimos cem anos, eu mudasse o cenário e mostrasse toda essa penúria transmutada de imediato em profusão e abundância, e mais desperdiçada com um único objeto do que teria satisfeito a maior parte desses homens extraordinários, o leitor de quem essa tal criatura é desconhecida imaginaria que se trata de um prodígio da arte e da natureza, acreditaria que todas as grandes qualidades dessas pessoas estavam centradas somente nele. Mas se eu me arriscasse a assegurar-lhe que as pessoas da Inglaterra fizeram es-

---
[71] Numa carta de seu próprio punho, datada de 12 de março de 1733.
[72] Prefácio de Dennis às suas *Reflexões acerca do Ensaio sobre a crítica*.
[73] Prefácio às suas *Observações sobre Homero*.

sa escolha, o leitor pensaria que sou um inimigo malicioso e caluniador, ou que o reino do último ministério (o da Rainha Ana) foi destinado pela sorte a incentivar os tolos."[74]

Mas acontece que o nosso poeta nunca teve qualquer posto, pensão ou gratuidade de qualquer forma da dita e gloriosa rainha, ou de qualquer um de seus ministros. Tudo o que ele deveu, no curso inteiro de sua vida, a qualquer corte, foi a assinatura, para o seu Homero, de £200 do Rei Jorge I e £100 do Príncipe e da Princesa.

Contudo, para não imaginarmos que o sucesso do nosso autor foi constante e universal, eles nos dão a conhecer certas obras de menor grau de reputação, das quais, ainda que outros aleguem ser seus autores, eles nos asseguram que ele é o escritor. Desse modo, o Sr. Dennis[75] lhe atribui duas farsas, cujos nomes ele não diz, mas nos assegura que não há nelas um gracejo sequer; e uma imitação de Horácio, cujo título ele não menciona, mas nos assegura que é muito mais execrável que todas as suas obras.[76] O *Daily Journal* de 11 de maio de 1728 nos assegura que: "Ele está abaixo de Tom D'Urfey no drama, porque (como pensa aquele escritor) o *Inimigo dos casamentos vencido* e o *Pensionato* são melhores que o *Como-é-que-se-chama*", que não é do Sr. P., mas do Sr. Gay. O Sr. Gildon nos assegura, em seu *Novo ensaio*, p. 48, "que ele estava escrevendo uma peça sobre a Dama Jane Grey", mas depois provou-se ser do Sr. Rowe. Somos assegurados por outro que: "Ele escreveu um panfleto chamado *Dr. Andrew Tripe*",[77] que se provou ser de um Dr. Wagstaffe. O Sr. Theobald nos assegura no *Mist* de 27 de abril "que o *Tratado do profundo* é muito torpe e que o Sr. Pope é o seu autor". O escritor da *Gulliveriana* é de outra opinião, e diz: "O todo, ou a maior parte, do mérito deste tratado deve e pode apenas ser atribuída a Gulliver".[78] (Ora, gentil leitor! Não posso deixar de sorrir diante da estranha cegueira e assertividade dos homens, sabendo que o dito tratado pertence a ninguém mais senão eu, Martinho Escrevinho.)

Somos assegurados, no *Mist* de 8 de junho, "que suas próprias peças e farsas teriam adornado melhor a *Imbecilíada* que as do Sr. Theobald, pois ele não tinha gênio para a tragédia nem para a comédia"; o que, seja verdade ou

---

[74] *Observações sobre Homero*, p. 8, 9.
[75] *Ibid.*, p. 8.
[76] *Caráter do Sr. Pope*, p. 7.
[77] *Ibid.*, p. 6.
[78] *Gulliv.*, p. 336.

não, não é fácil de julgar, haja vista que ele não tentou nenhuma das duas – a não ser que demos como certo, como faz o Sr. Cibber, que o fato de ele ficar muito bravo subitamente ao ouvir a peça de um amigo aviltada era uma prova infalível de que a peça era sua, pois o dito Sr. Cibber pensa ser impossível para um homem ter qualquer preocupação por qualquer um além dele mesmo: "Agora deixem qualquer homem julgar", diz ele, "por este critério quem era a verdadeira mãe da criança".[79]

Mas de tudo que foi dito o leitor perspicaz inferirá que pouco serviu ao nosso autor ter qualquer franqueza, pois, quando ele declarou que não escrevia para outros, não foi crido; e que pouco lhe serviu ter qualquer modéstia, pois, quando ele declinou ter escrito ele mesmo de qualquer forma, a presunção de outros lhe foi imputada. Se ele empreendia sozinho uma grande obra, era acusado de um prodígio de ousadia e loucura;[80] se empregava assistentes em outra, queixavam-se disso e o pintavam como uma grande injúria ao público.[81] As épicas mais sublimes, as baladas mais baixas, os tratados contra o Estado ou a Igreja, as sátiras sobre damas e cavalheiros, as troças contra lumes e autores, as rixas com livreiros, ou até relatos íntegros e verdadeiros de monstros, venenos e assassínios; de tudo isso não houve nada tão bom, nada tão mau que não lhe tenha sido atribuído num ou noutro momento. Se não levava nome de autor, então ali ele se ocultava; se levava, ele o havia atribuído àquele autor para ainda melhor se ocultar; se lembrava qualquer um de seus estilos, então era evidente; se não, ele o havia disfarçado de propósito. Sim, até oposições diretas em religião, princípios e política foram igualmente supostas inerentes nele. Decerto um caráter dos mais raros e singulares! Disso, que o leitor tire o que puder.

Sem dúvida, a maioria dos comentadores aproveitaria essa ocasião para virar tudo a favor do seu autor; e, do testemunho de seus muitos inimigos, afirmaria que sua capacidade era ilimitada, bem como sua imaginação; que ele era um perfeito mestre de todos os estilos e todos os argumentos; e que havia nesse tempo nenhum outro escritor, em qualquer gênero, de qualquer grau de excelência, salvo ele mesmo. Mas como esse não é nosso sentimento, não decidiremos nada, mas deixaremos a ti, gentil leitor, guiar teu juízo igualmente entre várias opiniões e escolher se te inclinas aos testemunhos de autores declarados ou de autores ocultos – de quem o conhecia ou de quem não o conhecia.

---

[79] Carta de Cibber ao Sr. Pope, p. 19.
[80] *Homeríades* de Burnet, p. 1 da sua tradução da *Ilíada*.
[81] Os jornais *London* e *Mist's*, quando ele empreendeu a *Odisseia*.

MARTINHO ESCREVINHO SOBRE O POEMA

Este poema, que celebra as coisas mais graves e antigas, o Caos, a Noite e Torpeza, é portanto do tipo mais grave e mais antigo. Homero (diz Aristóteles) foi o primeiro a dar a forma e (diz Horácio) a adaptar a medida à poesia heroica. Mas até antes disso, pode-se racionalmente presumir do que os antigos deixaram escrito, havia uma peça de Homero composta de natureza e assunto semelhante ao do nosso poeta. Do gênero épico ela parece ter sido, mas de assunto certamente não desagradável, como testemunha o que é relatado dela pelo douto arcebispo Eustácio, na *Odiss.* X, e do mesmo modo Aristóteles, na sua *Poética*, cap. IV, afirma além disso que, assim como a *Ilíada* e a *Odisseia* deram exemplo à tragédia, esse poema forneceu à comédia sua primeira ideia.

Desses autores também parece que o herói ou personagem principal dele era não menos obscuro, e seu entendimento e sentimentos não menos peculiares e estranhos (se não mais ainda) que os de qualquer dos atores do nosso poema. Margites era o nome desse personagem, que a Antiguidade registra ter sido Imbecil Primeiro; e certamente, pelo que ouvimos falar dele, não foi indigno de ser a raiz de uma árvore tão frondosa e posteridade tão numerosa. Portanto, o poema que o celebrava era propriamente e absolutamente uma *Imbecilíada*; do qual, embora infelizmente perdido agora, a natureza é suficientemente conhecida por meio dos indícios infalíveis mencionados acima. E assim parece que a primeira *Imbecilíada* foi o primeiro poema épico, escrito pelo próprio Homero, e anterior até à *Ilíada* ou à *Odisseia*.

Ora, tendo em vista que o nosso poeta traduziu essas duas obras célebres de Homero que nos restaram, ele considerou ser de certo modo sua obrigação imitar também a que fora perdida; e foi portanto induzido a conferir-lhe a mesma forma que se relata que Homero deu, a saber, a de um poema épico, com um título também moldado à maneira grega antiga, isto é, o de *Imbecilíada*.

É incrível que tão poucos dos modernos tenham sido estimulados a tentar uma *Imbecilíada*! Pois, na opinião do vulgo, pode custar menos dor e óleo que a imitação da épica maior. Mas é possível também que, após reflexão madura, o criador julgue mais fácil pintar um Carlos Magno, um Brutus ou um Godfrey, com justa pompa e dignidade heroica, que um Margites, um Codro ou um Flecknoe.

Declararemos a seguir a ocasião e a causa que levaram nosso poeta a esta obra em particular. Ele viveu naqueles dias em que (após a Providência ter permitido a invenção da imprensa como flagelo pelos pecados dos eruditos) o papel também se tornou tão barato, e os impressores tão numerosos, que um dilúvio de autores cobriu a terra; assim, não apenas a paz do sujeito honesto não escritor era diariamente molestada, mas cobranças impiedosas eram feitas do seu aplauso, e até do seu dinheiro, por quem não merecia nem um nem outro. Ao mesmo tempo, a licença da imprensa era tamanha que ficou perigoso recusar-lhes ambos, senão eles publicariam imediatamente calúnias impunes, os autores sendo anônimos e dissimulando-se sob as asas dos editores, uma corja de homens que nunca teve escrúpulo de vender a calúnia ou blasfêmia, contanto que a praça as pedisse.

Portanto, nosso autor,[82] vivendo nesse tempo, considerou empreitada digna de um honesto satirista dissuadir os torpes e punir os perversos, do único modo que restava. Nessa visão de espírito público ele dispôs o plano deste poema, como o maior serviço de que era capaz (sem risco de ferir-se ou ser morto) de prestar ao seu caro país. Primeiro, tomando as coisas do original, ele considerou as causas criativas de tais autores – a saber, a Torpeza e a Pobreza, uma nascida com eles, a outra contraída por negligência de seus talentos apropriados, por presunção de maiores habilidades. Essa verdade ele embalou numa alegoria[83] (como exige a construção de um poema épico) e imaginou que uma dessas deusas tinha ido morar com a outra, e que juntas elas inspiravam esses escritores e suas obras. Ele prosseguiu mostrando as qualidades que elas conferem a esses autores[84] e os efeitos que elas produzem;[85] depois os materiais, ou sortimento, com que elas os abastecem;[86] e (acima de tudo) a vaidade[87] que faz com que eles pareçam a si mesmos muito maiores do que são, e é o principal motivo de eles se lançarem nesse triste e lamentável negócio. O grande poder dessas deusas agindo em aliança (das quais uma é a mãe da indústria, a outra da labuta) precisava

---

[82] Vide Bossu, *Du poème épique*, cap. VIII.
[83] Bossu, cap. VII.
[84] Livro I, v. 32 *etc.*
[85] V. 45 a 54.
[86] V. 57 a 77.
[87] V. 80.

ser exemplificado por alguma ação grande e marcante:[88] e nenhuma poderia sê-lo mais do que aquela que nosso poeta escolheu, isto é, a restauração do reino do Caos e da Noite, pelo ministério da Torpeza sua filha, na remoção de seu trono imperial da cidade para o mundo polido; como a ação da *Eneida* é a restauração do império de Troia pela remoção da raça dali para o Lácio. Mas assim como Homero canta apenas a cólera de Aquiles, porém inclui em seu poema toda a história da guerra troiana, de igual maneira nosso autor traçou nessa única ação toda a história da Torpeza e de seus filhos.

Em seguida uma pessoa precisava ser enfocada para sustentar a ação. Esse fantasma na mente do poeta precisava ter um nome:[89] ele vem a ser —, e torna-se, é claro, o herói do poema.

Sendo assim a fábula, conforme ao melhor exemplo, uma e inteira, como contida na proposta, o maquinário é uma cadeia contínua de alegorias, que apresenta todo o poder, o ministério e o império da Torpeza, estendido através de seus instrumentos subordinados, em todas as suas várias operações.

Isso se ramifica em episódios, cada um dos quais tem sua própria moral, embora todos conduzam ao fim principal. A multidão reunida no segundo livro demonstra que o desígnio é mais extenso do que simplesmente aos maus poetas, e que podemos esperar outros episódios dos patronos, incentivadores ou pagadores desses autores, conforme a ocasião os enseje. E o terceiro livro, se bem considerado, parece abarcar o mundo inteiro. Cada um dos jogos relaciona-se a uma ou outra classe vil de escritores: o primeiro concerne ao Plagiário, a quem ele dá o nome de More; o segundo, ao Romancista difamador, que ele denomina Eliza; o terceiro, ao Dedicador aduloso; o quarto, ao Crítico berrador, ou Poeta barulhento; o quinto, ao sombrio e sujo Propagandista Político; e assim por diante; atribuindo a cada qual um ou outro nome próprio, dentro do que ele conseguia encontrar.

Quanto aos personagens, o público já reconheceu como são traçados com justiça: os modos são aqueles retratados, e os sentimentos característicos daqueles a quem se aplicam, de modo que transferi-los a qualquer outro personagem mais sábio certamente seria excessivamente difícil; e é certo que cada pessoa envolvida, ao ser consultada individualmente, assumiu prontamente a semelhança de cada retrato, exceto o seu próprio. Por isso o Sr. Cibber os chama de "um bando de pobres-diabos, um monte de moscas tolas", mas acrescenta

---

[88] *Ibid.*, cap. VII, VIII.
[89] Bossu, cap. VIII. Vide Aristóteles, *Poética*, cap. IX.

que o lume do nosso autor é notavelmente mais explícito e estéril sempre que se trata de malhar Cibber do que qualquer outra pessoa.[90]

As descrições são singulares, as comparações muito peculiares, a narração variada, mas de uma única cor. A pureza e castidade da dicção é preservada de tal forma que, nos lugares mais suspeitos, somente as imagens mas não as palavras foram censuradas, e no entanto essas imagens são exatamente aquelas que foram santificadas pela antiga e clássica autoridade (embora, como era costume desses bons tempos, não tenham sido embaladas de modo tão curioso), sim, e comentadas pelos mais graves doutores e mais abalizados críticos.

Por levar o nome de épico, está portanto sujeito às indispensáveis regras severas que são impostas a todos os neotéricos: uma estrita imitação dos antigos, de forma que qualquer desvio, ainda que acompanhado de alguma beleza poética, sempre foi censurado pelo crítico castiço. Quão exata essa imitação foi nesta peça, aparece não apenas pela sua estrutura geral, mas por infinitas alusões particulares, muitas das quais escaparam ao comentador e até ao poeta; sim, diversas por sua excessiva diligência, foram tão alteradas e entrelaçadas com o resto que muitas já foram, e outras mais serão, confundidas pelo ignorante como totalmente e originalmente do autor.

Numa palavra, o poema todo revela-se ser obra do nosso autor quando suas faculdades estavam em pleno vigor e perfeição, naquela época exata em que os anos amadureceram o juízo sem diminuir a imaginação, que pelos bons críticos é situada pontualmente aos quarenta. Foi a essa altura que Virgílio terminou suas *Geórgicas*; e Sir Richard Blackmore, compondo na mesma idade seus *Arthurs*, declarou que era essa o acme e cume da vida para a poesia épica – embora desde então ele a tenha alterado para sessenta anos, a idade em que ele publicou seu *Alfred*.[91] A verdade é que os talentos para a crítica – a saber, esperteza, censura rápida, vivacidade de observação, segurança de afirmação, todos com exclusão do azedume – parecem ser mais os dons da juventude que da idade madura. Mas é bem diferente na poesia, como testemunham as obras do Sr. Rymer e do Sr. Dennis, que, começando pela crítica, depois se tornaram poetas como em nenhuma era houve paralelo. Com boa razão, portanto, nosso autor escolheu escrever seu ensaio sobre esse tema aos vinte, e reservou para seus anos mais maduros esta grande e maravilhosa obra da *Imbecilíada*.

---

[90] Carta de Cibber ao Sr. Pope, p. 9, 12, 41.
[91] Ver seus *Ensaios*.

RICARDO ARISTARCO SOBRE O HERÓI DO POEMA

Da natureza da *Imbecilíada* em geral, de onde derivou, e em qual autoridade está fundada, bem como da arte e conduta deste nosso poema em particular, o douto e laborioso Escrevinho, segundo sua maneira, e com tolerável quinhão de juízo, já dissertou. Mas quando ele passa a falar da pessoa do herói adequado para o poema, na verdade ele tropeça e alucina miseravelmente. Isso porque, desencaminhado por um certo Monsieur Bossu, crítico gálico, ele divaga sobre não sei qual fantasma de herói, engendrado somente para sustentar a fábula. Que pútrido conceito! Como se Homero e Virgílio, ao modo de modernos empreiteiros, que primeiro constroem a casa para depois procurar um inquilino, tivessem concebido a história de uma guerra e peregrinação antes sequer de pensarem em Aquiles ou Enéas. Portanto, havemos de corrigir nosso bom irmão e o mundo também neste particular, assegurando-lhes que, na épica maior, a intenção primeira da Musa é exaltar a virtude heroica, a fim de propagar o amor por ela entre os filhos dos homens; e, consequentemente, que o primeiro pensamento do poeta deve necessariamente voltar-se para um tema real digno de louvor e celebração, não um que ele venha a inventar, mas um que ele encontre e seja autenticamente ilustre. Esse é o *primum mobile* de seu mundo poético, do qual tudo vem a receber vida e movimento. Pois quando esse tema é encontrado, imediatamente se institui, ou melhor, reconhece um herói, que é lançado numa ação condizente com a dignidade de seu caráter.

Mas a Musa não cessa aqui seu voo de águia. Certas vezes, saciada com a contemplação desses sóis de glória, ela volta-se para baixo em sua asa, e arroja-se como o relâmpago sobre a raça dos gansos e serpentes. Pois podemos aplicar à Musa, em seus vários humores, o que um antigo mestre de sabedoria afirma dos deuses em geral: "*si Dii non irascuntur impiis et injustis, nec pios utique justosque diligunt. Em rebus enim diversis, aut em utramque partem moveri necesse est, aut em neutram. Itaque qui bonos diligit, et malos odit; et qui malos non odit, nec bonos diligit. Quia et diligere bonos ex odio malorum venit; et malos odisse ex bonorum caritate descendit*". O que, em nosso idioma vernacular, pode ser interpretado assim: "se os deuses não são provocados por homens maus, tampouco se deleitam com os bons e justos. Pois objetos contrários devem excitar afeições contrárias, ou então nenhuma afeição. Assim, aquele que ama os homens bons deve ao mesmo tempo odiar os maus; e aquele que não odeia os homens maus não pode amar os bons; porque o amor pelos homens bons procede de uma aversão ao mal, e o ódio pelos homens maus de uma ternura pelo bem". Dessa delicadeza da Musa surgiu a épica menor (mais vivaz e colérica que sua irmã mais velha, cujo porte e compleição a inclinam à fleuma), e para isso algum veículo notório de vício e idiotice foi procurado para fazer dele um exemplo. Um dos primeiros exemplos disso (que não podia escapar ao rigoroso Escrevinho) nos foi proporcionado pelo pai do poema épico. A partir dele a prática passou aos poetas dramáticos gregos, sua prole, que, na composição de sua tetralogia, ou conjunto de quatro peças, tinham costume de fazer da última uma tragédia satírica. Felizmente, uma dessas antigas *Imbecilíadas* (como podemos chamá-las) chegou até nós entre as tragédias do poeta Eurípides. E o que o leitor imagina que possa ser o tema dela? Ora, na verdade, e vale observar, a contenda desigual de um velho, torpe, depravado bufão Ciclope contra o favorito de Minerva, guiado pelos céus; que, depois de ter suportado em silêncio toda a obscena e ímpia indecência do monstro, termina a farsa punindo-o com a marca de um selo indelével na testa. Então será que não podemos ser desculpados se, no futuro, considerarmos as épicas de Homero, Virgílio e Milton, junto com este nosso poema, como uma tetralogia completa, na qual o último ocupa condignamente o lugar ou posição da peça satírica?

Avancemos portanto no nosso tema. Por muito tempo subsistiu, e infelizmente ainda subsiste a questão de saber se o herói da épica maior deve ser um homem honesto, ou, como os críticos franceses o designam, *un honnête homme*;[92] mas nunca se admitiu qualquer dúvida que o herói da épica menor não deve ser assim. Portanto, a favor da nossa *Imbecilíada*, podemos observar quanto mais justa a moral do poema deve ser forçosamente, quando uma questão dessa importância está previamente decidida.

Mas então não é cada patife, nem (deixem-me acrescentar) tolo que é um tema apropriado para a *Imbecilíada*. Deve ainda existir alguma analogia, se não semelhança de qualidades, entre os heróis dos dois poemas, e isso a fim de admitir o que os críticos neotéricos chamam de paródia, uma das graças mais vívidas da épica menor. Assim, tendo-se concordado que as qualidades constitutivas do herói da épica maior são a sabedoria, a bravura

---

[92] "Si un héros poétique doit être un honnête homme". Bossu, *Du poème épique*, liv. V, cap. 5.

e o amor, dos quais decorre a virtude heroica, daí se segue que as do herói da épica menor sejam a vaidade, a impudência e a depravação, de cujo feliz ajuntamento resulta a heroica torpeza, o tema imorredouro deste nosso poema.

Tendo isso confessado, passamos agora aos pormenores. É caráter da verdadeira sabedoria procurar seu principal esteio e confiança dentro de si mesma, e situar tal esteio nos recursos que procedem de uma cônscia retidão da vontade. E serão as vantagens da vaidade, quando alçadas ao padrão heroico, privadas dessa autocomplacência? Não estarão, na opinião do seu enamorado possuidor, muito além dela? "Deixem que o mundo (ele dirá) me impute a idiotice ou fraqueza que quiser; mas enquanto a sabedoria não puder me dar algo que me torne mais inteiramente feliz, fico contente em ser contemplado."[93] Isso, como vemos, é a vaidade conforme o calibre ou medida heroica; não aquela espécie baixa e ignóbil que pretende ter virtudes que não temos, mas a louvável ambição de ser contemplado por gabar-se desses vícios que todo mundo sabe que temos. "O mundo pode perguntar (diz ele) por que torno minhas idiotices públicas? Por que não? Passei meu tempo muito agradavelmente com elas."[94] Em suma, não há espécie de vaidade que a tal herói repugnaria, a não ser aquela que pudesse chegar a degradá-lo de sua alta posição nesta nossa *Imbeciliada*, a saber: "Será que não seria vaidade dele envergonhar-se por não ser um homem sábio?".[95]

A bravura, o segundo atributo do verdadeiro herói, é a coragem manifestando-se em cada membro; enquanto sua virtude correspondente no herói satírico é essa mesma coragem toda reunida no rosto. E assim como o poder quando ajuntado tem necessariamente mais força e espírito do que quando disperso, geralmente encontramos esse tipo de coragem num grau tão alto e heróico que insulta não apenas os homens, mas os deuses. Mezêncio é, sem dúvida, o personagem mais corajoso em toda a *Eneida*. Mas como? Sua bravura, como sabemos, era uma alta coragem de blasfêmia. E podemos dizer menos daquele bravo homem que, tendo nos dito que punha "seu *summum bonum* nessas idiotices, que ele não tinha a mera satisfação de possuir, mas da qual igualmente se vangloriava", acrescenta: "se eu me equivocar, é culpa da natureza, e eu a sigo".[96] Tampouco podemos errar em fazer dessa feliz qualidade uma espécie de coragem, quando consideramos essas marcas ilustres dela que tornaram o rosto dele "mais conhecido (como ele justamente

---

[93] Dedicatória à *Vida de C. C.*
[94] *Vida*, p. 2, ed. in-8º.
[95] *Vida, ibid.*
[96] *Vida*, p. 23, in-8º.

se jactava) que a maioria no reino", e que sua expressão consiste no que devemos permitir que seja a figura de linguagem mais ousada, aquela que é tirada do nome de Deus.

O gentil amor, próximo ingrediente na composição do verdadeiro herói, é mera ave de passagem, ou (como Shakespeare o chamou) a luxúria que sobeja no verão, e evapora-se no calor da juventude; sem dúvida, por esse refinamento, ele sofre ao passar por aqueles filtros de que nosso poeta fala em certos trechos. Mas quando se deixa que ele opere sobre a borra, ele adquire força com a idade, e torna-se um ornamento duradouro da épica menor. É verdade, de fato, que há uma objeção à sua adequação para tal uso: pois não apenas os ignorantes podem pensar que é comum, mas que é permitido que o seja, até por quem melhor conhece sua natureza. "Você não acha (indaga ele) que dizer apenas que 'um homem tem sua puta' deveria valer pouco ou nada? Porque *defendit numerus*; pegue os primeiros dez mil homens que você encontrar e acredito que você não sairia perdendo se apostasse dez para um que cada um desses pecadores, um com o outro, é culpado da mesma fragilidade."[97] Mas aqui ele não parece ter feito justiça a si mesmo: decerto é herói o bastante o homem que tem sua dama aos oitenta. Como sua modéstia reduz aqui o mérito de uma vida inteira bem passada, não tomando para si a distinção (que Horácio considerava a maior num personagem teatral) de continuar até os estertores o mesmo que ele era no início: "*servetur ad imum / Qualis ab incepto processerat*"!

Mas observemos também que o fato de chamá-la de *sua* puta implica que ela era somente dele, e não de seu vizinho. De fato uma continência louvável, e do tipo que o próprio Cipião teria aplaudido! Pois quanta abnegação era necessária para não cobiçar a puta do próximo? E quantos distúrbios o cobiçá-la teria causado numa sociedade em que (segundo esse calculador político) nove em cada dez homens de todas as idades tivessem suas concubinas!

Assim passamos, tão brevemente quanto pudemos conceber, pelas três qualidades constitutivas de cada herói. Mas não é em nenhuma delas, nem em todas elas, que o reside o heroísmo propriamente ou essencialmente. É mais um resultado feliz da colisão recíproca dessas qualidades vivazes. Assim, tal como da sabedoria, bravura e amor surge a magnanimidade, objeto de admiração, que é o objetivo da épica maior, assim também da vaidade,

---

[97] Carta ao Sr. P., p. 46.

impudência e depravação brota a bufonaria, fonte de ridículo, o "risível ornamento", como ele tão bem o denomina,[98] da épica menor.

Não se envergonha (queira Deus que ele jamais se envergonhe!) do seu caráter quem considera que não a razão, mas a risibilidade, distingue a espécie humana da brutal. "Assim como a natureza", diz esse profundo filósofo, "distinguiu nossa espécie da criação muda por nossa risibilidade, seu intento evidente deve ter sido, por meio dessa faculdade, elevar nossa felicidade, tal como pelo nosso *os sublime* (nossas faces erguidas) alçar a dignidade de nossa forma acima delas."[99] Considerado tudo isso, como deve ser um herói completo, assim como um homem feliz, aquele cuja risibilidade jaz não simplesmente em seus músculos, como a espécie comum, mas (como ele mesmo nos informa) no cerne de seu espírito! e cujo *os sublime* não é simplesmente uma face erguida, mas uma cabeça impudente, como deve transparecer pelo fato de ele compará-la a uma de ferro, que se diz ter pertencido ao falecido rei da Suécia![100]

Mas seja quais qualidades pessoais um herói pode ter, os exemplos de Aquiles e Enéas nos mostram que todas elas são de pouca valia sem o auxílio constante dos deuses, pois a subversão e ereção de impérios nunca foram julgadas obra de homens. Portanto, por maiores que possamos estimar seus altos talentos, mal podemos imaginar que apenas a valentia de sua pessoa seja suficiente para restaurar o império decaído da Torpeza. Uma realização de tal magnitude deve exigir o favor e proteção particular dos grandes, que, sendo os patronos e apoiadores naturais das letras, como os antigos deuses foram de Troia, devem primeiro ser afastados e envolvidos em outro interesse, antes que a total subversão deles possa ser cumprida. Para superar, portanto, esta última e maior dificuldade, temos, neste excelente homem, um favorito e íntimo confesso dos grandes. E seja qual tenha sido a força da antiga piedade que arrastou os deuses para o partido de Enéas, muito mais forte é o incenso moderno que atrai os grandes para o partido da Torpeza.

Assim tentamos retratar ou delinear este nobre rebento da fama. Mas agora o leitor impaciente estará apto a dizer, se tantas e tão variadas graças entram na feitura de um herói, que mortal será suficiente para suportar esse caráter? Mal terá lido quem não vir, em cada traço deste quadro, aquela pessoa individual, consumada, em quem essas raras virtudes e afortunadas

---

[98] Carta ao Sr. P., p. 31.
[99] *Vida*, p. 23, 24.
[100] Carta, p. 8.

circunstâncias concordaram em se encontrar e concentrar com o mais forte brilho e mais plena harmonia.

Até o bom Escrevinho – que digo, o mundo inteiro – pode ser tapeado, nas recentes edições espúrias, por não sei qual herói ou fantasma fajuto; mas não foi tão fácil tapear aquele a quem esse erro grosseiro mais afetava. Pois assim que o quarto livro descortinou a altanada e suntuosa cena, ele reconheceu seus próprios atos heroicos; e quando ele chegou às palavras "suavemente em seu regaço seu filho laureado reclina" (embora laureado implique nada mais que alguém coroado com laurel, como cabe a qualquer associado ou consorte em império), ele rugiu (como um leão) e reivindicou seu direito à fama – de fato, não sem causa, pois ele foi representado ali em sono ferrado, tão inapropriado ao olho de um império, que, como o da Providência, nunca deve cochilar. "Hah! (diz ele) Em sono ferrado, é o que parece! Isso é um pouco forte demais. Torpe e atrevido você poderia ter dito que sou, mas adormecido tão raramente quanto qualquer tolo."[101] Contudo, o herói ferido pode confortar-se com esta reflexão de que, embora seja sono, não é o sono da morte, mas da imortalidade. Aqui ele viverá[102] pelo menos, ainda que não desperto; e em condição que não é pior que a de muitos guerreiros encantados antes dele. O famoso Durandarte, por exemplo, foi, como ele, lançado num longo sono por Merlin, o bardo e necromante britânico; e seu exemplo, caso ele se submeta a ele de bom grado, pode ser útil ao nosso herói. Pois esse desastroso cavaleiro, ao ser duramente pressionado ou instado a dar uma resposta por muitas pessoas de qualidade, apenas respondeu com um suspiro: "Paciência, e embaralhem as cartas".[103]

Mas agora, como nada neste mundo, não, nem as coisas mais sagradas ou perfeitas da religião ou do governo, podem escapar ao ferrão da inveja, tenho a impressão de já ouvir esses quizilentos objetando à lisura do título do nosso herói.

> "Nunca teria (dizem eles) sido julgado suficiente para fazer um herói para a *Ilíada* ou a *Eneida*, que Aquiles era corajoso o bastante para derrubar um império, ou Enéas pio o bastante para erguer outro, se não tivessem nascido de uma deusa e sido criados como príncipes. O que, então, quis dizer o autor ao alçar um ator em vez de um de

---

[101] Carta, p. 53.
[102] Carta, p. 1.
[103] *Don Quixote*, parte II, liv. II, cap. 22.

seus patronos (uma pessoa que "nunca foi herói nem no palco"[104]) a essa dignidade de colega do império da Torpeza, e realizador de uma obra que nem os velhos Omar, Átila ou John de Leyden puderam inteiramente perfazer?"

Para tudo isso temos, na nossa opinião, uma resposta suficiente do historiador romano, *Fabrum esse suae quemque fortunae*, cada homem é o ferreiro de sua própria fortuna. O político florentino Nicolau Maquiavel vai ainda mais longe, e afirma que um homem só precisa acreditar que é um herói para ser um dos melhores. "Deixem (diz ele) somente que ele se julgue capaz das coisas mais altas, e ele será decerto capaz de alcançá-las." Estipulando isso como princípio, daí se segue certamente e incontestavelmente que, se um herói é tal personagem, o nosso é: pois se já houve homem que se creu herói, o nosso sim. Ouçam como ele constantemente se compara, ora a Alexandre o Grande e Carlos XII da Suécia, pelo excesso e delicadeza de sua ambição;[105] a Henrique IV da França pela política honesta;[106] ao primeiro Brutus, pelo amor da liberdade;[107] e a Sir Robert Walpole, pelo bom governo enquanto esteve no poder.[108] Em outro momento, ao divino Sócrates, pelas suas diversões e entretenimentos;[109] a Horácio, Montaigne e Sir William Temple pela elegante vaidade que os faz para sempre lidos e admirados;[110] a dois Lordes Chanceleres, pelo direito, de quem, quando se confederaram contra ele em juízo, ele tomou o prêmio da eloquência;[111] e, para dizer tudo numa palavra, ao mui reverendo Lorde Bispo de Londres, na arte de escrever cartas pastorais.[112]

Suas ações tampouco ficam aquém da sublimidade de suas concepções. Em sua primeira juventude ele encontrou a Revolução em Nottingham[113] face a face, numa época em que seus melhores se contentavam em segui-la. Mas ele brilhou nas cortes além dos campos. Foi convocado quando a nação

---

[104] Ver *Vida*, p. 148.
[105] *Vida*, p. 149.
[106] P. 424.
[107] P. 366.
[108] P. 457.
[109] P. 18.
[110] P. 425.
[111] P. 436, 437.
[112] P. 52.
[113] P. 47.

entrou em trabalho de parto dessa Revolução[114] e foi padrinho no batizado dela, com o bispo e as damas.[115]

Quanto ao seu nascimento, é verdade que ele alegou não ter relação com deus ou deusa pagã; mas, o que dá na mesma, ele descendia de um criador de ambos.[116] E se ele não figura no mundo como herói por nascimento ou por educação foi culpa dele: pois sua linhagem ele trouxe para sua vida como uma anedota, e é sabido que ele teve em seu poder que "se pensasse que ele não era filho de ninguém".[117] E o que é isso senão vir ao mundo como herói?

[Mas caso seja preciso (já que as leis meticulosas da poesia épica o exigem) que um herói de nascimento mais que mortal seja obtido, até para isso temos um remédio. Podemos facilmente derivar o pedigree do nosso herói de uma deusa de poder e autoridade não insignificante entre os homens, e legitimá-lo e instalá-lo seguindo a correta moda clássica e autêntica: pois assim como os antigo sábios encontraram um filho de Marte num guerreiro poderoso, um filho de Netuno num marinheiro habilidoso, um filho de Febo num poeta harmonioso, também temos aqui, caso seja preciso, um filho da Fortuna num jogador velhaco. E quem mais apropriado que o rebento da Sorte para ajudar a restaurar o império da Noite e do Caos?]

Existe, na verdade, outra objeção de maior peso, a saber: "Que esse herói ainda existe, e ainda não concluiu seu curso terreno. Pois se Sólon bem disse que nenhum homem pode ser julgado feliz até sua morte, decerto muito menos pode alguém, antes disso, ser pronunciado um herói, pois essa espécie de homens está muito mais sujeita que outras aos caprichos da fortuna e do humor". Mas a isso também temos uma resposta, que será considerada (esperamos) decisiva. Ela vem dele mesmo, que, para abreviar essa disputa, protestou solenemente que nunca mudará nem se emendará.

No que tange à sua vaidade, ele declara que nada jamais os separará. "A natureza (diz ele) abasteceu-me amplamente de vaidade, um prazer ao qual nem a impudência do lume nem a gravidade da sabedoria jamais me persuadirão a renunciar."[118] Nosso poeta havia tentado caridosamente administrar uma cura para ela; mas ele nos diz com franqueza: "Meus superiores talvez possam ser emendados por ele; mas da minha parte me confesso in-

---

[114] P. 57.
[115] P. 58, 59.
[116] Um estatuário.
[117] *Vida*, p. 6.
[118] P. 424.

corrigível. Vejo minhas idiotices como a melhor parte de minha fortuna".[119] E com boa razão: vemos a que elas o levaram!

Segundo, quanto à bufonaria, "Terá (diz ele) chegado a hora de eu abandonar essas tonteiras e constituir um novo caráter? Não posso me despojar de minhas idiotices mais que de minha pele; tentei muitas vezes, mas elas grudam demasiado em mim; tampouco tenho certeza de que meus amigos se desagradem com elas, pois sob essa luz eu lhes proporciono frequente assunto de diversão"[120] *etc., etc.* Portanto, tendo se declarado tão publicamente incorrigível, ele se tornou morto pelo direito (refiro-me ao direito épico) e coube ao poeta como sua propriedade, que pode tomá-lo e lidar com ele como se estivesse morto há tanto tempo quanto um velho herói egípcio, o que significa eviscerá-lo e embalsamá-lo para posteridade.

Nada portanto (a nosso ver) resta para impedir sua própria profecia de surtir efeito imediato. Que rara felicidade, e que poucos profetas tiveram a satisfação de ver em vida! Tampouco podemos concluir melhor do que com seu vaticínio extraordinário, concebido nestas palavras oraculares: "Minha torpeza encontrará alguém para lhe fazer justiça".[121]

---

[119] P. 19.
[120] P. 17.
[121] *Ibid.*, p. 243, ed. in-8º.

A IMBECILÍADA

em 4 livros

| 137 estrofes | 22 | 37 | 32 | 46 |
| 1.754 versos | 330 | 428 | 340 | 656 |

A IMBECILÍADA[1]

ao Dr. Jonathan Swift

[1] *A Imbecilíada, sic MS*. Pode-se de fato disputar se esta leitura está correta. Não deveria ser escrita *Dunceiad*, como evidentemente pede a etimologia? "Dunce" com *e*, portanto *Dunceiad* com *e*? Aquele literato rigoroso e pontual, o restaurador de Shakespeare, observa constantemente a preservação dessa mesma letra *e* ao grafar o nome de seu estimado autor, e não como seus comum editores descuidados, com omissão de um, pior, às vezes dois *e* (como Shakspear), o que é absolutamente imperdoável. "Tampouco a negligência de uma única letra é tão trivial quanto pode parecer para alguns; a alteração da mesma numa língua de erudição é uma conquista que traz honra ao crítico que a propõe; e o Dr. Bentley será lembrado pela posteridade por suas performances desse tipo, enquanto o mundo tiver alguma estima pelos resquícios de Menandro e Filémon." THEOBALD.

Ocorreu certamente um deslize do douto autor da nota precedente, tendo sido desde então apresentado por um antiquário rigoroso um autógrafo do próprio Shakespeare, no qual se vê que ele escrevia seu nome sem o primeiro *e*. E foi com base nessa autoridade que aqueles zeladores altamente críticos de seu monumento na Abadia de Westminster apagaram a leitura errônea anterior e restauraram a grafia correta numa nova peça de velho granito egípcio. Não somente por isso merecem nossos agradecimentos, mas por exibir no mesmo monumento o primeiro espécime de edição de um autor no mármore; no qual (como se pode ver comparando o túmulo com o livro), no espaço de cinco linhas, duas palavras e um verso inteiro foram alterados, e é de se esperar que assim permaneçam e superem em duração o que havia até então sido feito no papel; no que concerne ao futuro, nossa douta universidade irmã (o outro olho da Inglaterra) está tomando providências para perpetuar um Shakespeare totalmente novo na Clarendon Press. BENTL.

Deve-se notar que esse grande crítico também omitiu uma circunstância, a saber, que a inscrição com o nome de Shakespeare foi destinada a ser colocada no pergaminho de mármore para o qual ele aponta com a mão; em vez disso ele está agora colocado nas suas costas, e aquele espécime de edição foi colocado no pergaminho, o que de fato Shakespeare tem toda razão de apontar. ANON.

Embora eu atribua à letra *e* o mesmo justo valor que qualquer gramático vivo, e a mesma afeição pelo nome deste poema que qualquer crítico pelo do seu autor, ainda assim isso não me leva a concordar com aqueles que gostariam de lhe acrescentar mais um *e*, chamando-o de *Dunceiade*; essa, por ser uma terminação francesa e estrangeira, não é de modo algum apropriada para uma palavra completamente inglesa e vernacular. Um *e*, portanto, neste caso está certo, e dois *e* errados. Porém, no geral, seguirei o manuscrito e o imprimirei sem *e* algum, levado a isso pela autoridade (a todo tempo, para os críticos, igual, se não superior, à razão). Nesse método de proceder, nunca poderei exaltar demasiadamente meu bom amigo, o meticuloso Sr. Thomas Hearne, que, quando se depara com palavra que para ele e toda a humanidade está evidentemente errada, a mantém no texto com a devida reverência, apenas anotando na margem "*sic MS*". Do mesmo modo, não emendaremos este erro logo no título, mas somente o anotaremos *obiter*, para provar aos letrados que não foi falha nossa, nem efeito de nossa ignorância ou desatenção. Escrevinho.

Este poema foi escrito no ano de 1726. No ano seguinte, uma edição imperfeita foi publicada em Dublin e reimpressa em Londres in-doze; outra em Dublin, e outra em Londres in-8º; e três outras in-doze no mesmo ano. Mas não houve edição perfeita antes da de Londres in-4º, que foi acrescida de notas. [Dispomo-nos a asseverar à posteridade que este poema foi apresentado ao rei Jorge II e à sua rainha pelas mãos de Sir Robert Walpole, em 12 de março de 1728-9.] SCHOL[IA] VET[ERA] [marginália velha]

Foi expressamente confessado no prefácio à primeira edição que este poema não foi publicado pelo próprio autor. Foi impresso originalmente num país estrangeiro. E qual país estrangeiro? Ora, algum notório pelas parvoíces, onde, ao encontrar somente lacunas no lugar de nomes próprios, esses parvos preencheram-nas ao seu bel-prazer.

LIVRO PRIMEIRO

ARGUMENTO DO
LIVRO PRIMEIRO   330 v.

A proposição, invocação e inscrição. Em seguida a origem do grande império de Tôrpia e a causa de sua continuação. O colégio da deusa na cidade, com sua academia privada para poetas em particular, seus governadores e as quatro virtudes cardeais. Depois o poema se lança em meio aos acontecimentos, apresentando-a na noite de um Lord Mayor's Day,[2] contemplando a longa sucessão de seus filhos e as glórias passadas e por vir. Ela fixa seu olhar em Bays para ser o instrumento do grande evento que é o assunto do poema. Ele é descrito pensativo entre seus livros, abandonando a causa a temendo o fim de seu império: após deliberar se deve dedicar-se à Igreja, ao jogo ou à propaganda política, ele erige um altar de livros decentes e (fazendo primeiro uma prece e declaração solene) tenciona imediatamente sacrificar todos os seus escritos fracassados. Quando ele ateia fogo à pilha, a deusa, ao notar a flama, voa de seu assento e apaga o fogo lançando sobre ele o poema de *Thule*. Ela revela-se de imediato a ele, transporta-o para seu templo, desdobra suas artes e inicia-o em seus mistérios; então, anunciando a morte de Eusden, o poeta laureado, sagra-o, carrega-o para a corte e proclama-o seu sucessor.

O próprio herói do poema tem sido confundido até o presente, de modo que somos obrigados a iniciar nossas notas com a revelação de quem ele realmente foi. Soubemos do editor precedente que esta peça foi apresentada pelas mãos de Sir Robert Walpole ao rei Jorge II. Agora o autor nos informa diretamente que seu herói é o homem "que leva / As musas de Smithfield aos ouvidos dos reis". E é sabido quem foi a pessoa à qual esse príncipe conferiu a honra do laurel.
Fica igualmente claro na apóstrofe aos grandes no terceiro verso que Tibbald não pode ser essa pessoa, pois nunca foi autor em voga, nem acarinhado pelos grandes; ao passo que essa característica isolada é suficiente para indicar o verdadeiro herói, que, acima de todos os outros poetas de seu tempo, foi o deleite peculiar e companheiro seleto da nobreza da Inglaterra, e escreveu, como ele mesmo nos diz, algumas de suas obras por instigação sincera de pessoas de qualidade.
Por fim, o sexto verso fornece prova plena: tal poeta é o único de quem se sabe universalmente que teve um filho tão exatamente igual a ele, em suas capacidades poética, teatral, política e moral, que dele se podia dizer com justeza, "Reina ainda Imbecil Segundo como Imbecil Primeiro". BENTL.
[2] [N.T.] Dia do desfile da posse do prefeito de Londres.

1
A mãe possante[3] e seu filho,[4] que traz
As musas de Smithfield[5] aos ouvidos dos reis,
Eu canto. Digam vocês, seus instrumentos, ó grandes!
Convocados para esta tarefa por Tôrpia, Júpiter e o Fado,[6]
Vocês por cujos cuidados, em vão repreendido e amaldiçoado,   5
Reina ainda Imbecil Segundo como Imbecil Primeiro;
Digam como a deusa[7] pôs Britânia para dormir
E verteu seu espírito por sobre a terra e suas entranhas.

2
Em tempos arcaicos, antes que os mortais soubessem escrever ou ler,
Antes que Palas saísse da cabeça do Trovejante,   10
Tôrpia sobre tudo possuía seu antigo direito,

---

[3] O leitor deve ser advertido aqui de que a mãe, e não o filho, é o principal agente deste poema: o último é escolhido somente como colega dela (como era costume antigo em Roma antes de alguma grande expedição). A ação principal do poema não é de forma alguma a coroação do laureado, que se realiza logo no primeiro livro, mas a restauração do império da Torpeza na Grã-Bretanha, que só se consuma no último livro. W.

[4] Como é maravilhosa a estupidez de todos os críticos e comentadores pregressos desta obra! Ela irrompe logo no primeiro verso. O autor da crítica anteposta a *Sawney*, um poema, p. 5, foi torpe a ponto de apontar no "homem que leva" etc. não o herói da peça, mas nosso próprio poeta, como se ele se jactasse de que reis foram seus leitores – uma honra que, embora este poema tenha tido, ele saberia receber com mais modéstia.

    Remetemos esse ignorante aos primeiros versos da *Eneida*, assegurando-o que neles Virgílio fala não de si mas de Enéas: "Armas canto, e o varão que, lá de Troia / Prófugo, à Itália e de Lavino às praias / Trouxe-o primeiro o fado. Em mar e em terra / Muito o agitou violenta mão suprema" etc. Cito na íntegra os três versos para poder de passagem oferecer uma emenda conjectural, puramente de minha lavra, a cada um deles. Primeiro, *oris* deve ser lido *aris*, pois foi, como vemos em *Eneida* II 513, do altar de Júpiter Hercaeus que Enéas fugiu assim que viu Príamo assassinado. No segundo verso, trocaria *fato* por *flatu*, já que está mais do que claro que foi por meio de ventos que ele chegou à costa da Itália. *Jactatus*, no terceiro, decerto se aplica tão impropriamente a *terris* quanto propriamente a *alto*. Dizer que um homem é lançado à terra é o mesmo que dizer que ele anda sobre o mar. *Risum teneatis, amici?* Corrige-o, pois não duvido que o deva ser, *vexatus*. Escrevinho.

[5] Smithfield é o lugar onde era realizada a Feira de Bartolomeu, cujos espetáculos, máquinas e entretenimentos dramáticos, outrora atraentes somente para o gosto do populacho, foram, pelo herói deste poema e outros de igual gênio, levados aos teatros de Covent Garden, Lincolns-Inn-Fields e Haymarket, para serem os prazeres reinantes da corte e da cidade. Isso aconteceu nos reinados de Jorge I e II. Ver liv. III.

[6] Isto é, por seus juízos, seus interesses e suas inclinações. W.

[7] [O poeta aventura-se a cantar a ação da deusa; mas a paixão que ela imprime a seus ilustres devotos, ele pensa que só pode ser contada por eles mesmos. S<small>CRIBL</small>. W.]

Filha do Caos[8] e da Noite Eterna;
Em sua decrepitude o Fado lhes deu esta idiota loura,
Corpulenta como seu pai e sisuda como sua mãe,
Laboriosa, pesada, atarefada, ousada e cega,[9]   15
Ela governava, na anarquia nativa, a mente.[10]

3
De novo ela tenta restaurar seu velho império,[11]
Pois, nascida deusa, Tôrpia nunca morre.

4
Ó tu! Seja qual for o título que agrada teus ouvidos,
Dean, Drapier, Bickerstaff ou Gulliver![12]   20
Quer escolhas o ar sério de Cervantes,
Ou rias e te sacudas na poltrona de Rabelais,

---

[8] Dado que a beleza de toda esta alegoria é puramente de caráter poético, acreditamos que não esteja na nossa alçada de escoliasta interferir nela, mas deixá-la (como faremos em geral com as demais) ao leitor, observando apenas que Caos (de acordo com a *Teogonia* de Hesíodo) foi o progenitor de todos os deuses. ESCREVINHO.

[9] Pergunto-me por que o douto Escrevinho deixou de advertir o leitor, no início deste poema, que Tôrpia aqui não deve ser tomada restritivamente como mera estupidez, mas no sentido lato da palavra, como toda lerdeza de apreensão, estreiteza de visão ou senso imperfeito das coisas. Ela inclui (como vemos nas próprias palavras do poeta) o labor, a indústria, e um certo grau de atividade e ousadia – um princípio regente não inerte, mas que vira de cabeça para baixo o entendimento e induz uma anarquia ou estado de confusão mental. Esta observação deve ser portada pelo leitor ao longo de toda a obra; e sem essa precaução ele ficará propenso a equivocar-se quanto à importância de muitos personagens, bem como ao desígnio do poeta. Por isso alguns reclamaram que ele escolhe um tema por demais vil, e imaginaram que ele se ocupa como Domiciano, matando moscas; ao passo que aqueles que possuem a verdadeira chave verão que ele persegue presas mais nobres e abarca uma escala mais ampla; ou (como disse alguém, em ocasião semelhante): "Verá sua obra se erguer como a escada de Jacó, / Sua cabeça entre as nuvens, seu pé no pó". BENTL.

[10] A anarquia nativa da mente é aquele estado que precede o tempo em que a Razão assumiu o domínio das paixões. Porém, naquele estado, a violência descontrolada das paixões logo levaria as coisas à confusão, se não fosse pela intervenção de Tôrpia na ausência da Razão. Aquela, embora não possa regulá-las como a Razão, ainda assim ameniza e entorpece seu vigor, e realmente produz alguns dos efeitos benéficos desta última. É por isso que Tôrpia tem muitas vezes a aparência da Razão. Esse é o único bem que ela já fez; e o poeta toma especial cuidado para contá-lo logo na introdução do seu poema. Deve-se observar, de fato, que isso é dito do domínio universal de Tôrpia nos dias de antanho, mas nós podemos formar uma ideia disso com base no seu governo parcial em épocas mais recentes. W.

[11] Tal restauração constitui o desfecho do poema. Ver liv. IV.

[12] [Os diversos nomes e personagens que ele assumiu em seus escritos cômicos, espleníticos ou políticos, o que abarca todas as suas obras.]

Ou louves a corte, ou enalteças a humanidade,[13]
Ou desfaças os grilhões de cobre de teu lesado país;
Ainda que os poderes dela se retirem de tua Beócia,   25
Não lamente, caro Swift, o que nosso reino adquire.
Observe aqui satisfeito suas asas poderosas se abrirem
Para incubar uma nova era de chumbo saturnal.[14]

5
Junto às muralhas onde a Loucura tem seu trono
E ri ao pensar que Monro quis derrubá-la,   30
Onde em cima dos portões, pela mão de seu célebre pai,[15]
Estão os irmãos atrevidos e acéfalos do grande Cibber,
Há uma cela, oculta ao olho do vulgo,[16]
A gruta da Pobreza e da Poesia.[17]
Ventos vivazes e vazios uivam na sombria cova,   35
Emblema da música causada pela vacuidade.

---

[13] Alude ironicamente às representações de ambas por Gulliver. O verso seguinte relaciona-se aos panfletos de Drapier contra a cunhagem da moeda de cobre de Wood na Irlanda, a qual, diante do grande descontentamento do povo, Sua Majestade teve o gentil prazer de revogar.

[14] A antiga Era de Ouro é denominada saturnina pelos poetas; mas na linguagem alquímica saturno é o chumbo. Aqui se diz que ela abre suas asas apenas para incubar essa era, o que não se produz completamente até o quarto livro.

[15] O Sr. Caius-Gabriel Cibber, pai do poeta laureado. As duas estátuas de lunáticos sobre os portões do Hospital Bedlam foram feitas por ele, e (como diz o filho delas com justeza) são monumentos não desprezíveis à sua fama de artista.

[16] A cela da pobre poesia é representada aqui com muita propriedade como um pequeno cômodo desmunido na vizinhança do magnífico colégio de Bedlam, e como o seminário mais seguro para fornecer professores àqueles doutos muros. Pois não pode haver indicação mais clara de loucura do que em homens que persistem em esfaimar-se e ofender o público escrevinhando ("Escapam como monstros e assombram a praça") quando poderiam ter beneficiado a si mesmos e a outros em ocupações proveitosas e honestas. As qualidades e produções dos estudantes dessa academia particular são descritas posteriormente neste primeiro livro; suas ações também o são ao longo do segundo; assim se nota como a Tôrpia é próxima da loucura. Isso naturalmente nos prepara para o assunto do terceiro livro, no qual as encontramos em união, agindo em conjunto para produzir a catástrofe do quarto livro, uma louca sibila poética guiando nosso herói pelas regiões da vista para animá-lo na presente empreitada, por meio de uma visão dos triunfos passados da barbárie sobre a ciência. W.

[17] Aqui não posso omitir um comentário que tornará o nosso autor muito benquisto por todos que observarem atentamente que a compaixão e a candura, que surgem nele em todo lugar para com esses infelizes objetos de ridicularia de toda a humanidade, os maus poetas. Aqui ele imputa todas as rimas escandalosas, semanários difamadores, reles bajulações, miseráveis elegias, canções e versos (daqueles cantados na corte às baladas nas ruas) não tanto à malícia ou subserviência, mas a Tôrpia; e não tanto a Tôrpia, mas à necessidade. E assim, logo no início da sua sátira, desculpa-se perante todos aqueles que serão satirizados.

Dali bardos, como Proteu amarrado em vão por muito tempo,[18]
Escapam como monstros e assombram a praça.
Dali jorram Miscelâneas, jactância semanal
Da prensa casta de Curll e da rubrica postal de Lintot;[19]   40
Dali vêm os versos elegíacos da hínica Tyburn,[20]
Dali vêm jornais, digestos, noticiários, revistas[21];[22]
Mentiras sepulcrais[23] para ornar nossas pias paredes
E odes de Ano-Novo,[24] e toda a raça da Grub Street.[25]

[18] "[...] há outros, / Que poder têm, para diversas formas / De repente tomarem. Destes Numes / És um tu, ó Proteu, que o Reino habitas, / O qual undoso cinge a vasta terra; / [...] Ora apareces / Serpente, que tocar ninguém se atreve, / Ora touro feroz nas cornéas armas. / Já te vi pedra [...]" Ovídio, *Metamorfoses* VIII. Nem Paléfato, nem Cornuto, nem Heráclides nos dão uma luz segura acerca da mitologia dessa fábula misteriosa. Se não estou enganado numa parte do saber que ocupou minha pena por tanto tempo, Proteu deve certamente indicar um escrevinhador banal da cidade, e suas transformações os vários disfarces que ele assume para eludir a perseguição do seu inimigo irreconciliável, o meirinho. Proteu é representado como alguém nascido da lama e do lodo do Egito, o solo original das artes e das letras; e o que é um escrevinhador da cidade senão uma criatura feita dos excrementos da ciência luxuriante? Sua mutação num javali indica seu caráter de propagandista político sujo e furioso; a serpente significa um difamador; e os chifres do touro, os dilemas de um polemista. Esses são os três grandes papéis em que ele atua; e quando ele completa seu ciclo, afunda novamente, como denota a última mutação numa pedra, em seu estado natural de inamovível estupidez. Ainda que eu possa esperar os agradecimentos do mundo erudito por essa descoberta, não gostaria de forma alguma de privar aquele excelente crítico do seu quinhão, que descobriu antes de mim que o personagem de Proteu indicava *Sophistam, Magum, Politicum, praesertim rebus omnibus sese accommodantem*, o que significa: "Um propagandista político, um difamador um polemista, que serve indiferentemente a favor de ou contra qualquer partido no Estado, qualquer seita na religião e qualquer figura na vida privada. Ver minhas *Fábulas de Ovídio explicadas*. ABADE BANIER. W.
[19] Dois livreiros, sobre os quais ver liv. II. O primeiro foi multado pela Corte do Banco do Rei por publicar livros obscenos; o segundo costumava adornar sua loja com títulos em letras vermelhas.
[20] É um antigo costume inglês que os malfeitores cantem um salmo na sua execução em Tyburn, e não é menos costumeiro que se imprimam elegias acerca de suas mortes, ao mesmo tempo, ou antes.
[21] Miscelâneas em prosa e verso, nas quais por vezes "a absurdez recém-nascida aprende a chorar"; por outras, a natimorta Tôrpia aparece em milhares de formas. Elas eram lançadas semanalmente e mensalmente por todo escrevinhador miserável, ou recolhidas aos pedaços e roubadas de qualquer um, com o título de papéis, ensaios, questões, versos, epigramas, charadas *etc.*, todas igualmente uma desgraça para o lume, a moralidade e a decência humana. W.
[22] "Donde a nação latina e albanos padres, / E os muros vêm da sublimada Roma" Virgílio, *Eneida* I.
[23] É uma sátira justa das bajulações e falsidades que se admite que sejam inscritas nos muros das igrejas, em epitáfios[, o que ocasionou o seguinte epigrama:
"Amigo! Em teus epitáfios, confesso,
São ditas coisas em excesso:
Metade nunca será crida,
E a outra nunca lida". W.]
[24] Feitas pelo poeta laureado para o tempo presente, para serem cantadas na corte em cada Dia de Ano-Novo, e cujas palavras felizmente são abafadas pelas vozes e instrumentos.
[25] [N.T.] Antiga rua em região degradada de Londres que reunia os livreiros, editores e escritores de baixa qualidade.

6
Em anuviada majestade[26] aqui brilhou Tôrpia; 45
Quatro virtudes guardiãs cercam, sustentam seu trono:
Feroz campeã Fortitude, que desconhece temores
De silvos, golpes, ou falta ou perda de orelhas;[27]
Calma Temperança, cujas bênçãos compartilham aqueles
Que passam fome e sede em nome da escrevinhação;[28] 50
Prudência, cujo espelho apresenta a cadeia iminente;
Justiça Poética, com sua balança erguida,
Na qual, em belo equilíbrio, a verdade com ouro ela sopesa,
E sólido pudim contra elogios ocos.

7
Aqui ela contempla o caos escuro e profundo, 55
Onde coisas sem nome dormem em suas causas,[29]
Até que o profícuo Jacob,[30] num terceiro dia aquecido,
Convoque cada massa, um poema ou uma peça;
Como alusões, tal rebentos, residem nascituras no embrião,

---

[26] "a lua / Erguendo-se em anuviada majestade" Milton, liv. IV. Ver essa nuvem removida, ou recolhida, ou ajuntada sobre sua cabeça, liv. IV 17-18. Vale a pena comparar essa descrição da majestade de Tôrpia num estado de paz e tranquilidade com aquela cena mais agitada em que ela sobe ao trono em triunfo, e é sustentada não tanto pelas suas próprias virtudes, mas pela régia consciência de ter destruído todas as outras. SCRIBL. W.

[27] "Quem neque pauperies, neque mors, neque vincula terrent" Horácio [*Sátiras* I vii 84].

[28] "Trata-se de uma alusão a um texto das Escrituras [Mateus 5:6], o que mostra, no Sr. Pope, um deleite na profanidade", disse Curll deste trecho. Mas é muito comum que Shakespeare faça alusão a passagens das Escrituras; de um grande número selecionarei umas poucas, nas quais ele não somente faz alusão a, mas cita os próprios textos da Sagrada Escritura: em *Bem está o que bem acaba*, "I am no grande Nebuchadnezzar, I have não much skill em grass" [IV, 5]; *ibid.* "Eles são for the flowery way que leads to the broad gate e the grande fogo" [IV, 5] (Mat. 7,13); em *Muito barulho por nada*, "All, all, e moreover Deus saw him quando ele was hid em the garden" [V, 1] (Gên. 3,8) (numa cena muito jocosa); em *Canseiras do amor em vão*, ele fala de Sansão carregando os portões nas costas [I, 2]; nas *Alegres comadres de Windsor*, de Golias e da trave do tecelão [V, 1]; e em *Henrique IV* [parte I], os soldados de Falstaff são comparados a Lázaro e ao filho pródigo [IV, 2].
A primeira parte desta nota é do Sr. Curll, o resto do Sr. Theobald, *Apêndice ao Shakespeare restaurado*, p. 144.

[29] Ou seja, coisas informes, de que são feitos poemas ou peças, conforme o que os livreiros ou atores mais pedirem. Estas linhas aludem às seguintes no *Dispensário* de Garth, canto VI: "Dentro das câmaras do globo eles espiam / Os leitos onde jazem vegetais adormecidos, / Até que os alegres apelos de um raio genial / Desate a gleba e os chame para ver o dia".

[30] [Tonson, o conhecido livreiro.]

Como a absurdez recém-nascida aprende a chorar, 60
Larvas semi formadas encontram-se na rima exata
E aprendem a rastejar com pés poéticos.
Aqui uma pobre palavra empreende uma centena de convoluções[31]
E a dúctil Tôrpia toma novos meandros;[32]
Ali imagens desconexas atraem sua fantasia, 65
Figuras desemparelhadas e símiles improváveis.
Ela vê a matula de metáforas avançar,
Contente com a loucura da dança torta;
Como a tragédia e a comédia se abraçam;
Como a farsa e a épica se lançam numa corrida confusa; 70
Como o próprio tempo se detém ao seu comando,
Reinos mudam de lugar e o oceano vira terra.[33]
Aqui a jovial descrição alegra o Egito com borrifos[34]
Ou dá frutas a Zembla ou flores a Barca;
Brilhando de gelo aqui se veem venerandas montanhas, 75
Ali vales pintados de verde eterno;
No frio dezembro oscilam grinaldas fragrantes,
E copiosas colheitas acenam sob a neve.

---

[31] Pode não ser inconveniente dar um exemplo ou dois dessas operações de Tôrpia vistas nas obras de seus filhos celebrados no poema. Um grande crítico tinha outrora tal aversão por essas convoluções que declarou: "aquele que faz um trocadilho bateria uma carteira". Mas as obras do Sr. Dennis nos fornecem exemplos notáveis dessa espécie: "*Alexander Pope* despachou pelo mundo todo tantas *bulls* [bulas/desatinos] quanto seu homônimo o Papa *Alexandre*. — Tomemos as letras iniciais e final do seu nome, isto é, A. P—E, e elas lhe darão a ideia de um *ape* [símio]. — *Pope* vem da palavra latina *popa*, que significa uma pequena verruga; ou de *poppysma*, porque ele estava continuamente *popping out* [estalando] traques de espirituosidade, ou melhor, *popysmata*, ou *popismos*". Dennis sobre Homero e *Daily Journal*, 11 de junho de 1728.

[32] Paródia de um verso de Garth, canto I: "Como a dúctil matéria toma novos meandros".

[33] Alude às transgressões das unidades nas peças desses poetas. Para os milagres operados sobre o tempo e lugar, e para a mistura de tragédia e comédia, farsa e épica, ver *Plutão e Prosérpina*, *Penélope* etc., se é que ainda existem.

[34] No Baixo Egito a chuva não tem utilidade, pois as enchentes do Nilo são suficientes para impregnar o solo. Estes seis versos representam as inconsistências nas descrições dos poetas, que amontoam todo tipo de imagens chamativas e berrantes, apesar de incompatíveis numa mesma estação ou numa mesma cena.
Ver *Guardian*, nº 40, § 6. Ver também as obras completas de Eusden, caso se consiga achá-las. Não teria sido desagradável dar exemplos de todas essas espécies de escrita ruim desses autores, mas isso já foi feito no nosso tratado *Peri Bathous*. SCRIBL.

8

Tudo isso, e mais, a rainha que comanda as nuvens[35]
Observa através de brumas que magnificam a cena.   80
Ela, inteira salpicada em vestes de tons variados,
Aplaudindo a si mesma contempla sua criação selvagem;
Vê monstros momentâneos erguerem-se e caírem,
E com suas próprias cores variegadas a todos adorna.

9

Foi no dia em que [Thorold] rico e sisudo,   85
Como Címon, triunfava em terra e mar[36]
(Pompas sem culpa, de espadas e maças sem sangue,
Correntes alegres,[37] casacos forrados, largos estandartes e rostos largos).
Agora, ao cair da noite, a orgulhosa cena terminava,
Mas vivia, nos números de Settle, mais um dia.[38]   90
Agora os prefeitos e xerifes estavam deitados, quietos e saciados,
Mas ainda comiam, em sonho, o creme do dia,
Enquanto poetas pensativos penosas vigílias faziam,

---

[35] Do epíteto dado por Homero a Júpiter, νεφεληγερέτα Ζεύς [aquele que reúne as nuvens].

[36] Ou seja, o Lord Mayor's Day; seu nome o autor tinha deixado em branco, mas com toda certeza nunca poderia ser aquele que o editor impingiu anteriormente, e que de forma alguma concorda com a cronologia do poema. BENTL.

A procissão do Lord Mayor ocorre parcialmente por terra e parcialmente pela água. Címon, o famoso general ateniense, obteve uma vitória por mar e outra por terra, no mesmo dia, sobre os persas e bárbaros.

[37] Como são ignorantes esses modernos! Isto foi alterado numa edição para "correntes de ouro" [*gold chains*], demonstrando mais apreço pelo metal de que são feitas as correntes dos vereadores do que pela beleza do latinismo e helenismo – que digo, do próprio discurso figurativo: *Laetas segetes*, alegre, para alegrar *etc*.

[38] Uma bela maneira de dizer, habitual entre os poetas ao louvar a poesia; nessa linha, nada é mais refinado que estes versos do Sr. Addison:

"Por vezes, desconcertado pelo som da caterva,
Eu olho os regatos que a canção preserva
E jazem perdidos no olvido silente,
Mudas suas fontes, e secas suas torrentes;
Porém ainda correm por arte das Musas,
E murmuram ainda na descrição difusa".

Settle foi poeta da cidade de Londres. Seu encargo era compor panegíricos anuais sobre os prefeitos e versos para serem ditos nos desfiles. Porém, como essa parte dos espetáculos acabou sendo sumariamente abolida, o emprego de poeta municipal cessou, de modo que, após a destituição de Settle, não houve sucessor ao posto.

Privados de sono para fazer dormir seus leitores.
À rainha atenta, muito na festa recordava   95
O que os cisnes da cidade[39] outrora cantavam dentro de seus muros;
Ela rememora amiúde suas artes, seus antigos louvores,
E sua segura sucessão desde os dias de Heywood.[40]
Ela via, com alegria, a linha imortal correr,
Cada genitor impresso e luzente em seu filho: 100
Assim a mãe alerta forma, com plástico zelo,
Cada pelote crescente, e faz dele um urso;
Ela via o velho Prynne brilhar no incansável Daniel[41],[42]
E Eusden[43] suplantar a linha infinda de Blackmore;

---

[39] [N.T.] Metáfora para os poetas municipais.
[40] John Heywood, cujos interlúdios foram impressos no tempo de Henrique VIII.
[41] [Daniel Defoe, um homem em valor e gênio original incomparavelmente superior a seu detrator.]
[42] A primeira edição dizia: "Ela via em Norton todo o seu pai brilhar"; um grande erro! Pois Daniel Defoe teve seus méritos, mas Norton Defoe foi um péssimo escritor, e nunca se arriscou na poesia. É muito mais justo que o próprio Daniel seja sucessor de W. Prynne, pois ambos escreveram versos e política, como se vê no poema *Do direito divino etc.*, de Defoe, e nestas linhas nas *Miscelâneas* de Cowley, do outro: "Um recentemente não temeu / (Sem licença das Musas) plantar versos aqui. / Mas isso gerou tantas reles, grosseiras, convolutas, inseguras / Rimas, que até deixaram os ouvintes arrepiados: / Escrito por William Prynne Esquire, no / Ano de Nosso Senhor, seiscentos e trinta e três. / Brava Musa de Jersey! e ele é pelo seu estilo elevado / Chamado até hoje de Homero da Ilha". E ambos esses autores tiveram semelhança em seus destinos assim como em seus escritos, tendo sido igualmente condenados ao pelourinho.
[43] Laurence Eusden, poeta laureado. O Sr. Jacob fornece um catálogo de somente poucas obras suas, que foram muito numerosas. O Sr. Cook, na sua *Batalha dos poetas*, diz dele: "Eusden, bardo laureado, pela fortuna alçado, / Por muito poucos foi lido, por menos ainda louvado". O Sr. Oldmixon, nas suas *Artes da lógica e da retórica*, p. 413-414, afirma "que, de toda a baboseira que ele já viu, nada chega perto de alguns versos desse poeta, que possuem tanto do ridículo e da pompa que pode ser ajuntado, e são daquele tipo de absurdez que confunde perfeitamente todas as ideias, de forma que não sobra uma única distinta na mente". Mais adiante ele diz dele "que ele havia profetizado que sua poesia seria mais doce que a de Catulo, Ovídio e Tibulo; mas temos pouca esperança de que se realize, haja vista o que ele publicou ultimamente". Sobre isso o Sr. Oldmixon não poupou a reflexão de "que colocar o laurel na cabeça de alguém que escreveu tais versos dará à posteridade uma ideia muito vívida do juízo e da justiça daqueles que o conferiram", *ibid.*, p. 417. Mas o notório saber daquela nobre pessoa, que era então Lorde Camareiro, poderia tê-lo resguardado dessa reflexão descortês. Tampouco o Sr. Oldmixon deveria reclamar, tanto tempo depois, que o laurel teria melhor convido à sua própria fronte, ou à de outros: seria mais decente anuir à opinião do Duque de Buckingham nesse assunto: "Chegou Eusden apressado, e gritou 'Quem deve ganhá-lo / Senão eu, o genuíno laureado, a quem o Rei o deu?' / Apolo pediu licença e atendeu seu pedido, / Mas jurou que até então nunca tinha ouvido falar do seu nome" *Sessão dos poetas*. O mesmo argumento também poderia servir para o seu sucessor, o Sr. Cibber; e ainda é reforçado no seguinte epigrama, feito nessa ocasião: "Na boa e velha Inglaterra

Ela via o lerdo Philips rastejar como a pobre página de Tate,[44]   105
E todo o poderoso louco esbravejar em Dennis.[45]

outrora era lei, / O Rei tinha seu poeta e também seu bufão: / Mas agora somos tão frugais que eu posso lhe dizer / Que Cibber pode servir de bufão e de poeta". Sobre Blackmore, ver liv. II. Sobre Philips, ver liv. I 258, e liv. III, *prope fin*.

[44] Nahum Tate foi poeta laureado, um escritor frio, sem inventividade alguma; mas por vezes traduzia toleravelmente quando auxiliado pelo Sr. Dryden. Na segunda parte do seu *Absalão e Aitofel* há um total de mais de duzentos versos admiráveis dessa grande mão, dos quais o brilho forte os destaca da insipidez do resto. Algo paralelo pode ser observado em outro autor aqui mencionado.

[45] Isso de forma alguma deve ser entendido literalmente, como se o Sr. Dennis estivesse realmente louco, segundo a narrativa do Dr. Norris nas *Miscelâneas* de Swift e Pope, vol. 3. Não – fala-se daquela excelente e divina loucura tantas vezes mencionada por Platão, aquela fúria e entusiasmo poético, pelo qual o Sr. Dennis foi, na sua época, possuído em alto grau, e do qual certas extraordinárias indicações e moções ele mesmo trata com tanto sentimento em seu prefácio às *Observações sobre o Príncipe Artur* [ver notas ao liv. II 268].

O Sr. Theobald, no *Censor*, vol. II, nº 33, chama o Sr. Dennis pelo nome de Furius: "O Furius moderno deve ser visto mais como objeto de pena que daquilo que ele provoca diariamente, riso e desprezo. Se realmente soubéssemos o quanto esse pobre homem (eu gostaria que essa menção à pobreza tivesse sido omitida) sofre por ser contrariado ou, o que dá na mesma, por ouvir um outro ser louvado, nós deveríamos, por compaixão, às vezes concordar com ele com um aceno silencioso e deixá-lo ir embora com os triunfos da sua natureza má. — O pobre Furius (de novo), quando qualquer um dos seus coetâneos é elogiado, abandonando o terreno da presente disputa, recua mil anos para pedir socorro aos antigos. Até seu panegírico é rancoroso, e ele o usa pela mesma razão que certas damas usam os louvores feitos à sua beleza deperecida, que would nunca have had their good palavra, mas que a living one happened ser mencionado em sua companhia. Seu aplauso não é tributo do seu coração, mas sacrifício de sua vingança" *etc*. De fato, suas peças contra o nosso poeta possuem um caráter ligeiramente raivoso, e como agora somente poucas delas sobrevivem, podemos dar apenas um gosto do seu estilo para satisfazer os curiosos. "Um jovem cavalheiro atarracado, cuja forma externa, que se assemelha propriamente à de um macaco, difere tanto da forma humana quanto sua parte imaterial não pensante difere do entendimento humano. — Ele é tão estúpido e venenoso quanto um sapo corcunda. — Um livro no qual a idiotice e a ignorância, irmãs tão inábeis e impotentes, se mostram ridiculamente grandes e torpes, pavoneando-se e claudicando lado a lado, de mãos nos quadris, guiadas e amparadas, para não dizer maltratadas, por aquele cego Heitor, a impudência" *Reflexões acerca do Ensaio sobre a crítica*, p. 26, 29-30.

Seria injusto não aduzir seus motivos para tal fúria, pois são deveras fortes e convincentes: "Considero-o (diz ele) um inimigo, não tanto meu, mas do meu rei, do meu país, da minha religião, e daquela liberdade que tem sido a única alegria da minha vida. Um acaso da fortuna, que por vezes se deleita em ser brincalhão, e a insensatez epidêmica da nossa época lhe deu reputação, e a reputação (como diz Hobbes) é poder, e isso o tornou perigoso. Portanto, estimo ser meu dever para com o rei Jorge, de quem sou súdito fiel; para com meu país, do qual me mostrei um adepto constante; para com as leis, sob cuja proteção vivi por tanto tempo; e para com a liberdade do meu país, que me é mais cara que a vida, e da qual sou há quarenta anos um defensor constante *etc*. Estimo ser meu dever, dizia eu, fazer — *vocês vão ver o quê* — arrancar a pele de leão desse pequeno asno, que o erro popular lançou sobre ele; e mostrar que esse autor, que tem estado tão em voga ultimamente, não possui nem sentido nos seus pensamentos, nem inglês nas suas expressões" Dennis, *Obs. sobre Homero*, pref. p. 2, 91 *etc*.

10
Em cada qual ela marca sua imagem plenamente expressa,
Mas sobremaneira no peito gerador de monstros de Bays;
Bays, formado por natureza para abençoar o palco e a sociedade,[46]
E atuar, e ser um empertigado de sucesso.   110
Tôrpia embevecida mira o imbecil vivaz,
Lembrando que ela mesma já foi estilosa.
Agora (culpa da Fortuna![47]) uma onda de azar no jogo

Além desses motivos de ordem pública, o Sr. D. tinha outro de ordem particular, que, a julgar pelo seu modo de exprimi-lo na p. 92, parece ter sido igualmente forte. Ele temia até pela sua vida e integridade física por causa das maquinações do dito Sr. Pope. "A história (diz ele) é longa demais para ser contada, mas quem desejar tomar conhecimento dela pode ouvi-la do Sr. Curll, meu livreiro. — Contudo, o que minha razão me sugeriu, que eu disse com justa certeza, desafiando suas duas armas clandestinas, sua calúnia e seu veneno." Tais palavras de encerramento do seu livro revelam claramente a suspeita do Sr. D. de que ele seria envenenado, tal como o Sr. Curll havia sido antes dele; sobre esse fato, ver *Um relato completo e verídico de uma vingança horrenda e bárbara, por meio de veneno, contra o corpo de Edmund Curll*, impresso em 1716, o ano anterior àquele em que as *Observações* do Sr. Dennis foram publicadas. Mas o que o demonstra de maneira inquestionável é uma passagem de um tratado muito acalorado, no qual o Sr. D. também estava envolvido, vendido a dois *pence*, chamado *Um verdadeiro caráter do Sr. Pope e seus escritos*, impresso por S. Popping, 1716; na p. 10 deste último se diz que ele "insultou pessoas por conta das calamidades e doenças que ele mesmo lhes transmitiu, ministrando-lhes veneno"; e ele é chamado (p. 4) de "um covarde sorrateiro e dissimulado, que apunhala no escuro". Isso (com muitas outras coisas expostas com a maior vivacidade nessa peça) deve tê-lo tornado um terror, não somente para o Sr. Dennis, mas para todas as pessoas cristãs.
    Quanto ao resto, o Sr. John Dennis, filho de um seleiro em Londres, nasceu em 1657. Ele prestou homenagem ao Sr. Dryden; e, tendo obtido alguma correspondência com o Sr. Wycherley e o Sr. Congreve, imediatamente brindou o público com suas cartas. Tornou-se conhecido do governo por muitos planos e projetos admiráveis, que o ministério, por razões deles apenas conhecidas, manteve constantemente em sigilo. Quanto ao seu caráter, como escritor, nos é dado como segue: "O Sr. Dennis é excelente em escritos pindáricos, perfeitamente consistente em todas as suas realizações, e uma pessoa de sólida erudição. Que ele é mestre de boa dose de penetração e juízo, suas críticas (especialmente do *Príncipe Artur*) demonstram suficientemente". No mesmo relato também se constata que ele escreveu peças teatrais "mais por reputação que por dinheiro" Dennis sobre si mesmo; ver Giles Jacob, *Vidas dos poetas dramáticos*, p. 68-69, comparar com p. 286.
[46] Espera-se que o poeta tenha feito aqui plena justiça ao caráter do seu herói, o qual seria grande equívoco imaginar totalmente afundado na estupidez; concede-se que ele o amparou com uma mistura maravilhosa de vivacidade. Tal caráter é elevado conforme seu próprio desejo, numa carta que ele escreveu ao nosso autor: "Torpe e atrevido você poderia ter dito que sou. Ora! Então serei apenas torpe, e torpe ainda, e de novo, e para sempre?". Ele então apelou solenemente para sua própria consciência de que "não podia pensar que ele fosse assim, nem acreditar que nosso poeta o pensasse; mas que falou dele pior do que ele poderia pensar; e concluiu que deveria ser meramente para mostrar seu lume, ou com algum benefício ou lucro para si mesmo", *Vida de C.C.*, cap. II, e *Carta ao Sr. Pope*, p. 15, 40, 53.
[47] Porque ela geralmente mostra favor a pessoas desse caráter, que têm triplo pretexto para tal.

Obliterou o rosto dele audaz, e um magro terceiro dia;
Desbocado e sem jantar quedou sentado o herói,[48] 115
Blasfemou seus deuses, os dados, e amaldiçoou sua sorte.
Depois mastigou sua pena, depois a jogou no chão,
Afundando de pensamento em pensamento, vasta profundeza!
Mergulhou a procura de seu juízo, mas ali não achou o fundo,
Mesmo assim seguia escrevendo e engolfando-se, em mero desespero. 120
Em torno dele muitos embriões, muitos abortos jaziam,
Muitas odes futuras e peças abdicadas;
Um precipitado de absurdez, como chumbo corrente,
Que escorria pelas fendas e ziguezagues da cabeça;
Tudo que na loucura o frenesi podia gerar, 125
Frutos do calor morno e rebotalhos do juízo.
Em seguida, por sobre seus livros seus olhos começaram a passar,
Em agradável memória de tudo que ele roubara,
De como aqui surrupiara, ali saqueara confortavelmente,
E sugara tudo como um inseto laborioso. 130
Aqui jaziam cenas regurgitadas do pobre Fletcher,[49] e ali
Bagatelas do Molière crucificado;[50]
Adiante um Shakespeare indefeso, ainda doído de Tibbald,[51]

---

[48] É impressionante como o sentido disto escapou a todos os comentadores anteriores, que supõem por pura preguiça que significa que o herói do poema carecia de um jantar. Deveras um grande absurdo! Não que ignoremos que o herói da *Odisseia* de Homero se encontre frequentemente nessa situação, e portanto não constitui de forma alguma uma derrogação à grandeza do poema épico representar tal herói sujeito a uma calamidade à qual os maiores, não somente entre os críticos e poetas, mas reis e guerreiros, estiveram sujeitos. Porém, muito mais refinado, ouso dizer, é o sentido do nosso autor: tratava-se de nos dar, de modo oblíquo, um preceito curioso, ou o que Bossu chama de *sentença disfarçada*, de que "a temperança é a vida do estudo". A linguagem da poesia põe tudo em ação; e representar um crítico cercado de livros, mas sem jantar, é uma imagem que exprime de maneira vívida o quanto o verdadeiro crítico prefere a dieta da mente à do corpo, que ele sempre castiga e muitas vezes negligencia totalmente para melhor aprimorar a outra. SCRIBL.

No entanto, desde a descoberta do verdadeiro herói do poema, será que não podemos acrescentar que nada era mais natural, depois de tão grande perda de dinheiro nos dados ou de reputação no teatro, que o poeta não tivesse muito apetite para comer o jantar? Ademais, com que propriedade o poeta consultou seu caráter heroico, ao acrescentar que ele *jurava* o tempo todo? BENTL.
[49] Um grande número delas tiradas para remendar suas peças.
[50] "Quando eu ajustava uma peça velha, era como uma boa dona de casa que remenda a rouparia velha, quando não tem ocupação melhor" *Vida*, p. 217, in-8º.
[51] Não se deve duvidar que Bays foi assinante do Shakespeare de Tibbald. Ele era frequentemente liberal dessa maneira; e, como ele nos diz, "assinou o Homero do Sr. Pope por pura generosidade e civilidade; mas quando o Sr. Pope fez o mesmo com o seu *Non-Juror*, ele concluiu que não poderia ser nada mais além de uma piada" *Carta ao Sr. Pope*, p. 24.

Desejava ter se corrigido ele mesmo antes.⁵²
O resto se aventura por mérito externo,⁵³ 135
Ou serve (como outros tolos) para encher um quarto,
Assim como com suas prateleiras dispostas em boa proporção,
Ou com seus bondosos pais vestidos de vermelho e ouro,
Ou onde as imagens compensam as páginas
E Quarles é salvo por belezas que não são suas. 140
Aqui a prateleira incha com Ogilby o grande;⁵⁴
Ali, impressa com armas, Newcastle⁵⁵ brilha completa;
Aqui toda sua irmandade sofrida se refugia
E escapa ao martírio das latrinas e do fogo;
Uma biblioteca gótica! Da Grécia e de Roma 145
Bem purgada, com os valorosos Settle, Banks e Broome!⁵⁶

Esse Tibbald, ou Theobald, publicou uma edição de Shakespeare da qual ficou tão orgulhoso que disse, num dos *Mist's Journals*, em 8 de junho, "que expor qualquer erro nela foi impraticável". E noutro, em 27 de abril, "que não importa o cuidado que possa ser tomado no futuro por qualquer outro editor, ele ainda daria mais de quinhentas emendas, que escaparão a todos".
⁵² Foi um elogio ridículo aquele que os atores fizeram a Shakespeare, "que ele nunca apagou um verso". Ben Jonson desejou honestamente ter apagado mil; e Shakespeare teria certamente desejado o mesmo se tivesse vivido para ver essas alterações em suas obras, que não apenas os atores (e especialmente o destemido herói deste poema) fizeram no palco, mas também os críticos presunçosos de nossos dias em suas edições.
⁵³ Esta biblioteca é dividida em três partes; a primeira consiste naqueles autores de quem ele roubou e cujas obras ele desfigurou; a segunda, naquelas obras que se encaixavam nas prateleiras, ou eram douradas para ostentar, ou ornadas com imagens; a terceira classe nosso autor chama de conhecimento sólido, velhos compêndios de teologia, velhos comentários, velhos impressores ingleses ou velhas traduções inglesas; todas muito volumosas e aptas a erguer altares a Tôrpia.
⁵⁴ "John Ogilby foi alguém que, de uma iniciação tardia na literatura, fez tal progresso que pode lhe valer o título de prodígio de seu tempo, despachando pelo mundo tantos avantajados volumes! Suas traduções de Homero e Virgílio são feitas com vida, e com excelentes esculturas. E (o que agregou muita graça às suas obras) ele as imprimiu todas num papel especialmente bom, e com ótima fonte" Winstanley, *Vidas dos poetas*.
⁵⁵ "A Duquesa de Newcastle foi uma que se ocupou com os deleites encantadores da poesia, deixando impressos à posteridade três amplos volumes de suas estudiosas empreitadas" Winstanley, *ibid*. Langbaine calcula oito fólios das obras de Sua Graça, que foram geralmente adornados com capas douradas e levavam nelas seu brasão de armas.
⁵⁶ O poeta mencionou esses três autores em particular por serem paralelos ao nosso herói em suas três capacidades: i) Settle foi seu irmão laureado – apenas, é certo, com meio salário, para a cidade em vez da corte; mas igualmente famoso pelos volteios ininteligíveis em seus poemas sobre eventos públicos, como espetáculos, aniversários *etc.*; ii) Banks foi seu rival na tragédia, embora mais exitoso numa de suas tragédias, o *Conde de Essex*, que ainda está vivo; *Ana Bolena*, a rainha dos escoceses, e *Ciro o Grande* já bateram as botas. Ele os vestiu numa espécie de veludo de mendigo, ou uma feliz mistura de verso grosso e prosa fina; exatamente imitada em *Pérola e Isidora*, *César no*

11
Porém, lá no alto, um ensinamento mais sólido brilhava,[57]
Os clássicos de uma era que nenhum conhecia:
Ali Caxton[58] dormia, com Wynkyn ao seu lado,
Um envolto em madeira, o outro em duro couro bovino.　　　　150
Ali, conservados em especiarias, como múmias, muitos ao ano,
Corpos ressecados de divindades aparecem:
De Lyra[59] ali uma temível fronte estende,
E aqui as prateleiras gementes Philemon[60] dobra.

12
Delas, doze volumes, doze do maior tamanho,　　　　155
Resgatados de candeias e formas roubadas,
Inspirado ele[61] toma: eles compõem um altar.

Egito e *A filha heroica*; iii) Broome foi criado de Ben Jonson, que certa vez apanhou uma comédia de seus melhores, ou de algumas cenas descartadas de seu mestre, não inteiramente desprezíveis.

[57] Alguns objetaram que livros dessa espécie não se adequam à biblioteca do nosso Bays, que eles imaginam consistir em romances, peças de teatro e livros obscenos; mas eles têm que considerar que ele abastecia suas prateleiras somente para ornamentação, e lia esses livros tão pouco quanto os *Corpos secos de teologia*, que, sem dúvida, foram comprados pelo seu pai quando o destinou à batina. Ver a nota ao v. 200.

[58] Um impressor no tempo de Eduardo IV, Ricardo III e Henrique VII; Wynkyn de Worde, seu sucessor, no de Henrique VII e VIII. O primeiro traduziu em prosa a *Eneida* de Virgílio, como história, da qual ele fala, no seu proêmio, de modo muito singular, como de um livro quase desconhecido. "Aconteceu que veio parar em minhas mãos um pequeno livro em francês, que recentemente foi traduzido do latim por um certo erudito aristocrata francês, livro este que se chama *Eneida* (composto em latim por aquele nobre poeta e grande erudito Virgílio), o qual eu percorri e nele li como, depois da destruição geral da portentosa Troia, Enéas partiu carregando seu velho pai Anquises nos ombros, levando seu filhinho Iulo pela mão, com sua esposa e muitas outras pessoas atrás dele, e como ele zarpou e partiu; com toda a história das aventuras pelas quais ele passou antes de chegar à realização de sua conquista da Itália, como será mostrado ao longo deste livro. Este livro me trouxe grande prazer, por causa dos belos e honestos termos e palavras em francês, que eu jamais havia visto iguais antes, nem tão agradáveis nem tão bem ordenados; livro que me pareceu dever ser muito conveniente que os cavalheiros vejam, tanto pela eloquência quanto pela história. Muitas centenas de anos depois de ter sido composto, o dito livro da *Eneida*, junto com outras obras, é aprendido diariamente nas escolas, especialmente na Itália e em outros lugares, cuja história o dito Virgílio compôs em metro."

[59] Nicholas de Lyra, ou Harpsfield, um comentador muito volumoso, cujas obras, em cinco vastos fólios, foram impressas em 1472.

[60] Philemon Holland, doutor em medicina. "Ele traduziu tantos livros que se poderia pensar que nunca fez outra coisa; por isso ele pode ser chamado o tradutor-geral de sua era. Somente os livros que ele verteu para o inglês são suficientes para compor a biblioteca completa de um cavalheiro rural." *Winstanley*.

[61] [N.T.] Trata-se de Bays, cuja aflição começou a ser descrita na estrofe 9.

Uma hecatombe de puras, imaculadas baladas
Coroa esse altar: um fólio de citações
Fundamenta a pilha toda, a base de todas as suas obras; 160
Quartos, oitavos formam a pira decrescente;
Uma ode de aniversário retorcida completa o pináculo.

13
Diz ele então: "Grande domadora de toda arte humana!
Primeira aos meus cuidados, e sempre no meu coração:
Tôrpia! Cuja boa velha causa eu ainda defendo, 165
Com quem minha Musa começou, com quem acabará,[62]
Desde que a peruca de Sir Fopling[63] foi elogio
Até as últimas honras das taças e lauréis.
Ó tu, dos negócios a alma dirigente,
Assim para nossa cabeça como a curvatura para a bocha, 170
Que, quanto mais considerável, mais verdadeira tornava sua meta,
Balouçando obliquamente rumo à marca aparente.
Ó, sempre graciosa para com a humanidade perplexa,
Espalha de novo uma névoa benfazeja perante a mente;
E, para que não erremos à feral luz dançante do lume, 175
Mantém-nos gentilmente na nossa escuridão inata.
Ou, se um janota se der ares de sabido,
Guarde a barreira segura entre isso e o bom senso;
Ou então desenrole todo o fio do raciocínio[64]
E pendure uma teia de aranha curiosa em seu lugar! 180

---

[62] "*A te principium, tibi desinet*" Virgílio, Églogas VIII 11.'Εκ Διὸς ἀρχώμεσθα, καὶ εἰς Δία λήγετε, Μοῦσαι Teócrito, *Idílios* XVII 1. "*Prima dicte mihi, summa dicende Camoena*" Horácio, *Epístolas* I i 1.
[63] A primeira causa visível da paixão da cidade pelo nosso herói foi uma bela peruca loira cobrindo a nuca, que, nos diz ele, ele usou em sua primeira peça do *Tolo na moda*. Ela atraiu, de maneira particular, a amizade do Col. Brett, que queria comprá-la. "Por mais desdém (diz ele) que os filósofos possam ter por uma bela peruca, meu amigo, aquele que não pretende desprezar o mundo, mas viver nele, sabia muito bem que uma peça de vestuário tão considerável sobre a cabeça de um homem de juízo, caso lhe caísse bem, nunca deixaria de atrair sobre ele consideração e benevolência mais parciais do que jamais se poderia esperar de uma malfeita. Isso talvez modere a grave censura que essa compra tão juvenil poderia de outra forma lançar sobre ele. Em suma, ele atacou essa peruca como os rapazes geralmente fazem com uma mulher da vida, primeiro com alguns elogios familiares à sua pessoa, e depois com uma indagação polida quanto ao seu preço; e nós fechamos nosso acordo naquela noite em torno de uma garrafa." Ver *Vida*, in-8º, p. 303. Essa notável peruca geralmente fazia sua entrada em cena numa liteira, trazida por dois carregadores, com infinita aprovação da plateia.
[64] Pois o lume ou o raciocínio nunca são muito danosos a Tôrpia, a não ser quando o primeiro se funda na verdade e o outro na utilidade. *W.*

Tal como o chumbo, por armas atirado, pode voar,
E balaços pesados cortam o céu velozes;
Como relógios ao peso devem seu ágil movimento,
As engrenagens de cima movidas pela carga abaixo;
Assim a vacuidade e Tôrpia puderam me inspirar   185
E foram minha elasticidade e meu fogo.
Algum demônio me roubou a pena (perdoa o delito)
E certa vez me inoculou o bom senso;
Fora isso, toda minha prosa e poesia eram a mesma coisa,
Uma, prosa empolada, outra, poesia aleijada.   190
Acaso meus frajolas pareciam confinados ao palco?
Minha vida fornecia mais amplas lições à humanidade.
A letra morta se mostrou sem sucesso?
O exemplo enérgico nunca deixou de comover.
Decerto, se os céus tivessem decretado a salvação do Estado,   195
Os céus teriam ordenado tais trabalhos há muito tempo.
Se Troia pudesse ter sido salva por uma única mão,[65]
Esta arma de ganso cinzento[66] a teria sustentado.
Que farei agora que meu Fletcher[67] foi descartado,
Seguirei a Bíblia, outrora meu melhor guia?[68]   200
Ou pisarei o caminho pisado por heróis venturosos,
Esta caixa meu trovão, esta mão direita meu deus?[69]
Ou sentarei numa cátedra em White entre os doutores,[70]

---

[65] "Se os deuses me quisessem vivo, / Conservavam-me agora o avito assento" Virgílio, *Eneida* II [641-2]. "Esta só destra, / A haver defensa, defendera Pérgamo" Virgílio, *ibid*. [II 291-2].
[66] [N.T.] Metáfora para a pena de escrever.
[67] Um modo familiar de falar, usado pelos críticos modernos, a respeito de um autor favorito. Bays pode assim falar com propriedade de Fletcher, como um lume francês fez de Túlio, ao ver suas obras numa biblioteca: "Ah! Meu caro Cícero! Eu o conheço bem; é o mesmo que Marco Túlio". Mas ele tinha melhor título para chamar Fletcher de seu, por ter agido com tanta liberalidade com ele.
[68] Quando, conforme a intenção de seu pai, ele teria sido um clérigo, ou (como ele mesmo pensa) um bispo da Igreja da Inglaterra. Ouçam suas próprias palavras: "Naquele tempo em que o destino do rei Jaime, do príncipe de Orange e de mim mesmo estava no berço, a Providência julgou adequado postergar o meu até que o deles fosse determinado. Mas caso meu pai tivesse me levado um mês antes à universidade, quem sabe qual fonte mais pura poderia ter lavado minhas imperfeições transformando-as na capacidade de escrever, em vez de peças e odes anuais, sermões e cartas pastorais?" *Apologia de sua vida*, cap. III.
[69] "Deus é meu braço e o remessão que vibro" Virgílio [*Eneida* X 773] sobre os deuses de Mezêncio.
[70] "Esses doutores tinham aparência modesta e elegante, e, como genuínos mestres das artes, vestiam-se de preto e branco; eles eram chamados com propriedade de sutis e graves, mas nem sempre irrefragáveis, sendo por vezes examinados, abertos e dissecados." SCRIBL.

Ensinando juras aos apostadores e inteligência aos nobres?
Ou aconselhas dedicar-me à política?   205
(Tu amiga da política, e de toda a sua raça;
É a mesma corda que torcem em pontas diversas;
Para Tôrpia Ridpath é tão caro quanto Mist.[71])
Devo eu, como Cúrcio, desesperado em meu zelo,
Mergulhar de cabeça pela comunidade?   210
Ou furtar aos antigos gansos de Roma todas as suas glórias[72]
E, grasnando, salvar a monarquia dos Tories?[73]
Espera – ao ministro sou mais inclinado:
Servir sua causa, ó rainha, é servir a tua!
E vê! Teus próprios gazeteiros cedem,[74]   215
Até Ralph se arrepende, e Henley não mais escreve.
Que resta então? Nós mesmos. Ainda, ainda resta
De Cibber a fronte,[75] de Cibber o cérebro.

Este douto crítico deve ser entendido de maneira alegórica: os doutores neste trecho não significam mais que "dados falsos", uma expressão do jargão dos jogadores. Portanto, o significado destes quatro versos sonoros é somente este: "Devo jogar limpo ou sujo?". W.

[71] George Ridpath, autor de um jornal Whig chamado *Flying Post*; Nathaniel Mist, de um famoso jornal Tory.

[72] Refere-se à conhecida história dos gansos que salvaram o Capitólio; sobre ela, ver Virgílio, *Eneida* VIII [655-6]: "Argênteo ganso ao pórtico dourado / A esvoaçar dos Galos dá rebate". Uma passagem da qual sempre suspeitei. Quem não vê que a antítese de *auratis* e *argenteus* é indigna da majestade virgiliana? E esse absurdo de dizer que um ganso canta? *Canebat*. Virgílio fornece um caráter contrário da voz desse pássaro tolo em Éclogas IX [36]: *argutos interstrepere anser olores*. Leia-se, portanto, *adesse strepebat*. E por que *auratis porticibus*? O verso imediatamente anterior não nos informa: *Romuleoque recens horrebat regia culmo?* Será consistente esse sapé num verso e ouro noutro? Não hesito (*repugnantibus omnibus manuscriptis*) em corrigi-lo como *auritis*. Horácio [*Odes* I xii 11-12] usa o mesmo epíteto no mesmo sentido: *Auritas fidibus canoris / Ducere quercus*. E dizer que "as paredes têm ouvidos" é um provérbio comum. SCRIBL. P.

[73] Não por nenhuma preferência ou afeição pelos Tories. Pois o que Hobbes confessa de modo tão inteligente de si mesmo é válido para todos os propagandistas políticos: "que ele defende os poderes supremos como os gansos com seu grasnado defenderam os romanos, que mantinham o Capitólio; pois eles os favoreciam não mais do que os gauleses aos seus inimigos, e estariam igualmente dispostos a defender os gauleses caso estivessem na posse do Capitólio" epístola dedicatória do *Leviatã*. W.

[74] Um bando de escritores ministeriais, contratados pelo preço mencionado na nota ao liv. II 314, que, no mesmo dia em que seu patrono deixou o cargo, puseram de lado seus papéis e declararam que nunca mais se meteriam na política.

[75] Esta é de fato a leitura de todos os manuscritos; mas eu não me aventuro a declarar que todos eles estão errados, haja vista que o Laureado é celebrado em outras passagens pelo nosso poeta pela sua grande modéstia — o "modesto Cibber". Leiam, portanto, por minha conta e risco, "de Cérbero a fronte". Isso é perfeitamente clássico e, além do mais, homérico; o cão era o antigo, assim como a cadela é o moderno, símbolo da impudência: (Κυνὸς ὄμματ' ἔχων [olhar impudente

Este ousado fulgor, ao vulgo tão caro;
Esta dureza polida, que reflete o fidalgo; 220
Este arco absurdo, que encanta o sábio e o tolo;
Esta mixórdia mal-ajambrada de Hockley-Hole e White,
Onde duques e açougueiros se juntam para trançar minha coroa,
Ao mesmo tempo o judas e o bufão[76] da cidade.

14
Ó nascidas em pecado, e trazidas à luz pela loucura![77] 225
Obras danadas, ou a serem danadas (culpa de vosso pai)!
Ide, purificadas em chamas, ascendei aos céus,
Minha melhor e mais cristã progenitura![78]
Imaculadas, intocadas, e ainda em folhas virginais,[79]
Enquanto vossas irmãs conspurcadas andam as ruas. 230
Não mendigareis, como o Bland dado de graça,[80]
Enviado com um passe e vagando pela Terra;
Nem velejareis com Ward[81] para climas primatas,
Onde por vil bagulho se trocam rimas mais vis;
Nem acendereis com ponta de enxofre a lareira de uma taverna; 235
Nem embrulhareis laranjas para alvejar este vosso criado!

---

de cão], diz Aquiles a Agamêmnon [Homero, *Ilíada* I 225]) que, quando em grau superlativo, pode muito bem tirar seu nome de Cérbero, o cão de três cabeças. — Mas quanto à última parte deste verso, "de Cibber o cérebro", essa é certamente a autêntica leitura. BENTL. W.
[76] [*Bear and Fiddle*: ver o *Hudibras* de Butler.]
[77] Esta é uma doce e apaixonada apóstrofe de suas próprias obras, que ele está prestes a sacrificar, condizente com a natureza de um homem em grande aflição, que reflete como um pai sobre os muitos miseráveis destinos aos quais elas estariam sujeitas se assim não fosse.
[78] "Pode-se observar que minha musa e minha esposa foram igualmente prolíficas; que era raro uma ser mãe de uma criança sem que, no mesmo ano, a outra me tornasse pai de uma peça. Acredito que tivemos uma dúzia de cada tipo entre nós; de ambas espécies algumas morreram na infância" etc. (*Vida de C.C.*, p. 217, in-8º).
[79] "Ó só feliz a priaméia virgem / Que imolada morreu [...] / Não provou da sorte / Lance algum, nem cativa a heril alcova / Tocou do vencedor! Nós, Troia em fogo, / De mar em mar rojadas [...]" etc. (Virgílio, *Eneida* III [321, 323-5]).
[80] Foi prática dar assim o *Daily Gazetteer* e os panfletos ministeriais (nos quais esse Bland, reitor de Eton, foi escritor) e enviá-los isentos de porte a todas as localidades do reino.
[81] "Edward Ward, um poeta muito volumoso em versos hudibrásticos, porém mais conhecido pelo *London Spy*, em prosa. Nos últimos anos ele mantém uma taverna na City (mas de modo distinto), e com seu lume, humor e boa bebida (cerveja) proporciona a seus convidados um entretenimento deleitável, especialmente aos do partido High Church." Jacob, *Vidas dos poetas*, vol. II, p. 225. Grande número de suas obras foram vendidas anualmente nas colônias. Ward, num livro chamado *O verme de Apolo*, declarou que esse relato é uma grande falsidade, protestando que sua taverna não ficava na City, mas em Moorfields.

Ó, passai mais inocentes, em estado infantil,
Ao limbo suave de nosso pai Tate;[82]
Ou pacificamente esquecidas, sede logo benzidas
No colo de Shadwell com o descanso eterno! 240
Para retornar em breve àquela massa de absurdez,
Onde coisas destruídas são varridas para coisas não nascidas.

15
Com isso, uma lágrima (portentoso sinal de graça!)[83]
Correu do mestre da face sétupla;
E por três vezes ele levou ao alto a tocha de aniversário,[84] 245
E por três vezes deixou-a cair de sua mão tremente.
Então ateia a estrutura afastando os olhos:
As volutas de fumaça envolvem o sacrifício.
As nuvens que se abrem revelam cada obra por sua vez:
Ora flameja o *Cid*, ora arde *Pérola*,[85] 250
O grande *César* ruge e silva nas chamas,
O *Rei João* em silêncio expira modesto,
O caro *Non-Juror*[86] mérito já não reclama,

---

[82] Tate — Shadwell: dois de seus predecessores no laurel.
[83] Deve-se observar que o nosso poeta havia feito seu herói, imitando o de Virgílio, sensível às tenras paixões. Na verdade, ele era tão inclinado a chorar que ele nos diz que, quando o ator Goodman praguejava, se ele não fosse um bom ator, ele estaria danado: "a surpresa de ser elogiado por alguém que havia sido tão eminente nos palcos, e de maneira tão positiva, era mais do que ele podia suportar. Em suma (diz ele) quase fiquei sem fôlego e (riam se quiserem) encheu meus olhos de lágrimas" p. 149 da sua *Vida*, in-8º. W.
[84] Ovídio sobre Alteia, em ocasião semelhante, queimando seu rebento: "*Tum conata quater flammis imponere torrem, / Coepta quater tenuit*" [*Metamorfoses* VIII 462-3].
[85] "[...] de Vulcano ao vivo impulso / A ampla casa a Deifobo já desaba; / Já próximo arde Ucalegon [...]" [Virgílio, *Eneida* II 310-12].
Nas primeiras notas à *Imbecilíada* foi dito que esse autor distinguia-se particularmente na tragédia. "Isso (diz ele) é tão injusto quanto dizer que eu não consigo dançar sobre uma corda." Mas é certo que ele tinha tentado dançar nessa corda, e caiu de modo extremamente vergonhoso, tendo produzido nada menos que quatro tragédias (cujos nomes o poeta preserva nestes poucos versos), das quais as primeiras três foram muito corretamente impressas, encenadas e vituperadas; a quarta foi suprimida, por medo de igual tratamento.
[86] Uma comédia arrancada do *Tartufo* de Molière, e favorita do tradutor a tal ponto que ele assegura a todos nós que o desgosto do nosso autor por ela só podia advir do desafeto pelo governo: "Qui méprise Cotin, n'estime point son roi, / Et n'a, selon Cotin, ni Dieu, ni foi, ni loi" Boileau [*Sátiras* IX 304-6: Quem despreza Cotin não estima seu rei, / E não tem, segundo Cotin, nem deus, nem fé, nem lei]. Ele nos assegura que, "quando teve a honra de beijar a mão de Sua Majestade ao lhe apresentar sua dedicatória dela, aprouve-lhe graciosamente, por sua real magnificência, ordenar que dessem ao autor duzentas libras por ela. E ele não duvida que isso desagradou ao Sr. Pope".

O velho toco de Molière queima num instante.
Lágrimas brotaram novamente, como dos olhos do pálido Príamo   255
Quando a última labareda mandou Ílion pelos ares.[87]

16
Atiçada pela luz, a velha Tôrpia ergueu a cabeça,
Depois tomou uma folha de *Thule*[88] de sua cama;
Súbito ela voa, e com ela cobre a pira:
Arrefecem as chamas, e com um silvo expiram.   260

17
Sua ampla presença preenche todo o espaço,
Um véu de névoas dilata seu rosto hediondo:
Grande em seus charmes! Como quando para xerifes e prefeitos
Ela olha, e infunde a si mesma nos ares deles.[89]
Ela pede que ele a siga ao seu domo sagrado:[90]   265
Muito contente ele entrou e confessou-se em casa.
Assim os espíritos, encerrando seu curso terrestre,
Ascendem e reconhecem seu lugar nativo.
Isto a Grande Mãe amava mais do que tudo:[91]

---

[87] Ver Virgílio, *Eneida* II, onde eu aconselharia o leitor a compulsar a história da destruição de Troia, melhor do que em Wynkyn. Mas também o advirto que se acautele em ambos contra um erro dos mais graves, o de pensar que ela foi provocada por não sei qual Cavalo de Troia, pois jamais existiu tal coisa. Em primeiro lugar, não era de Troia, já que foi feito pelos gregos; e em segundo lugar, não era um cavalo, mas uma égua. Isso fica claro em muitos versos de Virgílio: "[...] de hoste armada enchendo / O antro profundo e lôbregas entranhas" [*Eneida* II 20]; "[...] do cavo seio os cabos Toas" [II 258]. Pode se dizer de um cavalo *Utero gerere*? De novo, "[...] ao rijo encontro / Longo geme e retumba a atra caverna" [II 52-3]; "[...] À entrada quatro vezes / Pára, e quatro restruge um rumor de armas" [II 243]. E mais, não se diz expressamente "[...] Prenhe de armas, sobe / A máquina fatal [...]" [II 237-8]? Como é possível que a palavra *foeta* concorde com um cavalo? E acaso se pode conceber que a casta e virgem deusa Palas [II 15] se dedicasse a formar e modelar o macho daquela espécie? Mas isso se provará ser uma demonstração em nosso Virgílio restaurado. SCRIBL.
[88] Um poema inacabado com este nome, do qual uma folha foi impressa muitos anos atrás por Ambrose Philips, autor nortista. É um método usual de apagar o fogo jogar-se lençóis molhados sobre ele. Alguns críticos foram da opinião de que tal lençol era da natureza do asbesto, que não pode ser consumido pelo fogo: mas prefiro pensar nele como uma alusão alegórica à frieza e ao pesadume do escrito.
[89] "A alma Vênus, a noite aluminando, / Em divindade manifesta brilha, / Tal qual sói aos celícolas mostrar-se" Virgílio, *Eneida* II [591-2]. "[que num sopro a deusa / Ao filho a cabeleira em fulgor banha,] / Em vivo terno agrado os olhos belos" *id.*, *Eneida* I [591].
[90] Onde logo ao entrar ele reconhece o lugar da sua origem, como Platão diz que farão os espíritos ao penetrar nas regiões celestiais.
[91] "Colônia tíria no ultramar, Cartago, / Do ítalo Tibre contraposta às fozes, / Houve, possante empório, antigo, aspérrimo / N'arte da guerra; ao qual, se conta, Juno / Até pospôs a predileta

Os clubes de fofoqueiros, ou seu próprio Guildhall; 270
Aqui estava seu ópio, aqui ela cuidava de suas corujas,
E aqui ela planejava a sede imperial dos tolos.

18
Aqui aos seus escolhidos todas as suas obras ela mostra:
Prosa inchada em verso, verso pelejando para virar prosa;
Como pensamentos aleatórios ora encontram significado por acaso, 275
Ora deixam para trás toda memória de sentido;
Como prólogos se desfazem em prefácios,
E estes se esboroam completamente em notas;
Como o aprendizado de índices não empalidece estudante algum,
Mas segura a enguia da ciência pela cauda; 280
Como, com menos leitura do que faz escapar um condenado,
Menos gênio humano do que Deus dá a um primata,
Pouco débito para com a França, e nenhum para Roma ou a Grécia,
Uma peça passada, remendada, futura, velha, rediviva ou inédita,
Entre Plauto, Fletcher, Shakespeare e Corneille, 285
Pode ser feita por um Cibber, Tibbald[92] ou Ozell.[93]

Samos: / Lá coche, armas lá teve; e, anua o fado, / No orbe entroná-la então já traça e tenta" Virgílio, *Eneida* I [12-18].

Grande *Mãe*: *Magna mater*, aqui aplicado a Tôrpia. Os *quidnuncs* [fofoqueiros], nome dado aos antigos membros de certos clubes políticos, que indagavam constantemente *quid nunc?* (o que há de novo?).

[92] Lewis Tibbald (como se pronuncia) ou Theobald (como se escreve) foi criado como advogado e era filho de um advogado (diz o Sr. Jacob) de Sittingbourne, em Kent. Ele foi autor de algumas peças de teatro, traduções e outras obras esquecidas. Esteve envolvido num jornal chamado *Censor* e numa tradução de Ovídio. "Há um notório idiota, um Fulano qualquer, que, de subalterno no direito, se tornou um subordinado no teatro, e que recentemente caricaturou as *Metamorfoses* de Ovídio com uma vil tradução *etc*. Esse camarada está envolvido num jornal impertinente chamado *Censor*" Dennis, *Obs. sobre o Homero de Pope*, p. 9-10.

[93] "O Sr. John Ozell (se acreditarmos no Sr. Jacob) foi à escola em Leicestershire, onde alguém lhe deixou algo de que viver quando ele se retirar dos negócios. Previu-se que ele seria enviado a Cambridge, para ser ordenado padre; mas em vez disso ele escolheu ser empregado num escritório de contas na cidade, sendo qualificado para isso por sua habilidade em aritmética, e escrevendo as mãos necessárias. Ele brindou o mundo com muitas traduções de peças francesas" Jacob, *Vidas dos poetas dramáticos*, p. 198.

O personagem do Sr. Ozell pelo Sr. Jacob parece por demais aquém de seus méritos, e deveríamos lhe fazer mais justiça, tendo ele desde então plenamente rebatido todo sarcasmo acerca de sua instrução e gênio por meio de um anúncio de 20 de setembro de 1729, num jornal chamado *The Weekly Medley etc.*: "Quanto à minha instrução, esse invejoso desgraçado sabia, e todo mundo sabe, que todo o sínodo de bispos, não muito tempo atrás, ficaram gratos em me dar uma bolsa de guinéus por ter descoberto traduções errôneas do *Livro de oração comum* em português,

19

A deusa, então, sobre a cabeça dele ungida
Com palavras místicas despejou o ópio sagrado.
E vejam! Seu pássaro (uma ave monstruosa,
Algo entre um Heidegger[94] e uma coruja) 290
Empoleirou-se na coroa dele. "Saúdem todos, saúdem mais!
Meu filho! A terra prometida aguarda teu reinado.
Saiba que Eusden não mais anseia por vinho ou louvor,
Ele dorme entre os maçantes de dias idos,
A salvo, onde crítico nenhum condena, cobrador nenhum molesta, 295
Onde os miseráveis Withers,[95] Ward e Gildon[96] descansam
E o bem-nascido Howard,[97] senhor mais majestático,
Como tolo de qualidade completa o coro.
Tu, Cibber! Tu seu laurel portarás;
A loucura, meu filho, ainda tem um amigo na corte. 300
Levantai vossos portões, príncipes, vede-o chegar!
Soai, soai, violas, surdas aos apupos!
Trazei, trazei o louro enlouquecido, a vinha ébria,
Juntai-vos à hera rastejante, suja e cortês.
E tu, ajudante dele, lidera meus filhos, 305
Armados de pontos, antíteses e trocadilhos!
Deixai que a indecência e Billingsgate, minhas filhas queridas,

---

espanhol, francês, italiano *etc*. Quanto ao meu gênio, que o Sr. Cleland mostre versos melhores em todas as obras de Pope do que a versão de Ozell para o *Lutrin* de Boileau, que tanto agradou ao finado Lorde Halifax que ele o cumprimentou com autorização para dedicá-lo a ele *etc*. Que ele mostre poesia melhor e mais autêntica no *Rapto da madeixa* do que no *Rapto do balde* (*La secchia rapita*) de Ozell. E o Sr. Toland e o Sr. Gildon declararam publicamente que a tradução de Homero por Ozell é, como já foi antes, igualmente superior à de Pope. Decerto, decerto, todo homem é livre para merecer o bem de seu país" John Ozell.

Não podemos deixar de acatar testemunhos tão veneráveis como os do sínodo de bispos, do Sr. Toland e do Sr. Gildon.

[94] Um pássaro estranho oriundo da Suíça, e não (como supuseram alguns) o nome de uma pessoa eminente que foi um homem de talento e, como foi dito de Petrônio, *arbiter elegantiarum* [árbitro do bom gosto].

[95] "George Withers foi um grande aspirante ao zelo poético, e injuriou as maiores figuras no poder, o que lhe acarretou frequentes correções. Marshalsea e Newgate [prisões] não lhe eram estranhas" Winstanley, *Vidas dos poetas*.

[96] Charles Gildon, escritor de críticas e libelos da última era, educado em St. Omer pelos jesuítas; porém, tendo renunciado ao papismo, publicou os livros de Blount contra a divindade de Cristo, os *Oráculos da Razão etc*. Apresentava-se como crítico, tendo escrito algumas peças muito ruins, e injuriou o Sr. Pope muito escandalosamente num panfleto anônimo sobre a *Vida do Sr. Wycherley*, impresso por Curll; noutro, chamado *O novo ensaio*, impresso em 1714; num terceiro, intitulado *A arte completa da poesia inglesa*, em dois volumes, e noutros mais.

[97] O Ex.mo Edward Howard, autor dos *Príncipes britânicos* e de um grande número de peças maravilhosas, celebradas pelos finados Condes de Dorset e Rochester, o Duque de Buckingham, o Sr. Waller *etc*.

Sustentem sua dianteira, e juramentos fechem a traseira;
E debaixo da asa dele, e da de Archer,
Que a jogatina[98] e Grub Street se esgueirem atrás do rei.   310

20
Ó! Quando há de surgir um monarca todo nosso,[99]
E eu, mãe zelosa, quando hei de balançar o trono,
Entre o príncipe e o povo fechar bem a cortina,
Protegê-lo da luz e ocultá-lo da lei,
Engordar o cortesão, esfaimar o bando erudito,   315
E amamentar exércitos e pajear a terra,
Até que senados cabeceiem aos acalantos divinos
E todos adormeçam, como ao ouvir uma ode tua."

21
Ela cessou. Daí se infla a garganta da capela-real:[100]
"Deus salve o Rei Cibber!" sobe de cada nota.   320
O familiar White's grita: "Deus salve o Rei Colley!";
"Deus salve o Rei Colley!", responde Drury Lane.
Até Needham[101] a voz triunfal cavalgou veloz,
Mas a pia Needham cortou o nome de Deus;

---

[98] Quando a lei contra o jogo foi redigida, foi objetado que o rei, por antigo costume, dava-se a jogos de azar uma noite por ano; portanto, foi inserida uma cláusula com uma exceção a esse respeito. Sob tal pretexto, o camareiro tinha um quarto apropriado para o jogo durante todo o verão em que a corte esteve em Kensington, o que Sua Majestade, ao descobrir acidentalmente, com justa indignação proibiu. Relata-se que a mesma prática tem prosseguido onde quer que a corte resida, e a mesa de jogo está aberta ali a todos os jogadores habituais da cidade. "Maior e mais justa das soberanas! Sabes disso? / Ai! não mais do que a calma cabeça do Tâmisa pode saber / De quem são os prados que seus braços alagam, ou de quem é o trigo que abunda" Donne à rainha Elizabeth.
[99] Boileau, *Lutrin*, cânt. 2: "Hélas! qu'est devenu ce temps, cet heureux temps, / Où les rois s'honoraient du nom de fainéants, / S'endormaient sur le trône, et me servant sans honte / Laissaient leur sceptre aux mains d'un maire ou d'un comte! / Aucun soin n'approchait de leur paisible cour: / On reposait la nuit, on dormait tout le jour" etc.
 [Pena! Que é feito desse tempo, desse tempo feliz, / Em que os reis se honravam com o nome de preguiçosos, / Adormeciam no trono, e servindo-me sem vergonha / Deixavam o cetro nas mãos de um mordomo ou de um conde! / Nenhuma preocupação se aproximava de sua pacata corte: / Descansava-se de noite, dormia-se o dia inteiro]
[100] As vozes e instrumentos usados no serviço da Capela Real também são empregados na execução das odes de aniversário e ano-novo.
[101] Matrona de grande fama, e muito religiosa a seu modo, cuja prece constante era que ela pudesse "obter o bastante com sua profissão para abandoná-la a tempo de fazer as pazes com Deus". Mas seu destino não foi tão feliz, pois, tendo sido condenada e exposta no pelourinho, ela foi (para eterna vergonha de todos os seus grandes amigos e devotos) tão abusada pelo populacho que isso pôs fim aos seus dias.

De volta ao Diabo[102] chegam os últimos ecos,   325
E "Coll!", urra cada açougueiro em Hockley-Hole.

22

Como quando a tora de Júpiter desceu das alturas
(Como canta teu grande antepassado Ogilby[103]),
Alto trovão sacudiu o brejo até o fundo
E a nação roufenha coaxou: "Deus salve o Rei Tronco!".   330

FIM DO LIVRO PRIMEIRO

---

[102] A Taverna do Diabo na Fleet Street, onde tais odes são habitualmente ensaiadas antes de serem executadas na corte. *W.*

[103] Ver as *Fábulas* de Esopo por Ogilby, nas quais, na história dos sapos e seu rei, se encontra este excelente hemistíquio.

Nosso autor manifesta aqui, e em outros trechos, uma ternura prodigiosa pelos maus escritores. Nós o vemos selecionar a única boa passagem, quiçá, em tudo que Ogilby já escreveu, o que mostra como ele deve ter sido um leitor sincero e paciente. O que pode ser mais gentil e afetuoso do que estas palavras no prefácio aos seus *Poemas*, no qual ele se esforça para invocar toda a nossa benevolência e compaixão para com esses homens desafortunados, através da mais moderada representação do seu caso que já foi dada por qualquer autor? "Muito pode ser dito para atenuar a culpa dos maus poetas: o que chamamos de gênio é difícil de distinguir, pela própria pessoa, de uma inclinação predominante. E se ele não for grande o bastante, de início não se pode descobri-lo de outra forma senão através daquela forte propensão que o torna mais passível de ser confundido. Ele não dispõe de outro método a não ser fazer o experimento, escrevendo, e assim apelando ao julgamento alheio. E se acontecer de ele escrever mal (o que certamente não é pecado em si mesmo) ele é imediatamente ridicularizado! Eu gostaria que tivéssemos a bondade de refletir que até os piores autores podem tentar nos agradar, e, por essa tentativa, merecem algo da nossa parte. Não temos motivo para brigar com eles, exceto por sua obstinação em persistir, e até isso pode ser admitido como circunstância atenuante, pois seus amigos particulares podem ser ora ignorantes, ora insinceros; e o resto do mundo bem-educado demais para chocá-los com uma verdade que geralmente seus livreiros são os primeiros a informá-los."

Mas o quanto é vã a indulgência que se perde com essas pessoas pode-se ver na justa reflexão feita sobre sua conduta e destino constantes, no seguinte epigrama:

> Ó vós pequenos lumes, que brilhastes um pouco,
> Quando Pope condescendeu em lançar um raio,
> Infelizmente, privados do seu gentil sorriso,
> Como desapareceis rápido!
>
> Para circundar o carro de Febo,
> Assim se erguem vapores vãos;
> Cada qual emprega, para apagá-lo, sua nuvem
> Que o alçou aos céus.
>
> Porém tais céus não são vossa esfera;
> Ali ele arderá para sempre:
> Chorai, chorai, e caí! Pois pó éreis,
> E ao pó deveis retornar.

LIVRO SEGUNDO

ARGUMENTO DO
LIVRO SEGUNDO   428 v.

Proclamado o rei,[1] a solenidade é agraciada com jogos públicos e esportes de vários tipos; não instituídos pelo herói, como por Eneias em Virgílio, mas para maior honra pela deusa em pessoa (tal como se diz que os jogos píticos, ístmicos *etc.* foram antigamente ordenados pelos deuses, e como a própria Tétis apareceu, conforme Homero, *Odisseia* XXIV, para propor os prêmios em homenagem a seu filho Aquiles). Para lá afluem os poetas e críticos, acompanhados, como é justo que seja, por seus patronos e livreiros. À deusa inicialmente apraz, para sua diversão, propor jogos aos livreiros, e ela institui o fantasma de um poeta, do qual eles competem para apoderar-se. Descritas as corridas, com seus diversos acidentes. Em seguida, o jogo para uma poetisa. Depois vêm os exercícios para os poetas, de fazer cócegas, vociferar, mergulhar: o primeiro discorre sobre as artes e práticas dos dedicadores; o segundo dos poetas disputantes e pomposos; o terceiro dos escritores políticos profundos, obscuros e sujos. Enfim, para os críticos, a deusa propõe (com grande propriedade) o exercício, não de seus talentos, mas de sua paciência, ao escutar as obras de dois autores volumosos, um em verso, o outro em prosa, deliberadamente lidos, sem dormir: os vários efeitos disso, com os diversos graus e modos de sua operação, são apresentados aqui; até que toda a assembleia, não somente de críticos, mas de espectadores, atores e todos os presentes, ferra no sono, o que natural e necessariamente encerra os jogos.

---

[1] Há duas coisas sobre cuja suposição se funda e apoia a própria base de toda crítica verbal: a primeira é que um autor jamais deixaria de usar a melhor palavra em cada ocasião; a segunda é que um crítico não pode deixar de saber qual ela é. Admitido isso, sempre que alguma palavra não nos satisfaz plenamente, cabe a nós concluir, primeiro, que o autor nunca poderia tê-la usado; e, segundo, que ele deve ter usado exatamente aquela que conjecturamos no seu lugar.

Não podemos, portanto, admirar o bastante o douto Escrevinho pela sua alteração do texto nos dois últimos versos do livro anterior, que em todas as edições precedentes figurava assim: "Rouco trovão sacudiu o brejo até o fundo, / E a nação barulhenta coaxou, 'Deus salve o Rei Tronco'". Ele transpôs, com exímio juízo, esses dois epítetos, atribuindo "roufenha" à nação e "alto" ao trovão. E como essa é evidentemente a leitura correta, ele nem se dignou a mencionar a anterior; por essa asserção do justo direito do crítico, ele merece o reconhecimento de todos os comentadores abalizados.

1
No alto de um assento mavioso, que brilhava muito mais[2]
Que a banheira dourada de Henley[3] ou o trono irlandês de Flecknoe,[4]
Ou que aquele onde o público verte em seus Curlls,[5]
Com abundância, grãos fragrantes e chuviscos dourados,
Estava sentado o grande Cibber: o orgulhoso ricto parnasiano,   5
A bazófia consciente e a lascívia invejosa
Misturadas em seu olhar; todos os olhos dirigem seus raios
Para ele, e pacóvios viram pedantes só de olhar.
Seus pares brilham em torno dele com graça refletida,
De novo gume sua imbecilidade, e de novo bronze sua face.   10
Assim do amplo raio do sol, em urnas rasas,
As faíscas luzentes dos céus tiram luz e apontam seus chifres.

2
Não com mais júbilo, por mãos pontificais coroado,
Com chapéus escarlates girando em amplos círculos,
Roma viu Querno sentar-se em seu Capitólio,[6]   15

---

[2] Paródia de Milton, liv. II: "No alto de um trono de régio estado, que brilhava / Muito mais que a riqueza de Ormus e de Ind, / Ou onde o Oriente faustuoso com mão riquíssima / Despeja sobre seus reis bárbaros pérolas e ouro / Satã exaltado estava sentado".
[3] O púlpito de um dissidente é geralmente chamado de *tub*; mas o do Sr. Orador Henley foi coberto de veludo e adornado com ouro. Ele também possuía um belo altar, e acima dele há esta extraordinária inscrição: "A Eucaristia Primitiva". Ver a história dessa pessoa no liv. III.
[4] Richard Flecknoe foi um padre irlandês, mas havia deixado de lado (como ele mesmo o expressou) a parte mecânica do sacerdócio. Ele imprimiu algumas peças, poemas, cartas e viagens. Não duvido que nosso autor tenha aproveitado a ocasião para mencioná-lo a respeito do poema do Sr. Dryden, com o qual ele apresenta alguma semelhança, embora seja de caráter mais diferente dele do que a *Eneida* da *Ilíada*, ou o *Lutrin* de Boileau da *Défaite des bouts-rimés* de Sarasin.
  Quiçá valha a pena mencionar que a eminência de onde os antigos sofistas entretinham seus ouvintes era chamada pelo nome pomposo de trono: ἐπὶ Θρόνου τινὸς ὑψηλοῦ μάλα σοφιστικῶς καὶ σοβαρῶς (Temístio, *Orações* [21]: "de um certo alto trono, de modo muito sofístico e altivo").
[5] Edmund Curll foi exibido no pelourinho em Charing Cross em março de 1727-8.
  O Sr. Curll reclamou desta nota por ser inverídica, protestando "que ele foi exibido no pelourinho não em março, mas em fevereiro". E de outra ao v. 152, dizendo que "ele não foi jogado num cobertor, mas num tapete" *Curlíada*, in-doze, 1729, p. 19, 25. De maneira muito parecida, o Sr. Cibber objetou que seus irmãos em Bedlam, mencionados no liv. I [v. 31-2], não eram atrevidos, mas acéfalos; porém, nosso autor deixou ficar inalterado, por ser um pormenor que não diminuía em nada a relação.
[6] Camilo Querno, nativo da Apúlia, ao ouvir o grande incentivo que Leão X dava aos poetas, viajou até Roma com uma harpa na mão, e com ela cantou vinte mil versos de um poema chamado *Alexias*. Ele foi apresentado como um bufão a Leão, e promovido à honra do laurel – uma troça com a qual a corte de Roma e o papa em pessoa consentiram a ponto de fazê-lo montar

Entronado em sete colinas, o Anticristo do lume.

3
E agora a rainha, para alegrar seus filhos, proclama,
Por arautos troantes, excelsos jogos heroicos.
Eles convocam toda a raça dela: um bando infindo
Se avança, e deixa despovoada metade da Terra.　　　　　　　　　　20
Uma eclética mistura! Com longas perucas, com coques,
Com sedas, com crepes, com jarreteiras e com trapos,
Dos salões, dos colégios, dos sótãos,
A cavalo, a pé, em carroças ou carruagens douradas:
Todos os que faziam figura de autênticos imbecis a seu serviço,　　25
E todos os que sabiam recompensar tais imbecis.

4
Naquele vasto adro assumiram suas posições,
Onde o alto mastro de maio outrora dominava a Strand,
Mas agora (assim ordenam Ana e a piedade)
Uma igreja coleta as santas de Drury Lane.　　　　　　　　　　　30

5
Com autores, livreiros atenderam ao chamado
(O campo de glória é campo para todos).
Glória e ganho a tribo industriosa provoca,
E a gentil Tôrpia sempre gosta de uma piada.
Uma forma de poeta ela dispôs diante de seus olhos,[7]　　　　　35
E mandou o corredor mais ligeiro agarrar o prêmio;

---

num elefante até o Capitólio e de organizar um festival solene para a sua coroação, no qual foi registrado que o próprio poeta ficou tão emocionado que chorou de alegria.[*] Depois disso, ele sempre foi um frequentador constante da mesa do papa, onde bebia abundantemente e despejava versos sem número (Paulus Jovius, *Elog. vir. doct.*, cap. LXXXII). Pode-se ter uma ideia da sua poesia nas *Prulusões acadêmicas* de Faminius Strada.

[*] Ver *Vida de C.C.*, cap. VI, p. 149.

[7] É o que fez Juno para iludir Turnus, *Eneida* X [636-40]: "Logo em feição de Eneias, ó prodígio! / Fraca de vácua nuvem sombra tênue / Arma à troiana; o escudo, as cristas finge / Da cabeça divina; ocas palavras, / Som lhe empresta sem mente, o andar e o gesto". O leitor observará com que exatidão alguns desses versos combinam aqui com sua aplicação alegórica a um plagiário: parece-me haver grande propriedade nesse episódio, em que um tal é retratado como fantasma que foge à apreensão do livreiro que o persegue.

Não era um franzino mofino, desertado pelas musas, magro chupado,
No roupão surrado de seu próprio couro flácido,
Mas uma massa tal que doze bardos não poderiam erguer,[8]
Doze bardos famélicos destes dias degenerados. 40
Como uma perdiz balofa, bem alimentada e luzidia,
Ela formou essa imagem do ar bem composto;
De olhos achatados e atrevidos ela dotou a cabeça;
Um cérebro de plumas e um coração de chumbo;[9]
E palavras ocas ela deu, e fluxo sonoro, 45
Mas sem sentidos, sem vida! Ídolo vácuo e vão!
Nunca foi esboçado, num único golpe de sorte,[10]
Um tolo, cópia tão perfeita de um lume,
Tão parecido que os críticos disseram, e os cortesãos juraram,
Que era um lume, e chamaram o fantasma de Moore.[11] 50

---

[8] "Pedra, carga bastante aos mais robustos / Doze homens dos que a nossa idade cria" Virgílio, *Eneida* XII [899-900].

[9] Ou seja, "Uma cabeça fútil e um coração contrito", como o poeta, no liv. IV [v. 504], descreve os filhos consumados de Tôrpia, dos quais esta é apenas uma imagem, ou espantalho, recheada com os materiais correspondentes. SCRIBL. W.

[10] Nosso autor parece disposto aqui a fornecer um relato da possibilidade de Tôrpia criar um lume (o que não poderia ocorrer de outra forma senão por acaso). A ficção é mais reconciliada com a probabilidade graças à conhecida história de Apeles, que, vendo-se incapaz de exprimir a espuma do cavalo de Alexandre, atirou seu pincel em desespero contra o quadro, e acabou fazendo-a com tal gesto afortunado.

[11] Curll, na sua *Chave da Imbeciliada*, afirmou que se trata do Sr. James Moore Smythe, e é provável (considerando o que se diz dele nos *Testemunhos*) que certas pessoas imaginem que nosso autor seja obrigado a representar esse cavalheiro como plagiário para não passar ele mesmo por um. Seu caso, na verdade, foi igual ao de um homem de quem ouvi falar, que, enquanto estava sentado em companhia, percebeu que seu vizinho mais próxima lhe havia roubado o lenço. "Senhor", disse o ladrão, vendo-se detectado, "não me exponha, agi por mera necessidade; faça-me a gentileza de retirá-lo pessoalmente de novo de meu bolso, sem dizer nada." O homem honesto assim fez, mas o outro exclamou: "Vejam, cavalheiros, que ladrão temos entre nós! Olhem, ele está roubando o meu lenço!".
   Os plágios dessa pessoa deram ensejo ao seguinte epigrama: "More sempre sorri quando recita; / Ele sorri (você pensa) aprovando o que escreve. / Porém, nisso ele não mostra vaidade; / Pois um homem modesto só gosta do que não produz". Sua única obra foi uma comédia chamada *Os modos rivais*; a cidade condenou-a no palco, mas ele a imprimiu em 1726-7, com este modesto mote: "[...] os cestos, [...] / E a arte vitorioso aqui reponho" [Virgílio, *Eneida* V 484].
   Daí decorre que este não é o nome de uma pessoa real, mas fictícia. More, de *moros* (*stultus*) e *moria* (*stultitia*), para representar a loucura de um plagiário. Assim Erasmo: "A ideia me veio do teu sobrenome More, porque se aproxima tanto da palavra '*moria*' quanto você está distante da coisa em si", na dedicatória do *Elogio da loucura* ao Sr. Thomas More, cuja despedida poderia

6
Todos miram com ardor: alguns o nome de um poeta,
Outros um nó de espada e uma veste rendada incensam.
Mas o imponente Lintot do círculo se ergueu:[12]
"Este prêmio é meu; quem o cobiçar é meu inimigo;
Comigo começou este gênio, comigo terminará". 55
Assim falou: e quem com Lintot pode competir?

7
O medo fê-los calar. Só, ignorante do medo,
Erguia-se o destemido Curll:[13] "Vejam este rival aqui!
A corrida pelo vigor, não pela vanglória se vence;

---

ser a do nosso autor ao seu plagiário: *Vale, More! et moriam tuam gnaviter defende* (Adeus, More! E tenhas força para defender tua própria loucura). SCRIBL.

[12] Entramos aqui no episódio dos livreiros, pessoas cujos nomes são mais conhecidos e famosos no mundo erudito que os dos autores neste poema, e portanto necessitam de menos explicação. A ação do Sr. Lintot aqui imita a de Dares em Virgílio, erguendo-se dessa exata maneira para tomar posse de um touro. Esse eminente livreiro imprimiu *Os modos rivais* mencionados anteriormente.

[13] Chegamos agora a um personagem de muito respeito, o do Sr. Edmund Curll. Como a simples repetição de grandes ações é o melhor elogio que podemos lhes fazer, diremos apenas desse homem eminente que ele levou o ofício muito além do que ele já havia alcançado antes; e que ele foi a inveja e admiração de toda a sua profissão. Ele dispunha de comando sobre todos os autores, sejam quais fossem; fazia com que escrevessem o que ele queria; eles não podiam chamar seus próprios nomes de seus. Ele não foi famoso apenas entre eles; foi notado pelo Estado, pela igreja e pelo direito, e recebeu marcas de distinção particulares de cada qual.

Conceder-se-á que aqui ele é apresentado com toda a dignidade possível: ele fala como o intrépido Diomedes; ele corre como Aquiles dos pés velozes; se ele cai, é como o amado Niso; e (o que Homero faz ser o ápice de todos os louvores) ele é favorecido pelos deuses; ele diz somente três palavras, e sua prece é ouvida; a deusa a transporta ao assento de Júpiter: embora ele perca o prêmio, ele ganha a vitória; a grande mãe em pessoa o conforta, ela o inspira com expedientes, ela o honra com um presente imortal (como o que Aquiles recebe de Tétis, e Enéas de Vênus), ao mesmo tempo instrutivo e profético; depois disso ele é inigualado e triunfante.

O tributo que nosso autor lhe presta aqui é o grato troco por várias obrigações imerecidas: muitas ponderosas animadversões acerca dos assuntos públicos, e muitas excelentes e divertidas peças sobre pessoas privadas, ele deu ao seu nome. Se ele já deveu dois versos a qualquer outro, ele deve ao Sr. Curll alguns milhares. A cada dia ele foi estendendo sua fama e alargando seus escritos: disso há inúmeros exemplos; mas bastará mencionar os *Poemas cortesas*, que ele pretendia publicar como obra da verdadeira escritora, uma dama de qualidade; mas por ter sido primeiro ameaçado e depois punido por isso pelo Sr. Pope, ele generosamente a transferiu dela para ele, e desde então a imprime no seu nome. A única vez em que ele falou com C. foi acerca desse assunto, e a esse feliz incidente ele deve todos os favores recebidos dele desde então. Como é verdadeiro o dito do Dr. Sydenham de "que qualquer um pode ficar, num momento ou noutro, melhor ou pior por ter apenas visto ou falado com um homem bom ou mau"!

Então fique no último dos Infernos".[14] Ele disse e correu.   60
Tão rápido quanto um bardo deixa um bedel para trás,[15]
Ele deixou o imenso Lintot e ultrapassou o vento.
Como quando um mergulhão bamboleia pelo souto
Com patas e asas, e voa, e vadeia, e salta,
Assim, esfalfando-se, com ombros, mãos e cabeça,[16]   65
Espalhando toda sua figura larga como um moinho,
Com braços estendidos Bernard rema seu estado,
E o manco Jacob[17] parece emular.[18]
Bem no meio do caminho havia um lago,
Que a Corina de Curll[19] por acaso fizera naquela manhã   70
(Pois era seu costume, logo à aurora, jogar
Seus quitutes noturnos diante da loja do vizinho dele):
Nele o desventurado Curll escorrega; o bando grita com força,[20]
E "Bernard! Bernard!" ressoa por toda a Strand.[21]
Obsceno de sujeira o incréu jaz exposto,[22]   75

---

[14] "Occupet extremum scabies; mihi turpe relinqui est" Horácio, *Arte poética* [417].
[15] Algo assim aparece em Homero, *Ilíada* X 220, acerca de Diomedes. Duas maneiras diferentes do mesmo autor em seus símiles também são imitadas nos dois seguintes: o primeiro, do meirinho, é curto, despojado e (como os críticos bem sabem) tirado da vida familiar; o segundo, das aves aquáticas, mais extenso, pitoresco e tirado da vida rural. O v. 59 é igualmente uma tradução literal de um em Homero [*Ilíada* XVI 631].
[16] "Avidamente o Demônio / Sobre charco, sobre morro, por reto, rude, denso ou raro, / Com cabeça, mãos, asas ou pés segue seu caminho, / E nada, ou afunda, ou chafurda, ou rasteja, ou voa" Milton, *Paraíso perdido* II 947-50.
[17] [Jacob Tonson.]
[18] Milton, sobre o movimento do cisne: "rema / Seu estado com pés palmados" [*Paraíso perdido* VII 439-40]. E Dryden, sobre o de outro: "Com duas pernas esquerdas".
[19] Este nome, ao que parece, foi tomado por uma Sra. [Elizabeth] Thomas, que forneceu certas cartas particulares do Sr. Pope, de quando ele era quase um menino, ao Sr. [Henry] Cromwell, e vendeu-as sem o consentimento de qualquer um desses cavalheiros a Curll, que as imprimiu in-doze em 1727. Ele revelou que foi ela a fonte em sua *Chave*, p. 11. Apenas aproveitamos esta oportunidade para mencionar a maneira como essas cartas foram divulgadas, das quais o autor se envergonha por serem coisas muito triviais, cheias não somente de leviandades, mas de juízos errados sobre homens e livros, e desculpáveis somente por causa da juventude e inexperiência do escritor.
[20] "Niso escorrega dos novilhos mortos / No cruor que a verdura e o chão molhara. / Já de vencida e ovante, o infeliz moço, / Titubando-lhe os pés, de bruços tomba / Sobre o sagrado sangue e esterco imundo" Virgílio, *Eneida* V [327-33], sobre Niso.
[21] "Ut littus, Hyla, Hyla, omne sonaret" Virgílio, *Éclogas* VI [44].
[22] Embora este incidente possa parecer demasiado baixo e vil para a dignidade de um poema épico, os eruditos sabem muito bem que não passa de uma cópia de Homero e Virgílio; as mesmas palavras ὄνθος e *fimus* são usadas por eles, embora seja notável que o nosso poeta (atendendo à

Caído na poça que sua perversidade espalhou;
Então pela primeira vez (se há alguma verdade no que declaram os poetas)
O caviloso vaticida concebe uma prece:

8
"Ouve, Júpiter, cujo nome meus bardos e eu adoramos
Tanto quanto o de qualquer deus, ou mais! 80
Se a ele e aos seus mais devoção aquece,
Abaixo a Bíblia, ao alto as armas do Papa".[23]

9
Há um lugar, entre terra, ar e mares,[24]
Aonde Júpiter se retira para aliviar-se da ambrosia.
Ali no seu assento aparecem duas brechas espaçosas: 85
Numa ele se senta, noutra tende a orelha
E ouve os vários votos da humanidade crédula.
Uns pedem vento leste, outros vento oeste;
Todas vãs petições, subindo ao céu,
Em resmas abundantes abastecem essa morada. 90
Entretido ele lê, depois devolve as notas
Assinadas com o icor que dos deuses exsuda.[25]

---

suscetibilidade moderna) tenha enriquecido e colorido sua linguagem, além de ter elevado a versificação, neste episódio e no seguinte, acerca de Eliza. O Sr. Dryden, em *Mac Flecknoe*, não teve escrúpulos de mencionar a "ração matinal" que os peixes abocanham no Tâmisa, o "Beco do Mijo", as "relíquias do traseiro" *etc*. Mas o nosso autor é mais grave, e (como um bom escritor diz de Virgílio em suas *Geórgicas*) "espalha seu esterco com ar de majestade". Se considerarmos que os exercícios de seus autores não poderiam com justiça elevar-se acima de coçar, tagarelar, zurrar ou mergulhar, não foi coisa fácil inventar jogos proporcionados ao grau mais ignóbil dos livreiros. Em Homero e Virgílio, Ajax e Niso, as pessoas sujeitas a essa desdita, são heróis, ao passo que aqui elas são tais com as quais teria sido grande impropriedade relacionar qualquer ideia que não fosse sórdida. Além disso, existe uma conexão natural entre difamadores e atos obscenos. Não obstante, ouvi do nosso autor que esta parte do seu poema tinha sido (como acontece com frequência) a que lhe custou mais penas e menos o agradou; mas que ele esperava que fosse desculpável, já que era dirigida a pessoas que não entendem uma sátira delicada. Assim, os homens mais polidos às vezes são obrigados a praguejar quando têm de lidar com porteiros e vendedoras de ostras.
[23] A Bíblia, emblema de Curll; as chaves cruzadas, de Lintot.
[24] Ver o Ícaro-Menipo de Luciano [§ 25-6], no qual esta ficção é mais estendida.
    "Orbe locus medio est, inter terrasque, fretumque, / Coelestesque plagas" Ovídio, *Metamorfoses* XII [39-40].
[25] Alude a Homero, *Ilíada* V: ῥέε δ'ἄμβροτον αἷμα Θέοιο, / Ἰχὼρ, οἷός πέρ τε ῥέει μακάρεσσι Θεοῖσιν – "Um filete de humor nectáreo escorreu para fora, / Sanguíneo, como soem sangrar tais espíritos celestiais" Milton [*Paraíso perdido* VI 332-3].

10

Nesse gabinete a bela Cloacina[26] trabalha
E auxilia Júpiter com as mãos mais puras.
Do monte ela tirou a prece do seu devoto   95
E colocou-a ao lado dele, rara distinção!
Por muitas vezes a deusa ouvira o chamado do seu criado
Das grutas sombrias dela perto da muralha do Temple,
Ouvindo encantado as pilhérias sórdidas
De tocheiros vis e barqueiros obscenos;   100
Enquanto ele pescava o lume nos reinos baixos dela,[27]
Ela o favorecera amiúde, e favorece ainda.
Renovado pela força simpática da indecência,
Como que lubrificado com óleos mágicos para a corrida,[28]
Ele se ergue vigoroso; fortalecido pelos eflúvios,   105
Embebe nova vida, e vai correndo e fedendo.
Ultrapassa Lintot, vence a corrida,
Sem atentar para a parda desonra de sua face.[29]

11

E agora o vencedor estendeu sua mão afoita
Onde o alto Nada se erguia, ou parecia se erguer;   110
Sombra amorfa, escorreu da sua visão[30]
Como formas nas nuvens, ou visões da noite.
Agarrar seus papéis, Curll, foi tua preocupação seguinte;
Seus papéis leves voam para todo lado, jogados no ar;[31]
Canções, sonetos, epigramas os ventos levantam   115
E sopram de volta para Evans, Young e Swift.[32]
O terno bordado ao menos ele julgou ser sua presa,
Esse terno um alfaiate credor o levou de surpresa.[33]

---

[26] A deusa romana dos esgotos.
[27] Ver o prefácio às *Miscelâneas* de Swift e Pope.
[28] Alude à opinião de que existem unguentos usados pelas bruxas que lhes permitem voar nos ares *etc*.
[29] "E ao falar mostra a cara e os membros torpes / De atra sangueira" Virgílio, *Eneida* V [337-8].
[30] "[...]a sombra se lhe escapa, / Como aragem fugaz, ligeiro sono" Virgílio, *Eneida* VI [701-2].
[31] Virgílio, *Eneida* VI [74-5], sobre as folhas das sibilas: "Não confies, to rogo, às folhas versos, / Nem dos ventos ludíbrio aos ares voem".
[32] Algumas das pessoas cujos escritos, epigramas ou troças ele possuía. Ver nota ao v. 50.
[33] Este verso foi objeto de reclamações veementes no *Mist* de 8 de junho [de 1728], "Dedicatória a Sawney" e outros, por ser uma sátira crudelíssima da pobreza dos poetas; mas pensamos que nosso autor seria absolvido por um júri de alfaiates. Para mim este caso parece ter sido mal

Nem um trapo, nem um farrapo de toda a elegância ou lume
Que outrora esvoaçava e outrora escrevia.   120

12
Os céus ressoam com riso: com o riso vão
Tôrpia, boa rainha, repete a piada.
Três diabretes do seu próprio coro da Grub Street
Ela ornou como Congreve, Addison e Prior.[34]
Mears, Warner, Wilkins[35] correm: ideia enganadora!   125
Breval, Bond, Bezaleel[36] foram pegos pelos patifes.
Curll corre atrás de Gay, mas Gay sumiu,
Ele agarra um Joseph[37] vazio pensando ser um John;
Assim Proteu, caçado em forma mais nobre,
Tornou-se, quando apanhado, um cãozinho ou um símio.   130

13
A ele diz a deusa: "Filho! Despe tua mágoa,
E volta toda essa ilusão contra a cidade:[38]

---

escolhido; se se trata de sátira de alguém, deve ser de um mau pagador, já que a pessoa à qual foi aplicada aqui era um homem de fortuna. Somente poetas podem ter inveja de uma prerrogativa tão grande quanto o não pagamento; o que o Sr. Dennis chega a afirmar com tanta ousadia que assevera que "se o próprio Homero não tinha dívidas, era porque ninguém confiava nele" pref. às *Obs. sobre o Rapto da madeixa*, p. 15.

[34] Como esses autores são daqueles cujos nomes chegarão à posteridade, não faremos nenhum relato deles, mas passaremos àqueles de quem é necessário falar. Bezaleel Morris foi autor de algumas sátiras sobre os tradutores de Homero, com muitas outras coisas impressas em jornais. "Bond escreveu uma sátira contra o Sr. Pope. O Cap. Breval foi autor de *Os confederados*, uma apresentação dramática engenhosa para expor o Sr. Pope, o Sr. Gay, o Dr. Arbuthnot e certas damas de qualidade" Curll, *Chave*, p. 11.

[35] Livreiros e impressores de muita coisa anônima.

[36] Antevejo que se objetará a este verso que incorremos em erro na nossa assertiva no v. 50 deste livro, de que More era um nome fictício, já que tais pessoas são igualmente representadas pelo poeta como fantasmas. Assim pode parecer à primeira vista; mas não se engane, leitor: essas também não são pessoas reais. É verdade que Curll declara que Breval, um capitão, é autor de uma peça chamada *Os confederados*; mas o mesmo Curll disse antes que ela tinha sido escrita por Joseph Gay. Deve-se acreditar mais na sua segunda assertiva do que na primeira? Ele também afirma que foi Bond que escreveu uma sátira sobre o nosso poeta. Mas onde se pode encontrar essa sátira? Quem já ouviu falar desse escritor? Quanto a Bezaleel, cheira a fraude no próprio nome; tampouco é, como são os outros, um sobrenome. Podes ter certeza disto, nenhum desses autores jamais viveu: todos fantasmas. SCRIBL.

[37] Joseph Gay, nome fictício aposto por Curll a diversos panfletos, o que fez com que muitos pensassem que fossem do Sr. [John] Gay.

[38] Foi prática comum deste livreiro publicar peças vis de mãos obscuras com nomes de autores eminentes.

Como a sábia madame, que em seu ofício é versada,
Com nomes de louvor apregoa cada quenga afolozada
(De sorte que o incauto *Monsieur* muito se queixa em Paris   135
De ser lesado por duquesas e Lady Maries),
Seja teu, meu papeleiro, este presente mágico:
Cooke será Prior,[39] e Concanen, Swift;
Assim cada nome hostil se tornará dos nossos
E nós também ostentaremos nossos Garth e Addison".[40]   140

14
    Dito isso ela lhe deu (apiedada do seu caso,

---

[39] O homem aqui especificado escreveu uma coisa chamada *A batalha dos poetas*, na qual Philips e Welsted eram os heróis, e Swift e Pope levavam uma surra. Ele também publicou certas coisas malevolentes no *British Journal*, *London Journal* e *Daily Journal*; e ao mesmo tempo escreveu cartas ao Sr. Pope protestando sua inocência. Sua obra capital foi uma tradução de Hesíodo, para a qual Theobald escreveu notas e meias-notas, o que ele admitiu cautelosamente.
  Na primeira edição deste poema havia somente asteriscos neste lugar, mas depois os nomes foram inseridos, meramente para preencher o verso e amenizar o ouvido do leitor.

[40] Nada é mais notável que o amor do nosso autor pelo elogio de bons escritores. Neste poema ele celebrou o Sr. Locke, Sir Isaac Newton, o Dr. Barrow, o Dr. Atterbury, o Sr. Dryden, o Sr. Congreve, o Dr. Garth, o Sr. Addison; em suma, quase todo homem de sua época que o merecia, até o próprio Cibber (presumindo que seja o autor do *Marido descuidado*.) Era muito difícil ter esse prazer num poema com este assunto, mas ele encontrou meios de inserir o panegírico deles, e fez a própria Tôrpia pronunciá-lo de sua própria boca. Deve ter sido particularmente agradável para ele celebrar o Dr. Garth, tanto como seu amigo fiel quanto como seu predecessor nesse tipo de sátira. O *Dispensário* atacou todo o corpo dos boticários, muito mais útil sem dúvida que o dos maus poetas, se é que na verdade ele pode ser um corpo, já que não há dois membros dele que concordem. Ele também fez o que o Sr. Theobald diz ser imperdoável, incluir partes de caráter privado e introduzir pessoas sem relação com o assunto. Muito mais teria Boileau incorrido em sua censura, por ter deixado todo e qualquer assunto, em todas as ocasiões, recair sobre os maus poetas (o que, como se receia, teria sido sua preocupação mais imediata). Mas certamente, junto com a recomendação dos bons escritores, o maior serviço ao saber é expor os maus, que apenas dessa forma lhe podem ser de alguma serventia. Esta verdade é muito bem expressa nestes versos endereçados ao nosso autor:

    A frouva medrosa e a chuca atrevida
      (Apesar de não serem pássaros de estirpe moral),
    Servem, se penduradas ou recheadas com palha,
      Para mostrar em que direção sopra o vento.

    Assim patifes sujos ou tolos palradores,
      Enforcados às dúzias na tua balada,
    Ensinam muito mais que as regras de Dennis,
      E apontam instrução para todo lado.

    Com arte egípcia tua pena pode lidar,
      E basta que ela deixe cair uma gota potente,
    Para que todo canalha que vivo fedia
      Se torne múmia preciosa quando morto.

Mas sorrindo do seu acabrunhamento de dar dó[41])[42]

[41] "A pessoa decrépita ou figura de um homem não são reflexos do seu gênio; uma mente honesta amará e estimará um homem de valor ainda que ele seja deformado ou pobre. Mas o autor da *Imbecilíada* injuriou uma pessoa pelo seu deplorável aspecto carrancudo!" *Mist's Journal*, 8 de junho [de 1728]. Esse gênio e homem de valor, que uma mente honesta deveria amar, é o Sr. Curll. É verdade que ele foi exibido no pelourinho, um incidente que deixaria qualquer homem carrancudo, por mais gracioso que fosse, portanto não é reflexo da beleza natural do Sr. Curll. Mas acerca dos reflexos da face ou figura de qualquer homem o Sr. Dennis disse com excelência: "A deformidade natural não vem por nossa culpa; muitas vezes é ocasionada por calamidades e doenças, que um homem não pode evitar, assim como um monstro não pode evitar a sua deformidade. Não há desventura ou doença à qual todo o resto da humanidade não esteja sujeita. Mas a deformidade desse autor é visível, presente, duradoura, inalterável, e própria a ele. É a marca de Deus e da natureza sobre ele, para nos alertar que não devemos privar com ele, por ser criatura não de nossa origem, nem de nossa espécie; e aqueles que se recusaram a seguir esse aviso que Deus e a natureza lhes deram, e apesar dele, por uma presunção insensata, arriscaram-se a ser familiares com ele, sofreram severamente *etc*. É certo que sua origem não é de Adão, mas do Diabo" *etc*. (Dennis, *Caráter do Sr. Pope*, in-8º, 1716).

É admirável que o Sr. Dennis observe contra o Sr. Law, p. 33, "que a linguagem de Billingsgate nunca poderá ser a linguagem da caridade, nem consequentemente da cristandade". De outra forma eu seria tentado a usar a linguagem de um crítico; pois o que é mais provocador para um comentador do que ver seu autor assim retratado? Porém, eu considero que na verdade não fere a ele; por outro lado, chamar alguns outros de torpes pode prejudicá-los num mundo apto demais a acreditar nisso. Portanto, embora o Sr. Dennis chame um outro de jumentinho ou jovem sapo, longe de nós chamá-lo de leão banguela ou cobra velha. De fato, caso eu tivesse escrito estas notas (como já foi meu intento) em linguagem erudita, eu poderia ter lhe dado as denominações de *balatro* [bufão], *calceatum caput* [alguém que põe os sapatos na cabeça], *scurra in triviis* [quem vagabundeia nas esquinas], expressões em boa estima e uso frequente entre os mais doutos. Mas em nossa língua-mãe, se eu devesse criticar algum cavalheiro da *Imbecilíada*, certamente seria com palavras que não são inteligíveis ao vulgo; assim, a caridade cristã, a decência e o bom entendimento entre os autores seriam preservados. SCRIBL.

O bom Escrevinho aqui, como em todas as ocasiões, revela de modo admirável sua compaixão. Mas os cavalheiros da *Imbecilíada* procederam de modo muito diverso, pois suas difamações eram sempre pessoais, e de natureza a provocar qualquer homem honesto, fora o Sr. Pope; mas nunca de se lamentar, já que deram ensejo aos seguintes versos afáveis:

Enquanto a malícia, Pope, nega à tua página
    Seu próprio fogo celestial,
Enquanto os críticos e os bardos em fúria
    Admirando, não querem admirar,
Enquanto penas transviadas atacam teu valor
    E línguas invejosas castigam;
Estes tempos, embora muitos amigos os lamentem,
    Estes tempos eu não lamento não.
Mas quando o elogio fragoroso do mundo for teu,
    E o rancor não mais acusar,
Quando com teu Homero brilhares
    Em fama consolidada,
Quando ninguém mais ralhar e todos depositarem
    Em devoção uma coroa para ti;
Este dia (pois há de chegar) este dia
    Eu lamentarei de ver.

[42] "O padre riu benigno"; "Compadecer me caiba o insonte amigo. / E a Sálio dá [...] / A de um leão numídio ingente pele" *etc*. Virgílio, *Eneida* V [358, 350-1].

Uma tapeçaria gasta,[43] digna de ser estendida
Sobre a cama velha de Codro, ou a moderna de Dunton;[44]
Trabalho instrutivo, cujos retratos de bocas contritas   145
Mostravam a sina que os confessores dela suportam!
No alto, sem orelhas, estava o Defoe descarado,
E Tutchin[45] desprendendo-se da escória abaixo.
Ali Ridpath e Roper[46] surrados se davam a ver,
Os mais sovados ainda estavam pretos e azuis.   150
Ele mesmo entre os chefes afamados ele avista,
Enquanto, do cobertor, ele voa alto no céu,[47]
E "Ó! (gritou ele) Que rua, que travessa conhece

---

[43] Um tipo lamentável de tapeçaria frequente em velhas hospedarias, feita de lã penteada ou outro tecido mais rude, como aquele de que fala Donne [*Sátiras* IV]: "Rostos tão medonhos quanto os daqueles que chicoteavam Cristo em velhas tapeçarias". As imagens nela tecidas aludem ao manto de Cloanto na *Eneida* V [250-7].

[44] Sobre a cama do poeta Codro, ver Juvenal, que descreve sua pobreza muito copiosamente, *Sátiras* III 203 *etc*.: *Lectus erat Codro etc*.

    Codro tinha uma única cama, e ainda por cima tão curta,
    Que as pernas curtas da sua curta esposa ficavam penduradas para fora.
    O topo do seu armário era adornado por seis pichéis de barro,
    Debaixo deles estava colocada sua fiel caneca;
    E para sustentar esse nobre cálice havia
    Um Quirão inclinado, moldado em honesta argila.
    Seus poucos livros gregos um baú carcomido continha,
    Cujas capas sofriam deveras com o mofo,
    Nos quais ratos e camundongos devoravam o pão poético,
    E com verso heroico eram regiamente alimentados.
    É verdade que o pobre Codro não tinha nada a ostentar,
    E mesmo assim o pobre Codro perdeu todo esse nada.   Dryden.

Mas o Sr. Concanen, na dedicatória de suas cartas, anúncios *etc*. ao autor da *Imbeciliada*, nos garante que "Juvenal nunca satirizou a pobreza de Codro".

John Dunton foi um livreiro falido e escrevinhador abusivo. Ele escreveu *Tudo ou nada*, uma violenta sátira sobre certos ministros de Estado; um libelo sobre o Duque de Devonshire e o Bispo de Peterborough *etc*.

[45] John Tutchin, autor de uns versos vis e de um semanário chamado *O Observador*. Ele foi sentenciado a ser chicoteado em diversas localidades no oeste da Inglaterra, diante do que ele peticionou ao rei Jaime II para ser enforcado. Quando esse príncipe morreu no exílio, ele escreveu uma invectiva contra sua memória, ocasionada por certas elegias compadecidas sobre sua morte. Ele viveu até a época da rainha Ana.

[46] Autores do *Flying Post* e do *Post Boy*, dois jornais escandalosos de lados diferentes, pelos quais mereciam ser igualmente e alternadamente espancados, e foram.

[47] "A si se reconhece entre os mais chefes"; "Pára, em lágrimas diz: 'Que sítio ou clima / Cheio, Acates, não é dos nossos males? [...]" Virgílio, *Eneida* I [488, 459-60].

A história de Curll sendo jogado num cobertor e chicoteado pelos acadêmicos de Westminster é bem conhecida. Sobre sua purgação e seus vômitos, ver "Um relato completo e verídico de uma horrível vingança contra o corpo de Edm. Curll" *etc*. nas *Miscelâneas* de Swift e Pope.

Nossas purgas, caldos, cobertores e pancadas?
Em todo tear nossos labores hão de ser vistos 155
E o vômito fresco correrá verde para sempre![48]

15
Vede no círculo próximo Eliza[49] situada[50]
Com dois bastardos agarrados à sua cintura;[51]
Pura como antes de suas obras ela se revela,
Com flores e pérolas pelo copioso Kirkall[52] vestida". 160
Então diz a deusa: "Quem conseguir mandar mais alto
O jato saliente, lançando-o longe no céu,
A ele caberá esta Juno de majestoso tamanho,
Com úberes de vaca e olhos de boi.[53]
Esse penico de louça caberá ao chefe vencido[54] 165
Reabastecer, não sem glória, em casa".
Osborne[55] e Curll aceitam a peleja gloriosa

---

[48] Uma imitação destes versos de um nobre autor falecido: "Seu braço sangrento tinha adornado todos os seus cômodos / E escorria para sempre púrpura nos teares" [Charles Montagu, *Epístola ao Duque de Dorset*].

[49] Eliza Haywood; esta mulher foi autora daqueles livros extremamente escandalosos chamados *A corte de Carimânia* e *A nova Utopia*. Para os dois bastardos, ver Curll, *Chave*, p. 12. Mas não importa qual reflexão ele se compraza em fazer sobre essa dama, certamente era o que ela menos merecia dele, por ter celebrado as empreitadas de Curll para uma *Reforma dos costumes* e se declarado "tão perfeitamente conhecedora da doçura da índole dele e da ternura com que ele considerava os erros das outras criaturas que, apesar de ela encontrar as pequenas inadvertências de sua própria vida registradas nos artigos dele, ela estava certa que seria feito de maneira que ela não deixaria de aprovar" Sra. Haywood, *Hist. de Clar.*, impressa na *Imbeciliada feminina*, p. 18.

[50] Neste jogo se expõe, da maneira mais desprezível, a licenciosidade despudorada desses escrevinhadores indecorosos (a maioria daquele sexo, que deveria ser o menos capaz de tal malícia ou impudência), que em memórias e romances difamadores revelam as falhas ou desventuras de ambos os sexos, para a ruína da fama pública ou perturbação da felicidade privada. Nosso bom poeta (pelo conjunto da sua obra obrigado a não se despojar da ironia), quando não pôde mostrar sua indignação, mostrou seu desprezo, tanto quanto possível, tendo traçado aqui um retrato tão vil quanto podia ser representado com as cores da poesia épica. SCRIBL.

[51] "[...] a Cressa Fóloe, / [...] e os gêmeos filhos que amamenta" Virgílio, *Eneida* V [285].

[52] [Elisha] Kirkall, nome de um gravador. Algumas obras daquela dama foram impressas em quatro volumes in-doze, com seu retrato assim anteposto a elas.

[53] Em alusão à Βοῶπις πότνια Ἥρη [Hera de olhos bovinos] de Homero [*Ilíada* I 551].

[54] "[...] o derradeiro / Com este argólico elmo vá contente" Virgílio, *Eneida* V [314]. Nos jogos de Homero, *Ilíada* XXIII [262-5], são oferecidos como prêmios uma dama e uma chaleira, como neste lugar a Sra. Haywood e um penico. Mas ali a preferência de valor é dada à chaleira, o que desagradou Madame Dacier, e com razão. Aqui a Sra. Haywood é tratada com distinção e reconhecida como a mais valiosa dos dois.

[55] Livreiro em Gray's Inn, muito bem qualificado pela sua impudência em cumprir seu papel; e portanto colocado aqui no lugar de um predecessor menos merecedor. Este homem publicou anúncios

(Ainda que o filho dissuada este, e a esposa aquele);
Aquele conta com sua máscula confiança,
Este com seu vigor e tamanho superior.⁵⁶   170
Primeiro Osborne encostou-se em seu poste de letreiros:
Ele subiu e descreveu uma curva ao máximo.
Assim como o arco brilhante de Júpiter exibe sua curvatura aquática⁵⁷
(Sinal seguro de que nenhum espectador se afogará),
Um segundo esforço trouxe nova desgraça,   175
O feroz meandro lavou a cara do artista;
Assim o pequeno jato que mãos apressadas liberam
Espirra nos olhos do jardineiro que gira a torneira.
Não foi assim com o descarado Curll; com ímpeto espalhou-se
O jato, e floresceu vaporoso sobre sua cabeça.   180
Assim (afamado como tu pela turbulência e pelos cornos)
O Erídano despreza sua humilde fonte;⁵⁸
Através de meio céu ele verte a urna exaltada;⁵⁹
Suas águas velozes queimam ao passar.

---

por um ano inteiro alegando vender os livros de assinatura da *Ilíada* de Homero pelo Sr. Pope pela metade do preço. Desses livros ele não tinha nenhum, mas cortou do tamanho deles (que era in--4º) os livros comuns em fólio, sem gravuras, num papel pior, e nunca acima da metade do valor.

Sobre esse anúncio o *Gazetteer* arengou assim em 6 de julho de 1739: "Como deve ser melancólico para um escritor ser tão desafortunado a ponto de ver suas obras apregoadas de maneira tão fatal para sua fama! Como, com honra para si mesmo e justiça para seus assinantes, isso pode ser feito? Que ingratidão da parte do único poeta honesto que viveu em 1738! E em quem a virtude encontrou trombeteiro estrepitoso como há eras não se via! Que você já foi admirado e estimado por todos não pode ser negado por ninguém; mas que você e suas obras agora são desprezados se verifica por esse fato", que, por ser absolutamente falso, não humilhou o autor em nada, mas acarretou esse justo castigo ao livreiro.

⁵⁶ "Um por moço é ligeiro; outro é forçoso, / Grande e membrudo [...]" Virgílio, *Eneida* V [430-1].
⁵⁷ As palavras de Homero sobre o arco-íris na *Ilíada* XI [27-8]: ἅς τε Κρονίων /'Ἐν νέφεϊ στήριξε, τέρας μερόπων ἀνθρώπων ("Que le fils de Saturne a fondé dans les nues, pour être dans tous les âges un signe à tous les mortels" Dacier [Que o filho de Saturno fixou nas nuvens, para ser em todas as eras um sinal a todos os mortais].
⁵⁸ Virgílio menciona essas duas qualificações do Erídano, *Geórgicas* IV [371-3]: "Et gemina auratus taurine *cornua* vultu, / Eridanus, quo non alius per pinguia culta / Em mare purpureum *violentior* effluit amnis". Os poetas confabularam sobre o rio Erídano que ele corria nos céus: "Os céus não ostentarão mais seu Erídano, / Cuja fama na tua como afluentes menores se perde; / Teu fluxo mais nobre visitará as moradas de Júpiter / Para brilhar entre as estrelas e banhar os deuses" Denham, *Colina de Cooper* [193-6].
⁵⁹ Num manuscrito da *Imbecilíada* (do qual constam algumas correções marginais de certos cavalheiros falecidos há algum tempo) encontrei outra leitura destes versos: "E ergue sua urna, para escorrer por meio céu; / Suas águas velozes *ardem* ao passar". Não posso deixar de julgá-la correta: pois, em primeiro lugar, embora a diferença entre queimar e arder possa não parecer muito significativa para outros, para mim confesso que o último tem uma elegância, um não-sei-quê, que é muito mais fácil de ser concebido que explicado. Em segundo lugar, todo leitor do nosso

16
Enquanto ele sobe rápido, todos o seguem com os olhos: 185
A feliz impudência de novo leva o prêmio.
Tu triunfas, vencedor do dia tão combatido,[60]
E levas consigo a dama satisfeita, que sorri docemente.
Osborne, sobrepujado pela perfeita modéstia,
Coroado com o penico, caminha contente para casa. 190

17
Mas agora restam aos autores palmas mais nobres.
Passagem para o meu amo! Três cavaleiros no seu séquito,
Seis caçadores com um grito antecedem sua cadeira:
Ele sorri e olha fixamente para a absurdez geral.
Tôrpia exprimiu assim o intento de Sua Excelência: 195
"Ganhará este prêmio quem melhor bajular".

---

poeta deve ter observado como ele usa com frequência a palavra "arder" em outras partes de sua obra. Por exemplo, somente no seu Homero:
(1) *Ilíada* IX   v. 726 – Arde com um ressentimento
(2) *Ilíada* XI   v. 626 – Ali arde a batalha
(3) *ibid.*   v. 985 – A carne morrente que num instante cessou de arder
(4) *Ilíada* XII   v. 45 – Heitor arde cercado
(5) *ibid.*   v. 475 – Seu peito palpitante arde com generoso ardor
(6) *Ilíada* XVIII v. 591 – Outra parte ardia com armas refulgentes
(7) *ibid.*   v. 654 – E enrolados em suportes de prata em ordem ardem

Temo tornar-me demasiado luxuriante em exemplos, senão poderia estender este catálogo em grande medida, mas estes são suficientes para provar sua afeição por essa bela palavra, que, portanto, todas as futuras edições deverão substituir aqui.

Estou ciente, afinal, que "queimar" é a palavra apropriada para transmitir uma ideia do que se dizia ser a condição do Sr. Curll naquele momento; mas dessa mesma razão eu infiro seu contrário direto. Pois certamente todo apreciador do nosso autor concluirá que ele teve mais compaixão do que insultar um homem por tal desventura ou calamidade, que jamais poderia recair sobre ele puramente por sua própria culpa, mas pela desafortunada comunicação com outra pessoa. Esta nota é metade do Sr. Theobald, metade de Escrevinho.

[60] Alguns afirmam que isto era originalmente "dia bem m[ij]ado", mas a decência do poeta não o aceitaria.

Aqui o douto Escrevinho manifesta grande ira; ele exclama contra todas essas emendas conjecturais desta maneira: "Já basta, ó Palas, que todos os nobres antigos, gregos ou romanos, tenham sofrido a correção impertinente de cada mestre-escola holandês, alemão e suíço! Deixe que os nossos ingleses ao menos escapem, cujo feitio intrínseco não é de mármore tão sólido que não possa ser danificado ou maculado por essas mãos rudes e sujas. Tolere que eles chamem suas obras de suas próprias, e após a morte ao menos encontrem repouso e santuário dos críticos! Quando esses homens tiverem cessado de ralhar, não deixe que comecem a fazer pior, a comentar! Não deixe que conjecturem absurdos, que corrijam fora de toda correção e restaurem a obscuridade e confusão. Miserável destino, que só pode recair sobre os lumes mais etéreos que já escreveram, e recairá sobre eles somente por causa dos torpes que nunca conseguiram escrever! SCRIBL.

18
Ele faz tilintar sua bolsa e assume seu assento de estado;
Com penas a postos os dedicadores aguardam;
Ao sinal de sua cabeça a hábil tarefa começam
E, num instante, a fantasia sente o sentido imputado.   200
Agora toques suaves se esbaldam em sua face,
Ele pavoneia-se como Adônis e faz caretas;
Rolli[61] leva a pena aos seus ouvidos,
Depois seu gosto refinado dirige nossas óperas;
Bentley[62] abre sua boca com bajulações clássicas,   205
E o orador inflado rebenta em tropos.
Mas Welsted[63] é o que mais se esmera em tentar extrair

---

[61] Paolo Antonio Rolli, poeta italiano, escritor de muitas óperas nessa língua, que, em parte por força do seu gênio, prevaleceram na Inglaterra por quase vinte anos. Ele ensinou italiano a alguns distintos cavalheiros que fingiam dirigir as óperas.

[62] Não se diz do famoso Dr. Richard Bentley, mas de um Thomas Bentley, criticozinho que imitou seu tio num pequeno Horácio. O grande destinava-se a ser dedicado a Lorde Halifax, mas (devido a uma mudança no ministério) foi dado ao Conde de Oxford; por essa razão, o pequeno foi dedicado ao seu filho Lorde Harley. Uma amostra dessa elocução clássica pode ser vista no seu seguinte panegírico sobre a Paz de Utrecht:

Cupimus Patrem tuum, fulgentissimum illud Orbis Anglicani jubar, adorare. *O ingens* Reipublicae *nostrae columen! O fortunatam tanto Heroe Britanniam! Illi tali tantoque viro Deum per* Omnia *adfuisse, manumque ejus et mentem direxisse,* Certissimum est. Hujus enim Unius *ferme opera, aequissimis et perhonorificis conditionibus, diuturno, heu nimium! bello, finem impositum videmus. O Diem aeterna memoria dignissimam! qua terrors Patriae omnes excidit,* Pacem*que diu exoptatam toti fere Europae restituit, ille Populi Anglicani Amor, Harleius.*

Que se traduz assim criticamente (isto é, literalmente):

"Teu pai, aquela estrela mais refulgente do orbe anglicano, muito desejamos adorar! Ó coluna portentosa de nossa república! Ó Britânia, afortunada em tal herói! Que para esse homem tão grandioso Deus sempre esteve presente, em cada coisa, e o tempo todo dirigiu sua mão e seu coração, é a mais absoluta certeza! Pois é na maneira pela operação desse único homem que vemos uma guerra (ai! e como foi demasiado longa!) finalmente levada ao fim, nas mais justas e mais honrosas condições. Ó dia a ser lembrado eternamente! No qual todos os terrores deste país terminaram, e uma paz (há muito desejada por quase toda a Europa) foi restaurada por Harley, amor e deleite do povo da Inglaterra".

Mas que esse cavalheiro sabe escrever num estilo diferente pode ser visto numa carta ao Sr. Pope que ele imprimiu, na qual diversos nobres lordes são tratados numa linguagem das mais extraordinárias, particularmente Lorde Bolingbroke, injuriado por essa mesma paz que ele descreve aqui como obra isolada do Conde de Oxford, guiado por Deus Todo-Poderoso.

[63] Leonard Welsted, autor do *Triunvirato, ou uma carta em versos de Palaemon a Célia em Bath*, que foi concebida como uma sátira ao Sr. Pope e alguns de seus amigos por volta do ano de 1718. Ele escreveu outras coisas das quais não nos lembramos. Smedley, em sua *Metamorfose de Escrevinho*, menciona uma, o *Hino de um cavalheiro ao seu Criador*; e havia outra em louvor de um porão ou de um sótão. Leonard Welsted, caracterizado no tratado Περὶ Βάθους, ou a Arte de afundar, como um mergulhão e depois como uma enguia, foi apontado como essa pessoa por

O bálsamo curativo do poeta de sua palma suave e generosa;
Desafortunado Welsted! Teu mestre insensível,
Quanto mais tu coças, mais apertado fecha o punho. 210

19
Enquanto cada mão promove assim a dor prazerosa
E velozes sensações saltam de veia em veia,
Um jovem desconhecido de Febo, desesperado,[64]
Deposita seu último refúgio nos Céus e na prece.
Como são fortes os votos pios! A Rainha do Amor 215
Envia sua irmã, sua devota, do alto.
Tal como Páris, ensinado por Vênus, aprendeu a arte
De tocar a única parte tenra de Aquiles,
Seguro, por meio dela, de levar o nobre prêmio,
Ele sai marchando, secretário de Sua Graça. 220

20
"Agora passem a outros esportes (brada a deusa)
E aprendam, meus filhos, o maravilhoso poder do barulho.
A mover, levantar, conquistar qualquer coração[65]
Com a natureza de Shakespeare ou a arte de Johnson,

Dennis, *Daily Journal* de 11 de maio de 1728. Ele foi também caracterizado como outro animal, uma toupeira, pelo autor do seguinte símile, que circulou por volta da mesma época:
    Caro Welsted, repara, num buraco da terra,
    Aquele animal daninho, a toupeira:
    Não nasceu para crescer acima do chão;
    Qual impulso possante o mantém abaixo?
    Todo esse esforço para fazer um montículo!
    Ela cava, perfura, solapa para viver.
    Como se orgulha de espalhar um pouco de terra;
    Consciente de nada acima da sua cabeça!
    Até que, sempre labutando por falta de olhos,
    Tropeça de encontro à luz – e morre.
  Vocês o verão de novo no liv. III 169.

[64] A sátira deste episódio, dirigida às vis bajulações de autores para obter inútil riqueza ou grandeza, conclui-se aqui com uma excelente lição para esses homens: que, embora suas penas e elogios sejam tão refinados quanto o conceito que têm de si mesmos, ainda assim (mesmo em sua visão mercenária) uma criatura iletrada, que obedece às paixões ou cede aos prazeres de tal nobreza vã, jactante e empolada, terá com esses patronos muito mais intimidade, e será por eles muito mais recompensada. SCRIBL.

[65] "Hão de outros, sim, mais molemente os bronzes / Respirantes fundir, sacar do mármore / Vultos vivos [...]" *etc.* "[...] tu, Romano, / Cuida o mundo em reger; terás por artes [/ A paz e a lei ditar, e os povos todos / Poupar submissos, debelar soberbos]" [Virgílio, *Eneida* VI 847-52].

Deixem que outros aspirem: a vocês cabe sacudir a alma   225
Com trovão roncando no pote de mostarda;[66]
Ora com trompas e trompetes estufem-se loucamente,
Ora afundem nas mágoas com um dobre de sino;[67]
Tais artes felizes podem dominar a atenção
Quando a fantasia esmorece e a razão empaca.   230
Melhoremo-las. Que três apitos[68] sejam a paga
Daquele cujo palavrório silencia a tribo primata:
E dele este tambor cujo heroico ribombo rouco
Submerge o alto clangor do asno zurrador."

21
Agora mil línguas se ouve numa única assuada: 235
Os imitadores de macacos acorrem discordando;
Era falação, verbiagem, tagarelice e taramelagem,
Estrondo e Norton,[69] blá-blá-blá e Breval,
Dennis e dissonância, e arte capciosa,
E sacada breve e interrupção esperta,   240
E demonstração rala e teses gordas,
E maior, e menor, e conclusão rápida.
"Alto! (gritou a rainha) Cada um ganhará um apito.[70]
São iguais os seus méritos! É igual seu tumulto!
Mas para que este jogo tão disputado possa acabar,   245
Ressoem, meus zurradores, e rasguem o firmamento."

22
Como quando as amas de leite com longas orelhas esperando[71]

---

[66] A velha forma de fazer trovão e mostarda é a mesma; mas desde então ela é executada com mais eficácia por meio de gamelas de madeira com freios. Se o Sr. Dennis foi o inventor desse aprimoramento, eu não sei; mas é certo que, estando certa vez presente à tragédia de um novo autor, ele irrompeu numa grande paixão ao ouvi-lo, e gritou: "Irra! Esse é o *meu* trovão".
[67] Uma ajuda mecânica para o patético, não desprovida de utilidade para os modernos escritores de tragédia.
[68] Certos instrumentos musicais usados por uma espécie de críticos para confundir os poetas do teatro.
[69] Cf. v. 417. J. Durant Breval, autor de um *Livro de viagens* muito extraordinário e de alguns poemas. Ver acima nota ao v. 126.
[70] "Non nostrum inter vos tantas componere lites, / Et vitula tu dignus, et hic" Virgílio, Éclogas III [108-9].
[71] Um símile de cauda longa, à maneira de Homero.

Diante do portão de ferrolho triplo de algum unha de fome
Pelos seus rebentos lesados e ausentes emitem
Um gemido tão alto que desperta toda a guilda,   250
Assim suspira dolente Sir Gilbert, iniciando a zurrada,
Por sonhar com milhões e ter três *groats*[72] a pagar.
Assim incha cada fole; asno entoa para asno,
Harmônico *ploing!* de couro, corno e metal.
Como o entusiasta sopra com seus pulmões laboriosos,   255
Alto som, timbrado com o nariz vocal,
Ou como o troar do grave teólogo,
Ali, Webster, repicava tua voz, e a tua, Whitefield![73]
Mas longe acima de todas, a sonora emissão de Blackmore:
Muros, campanários, céus, zurram de volta para ele.[74]   260
Nos campos de Tottenham, os confrades, atônitos,
Erguem as orelhas e esquecem de pastar;[75]
Pela Chancery Lane[76] rola o som trovejante,
E pátio a pátio o devolve de eco em eco;
O Tâmisa o sopra dali aos salões rugientes de Rufus,   265
E Hungerford repete o eco brado a brado.

---

[72] [N.T.] Antiga moeda inglesa de prata que valia quatro *pennies* (cada *penny* antigo representava 1/240 de uma libra esterlina).

[73] Um é o escritor de um jornal chamado *The Weekly Miscellany*, o outro um pregador campal. Este pensou que o único meio de promover a cristandade era a ressurreição da loucura religiosa; aquele, pela velha morte de fogo e fogueira. E portanto concordaram nisto, mas em nenhuma outra coisa terrena: em vituperar toda a clerezia sóbria. Do pouco sucesso dessas duas pessoas extraordinárias podemos aprender como são pouco prejudiciais a carolice e o entusiasmo, quando o magistrado civil prudentemente se nega a emprestar seu poder a um, a fim de empregá-lo contra o outro. W.

[74] Uma figura de linguagem tirada de Virgílio: "Et vox assensu nemorum ingeminate remugit" *Geórgicas* III [45]. "Ele ouve seus rebanhos numerosos mugir pela planície, / Enquanto os montes vizinhos mugem de volta para eles" Cowley [*Epodos* II 11-12]. O poeta aqui celebrado, Sir Richard Blackmore, deleitava-se sobremaneira com a palavra "zurrar", que ele procurou enobrecer aplicando-a ao som da armadura, da guerra *etc*. Em imitação dele, e fortalecido pela sua autoridade, nosso autor admitiu-a aqui na poesia heroica.

[75] "Immemor herbarum quos est mirata juvenca" Virgílio, *Églogas* VIII [2]. O progresso do som de um lugar para outro e o cenário aqui das regiões limítrofes, Tottenham Fields, Chancery Lane, o Tâmisa, Westminster Hall e Hungerford Stairs, são imitados de Virgílio, *Eneida* VII [516-7], sobre o soar do corne de Alecto: "[...] Longe o ouviu da Trívia o lago; / Branco de água sulfúrea o Nar e as fontes / O ouviram do Velino [...]" *etc*.

[76] O lugar onde os ofícios da Chancelaria são guardados. A longa detenção de clientes nessa corte e a dificuldade de sair dela são alegorizadas com humor nestes versos.

Todos o saúdam vencedor em ambos atributos da canção,
Por cantar tão alto e por tanto tempo.[77]

---

[77] Um justo retrato do cavaleiro Sir Richard Blackmore, que (como o Sr. Dryden o exprime) "Escrevia ao ronco das rodas da sua carruagem", e cuja musa infatigável produziu não menos de seis poemas épicos: *Príncipe e Rei Artur*, vinte livros; *Eliza*, dez; *Alfred*, doze; *O redentor*, seis; além de *Jó*, em fólio; todo o *Livro de salmos*; *A criação*, sete livros; *A natureza do homem*, três livros; e muitos mais. É nesse sentido que ele foi denominado posteriormente de "o imperecível Blackmore". Não obstante tudo isso, o Sr. Gildon parece estar seguro de que "esse autor admirável não se julgava em pé de igualdade com Homero" *Comp. arte da poesia*, vol. I, p. 108.

Mas como difere o juízo do autor de *Personagens dos tempos*, p. 25, que diz: "Sir Richard Blackmore tem a infelicidade de equivocar-se sobre seus verdadeiros talentos, e de não ter sido, por muitos anos, sequer nomeado ou mesmo lembrado entre os escritores". Até o Sr. Dennis difere grandemente do seu amigo Sr. Gildon: "A ação de Blackmore (diz ele) não tem unidade, nem integridade, nem moralidade, nem universalidade; e consequentemente ele não pode ter fabulação, nem poema heroico: sua narrativa não é nem provável, nem agradável, nem maravilhosa; seus personagens não possuem nenhuma das qualificações necessárias; as coisas contidas em sua narrativa não são, por sua própria natureza, nem agradáveis nem numerosas o bastante, nem dispostas corretamente, nem surpreendentes, nem patéticas". Ora, ele chega até a dizer que Sir Richard não tem gênio, primeiro expondo que "o gênio é causado por uma alegria furiosa e orgulho da alma diante da concepção de uma noção extraordinária. Muitos homens (diz ele) têm suas noções sem tais movimentos de fúria e orgulho da alma, porque carecem de fogo bastante para agitar seus espíritos; esses nós chamamos de escritores frios. Outros que têm uma boa dose de fogo, mas não possuem órgãos excelentes, sentem os movimentos mencionados acima, sem as noções extraordinárias; e esses nós chamamos de escritores afetados. Mas ele declara que Sir Richard não têm nem as noções, nem os movimentos" *Observações sobre o Pr. Artur*, in-8º, 1696, prefácio.

Esse cavalheiro, em suas primeiras obras, injuriou o caráter do Sr. Dryden; e na sua última, do Sr. Pope, acusando-o em termos muito elevados e comedidos de profanidade e imoralidade (*Ensaio sobre a escrita polida*, vol. II, p. 270), baseado num mero relato de Edm. Curll de que ele era autor de uma paródia do primeiro salmo. O Sr. Dennis retomou o mesmo relato, mas com a adição do que Sir Richard tinha omitido, um argumento para prová-lo; o qual, por ser muito curioso, transcrevemos aqui: "Foi ele que macaqueou o Salmo de Davi. É evidente para mim que o salmo foi macaqueado por um rimador papista. Que as pessoas rimadoras que foram educadas no protestantismo sejam o que quiserem, que sejam libertinos, que sejam canalhas, que sejam ateus, mas a educação deixou uma impressão invencível nelas em prol das Escrituras sagradas. Mas um rimador papista foi criado com um desprezo pelas Escrituras sagradas; agora mostrem-me outro rimador papista que não seja ele". Essa maneira de argumentação é habitual no Sr. Dennis; ele empregou a mesma contra o próprio Sir Richard, numa acusação semelhante de impiedade e irreligião: "Todas as máquinas celestiais do Sr. Blackmore, como não podem ser defendidas nem mesmo pela opinião recebida comum, são portanto diretamente contrárias à doutrina da Igreja da Inglaterra; pois a descida visível de um anjo deve ser um milagre. No entanto, a doutrina da Igreja da Inglaterra é que os milagres cessaram muito tempo antes do Príncipe Artur vir ao mundo. Ora, se a doutrina da Igreja da Inglaterra é verdadeira, como somos obrigados a acreditar, então todas as máquinas celestiais no *Príncipe Artur* são intoleráveis, por carecerem não somente de probabilidade humana, mas divina. Mas se as máquinas são toleráveis, ou seja, se possuem alguma probabilidade divina, disso decorre a necessidade de que a doutrina da Igreja é falsa. Logo, deixo que cada clérigo imparcial o considere" *etc.* (prefácio às *Observações sobre o Príncipe Artur*).

23
Vencida a tarefa, por Bridewell todos descem
(Enquanto a oração matinal e a flagelação terminam)[78] 270
Para onde a vala da Fleet desemboca em torrentes,
Arrastando o tributo copioso de cachorros mortos para o Tâmisa,
Rei dos diques! Mais do que ele, nenhum canal de lama[79]
Macula com pardo mais escuro o fluxo argênteo.
"Dispam-se aqui, meus filhos! Saltem aqui de pronto, 275
Provem aqui quem melhor consegue lançar-se no fundo e no raso,
E quem mais se destaca no amor à sujeira
Ou na torpe destreza de bem se arrastar.[80]
Quem jogar mais imundície e mais poluir o entorno
Da corrente, terá seus semanários[81] encadernados; 280
Um lingote de chumbo para quem mergulhar melhor;
Uma barrica de carvão a granel contentará o resto."[82]

24
Em nua majestade mantém-se Oldmixon[83]

---

[78] É entre onze e doze da manhã, depois do culto na igreja, que os criminosos são chicoteados em Bridewell. Isto marca pontualmente a hora do dia: Homero o faz pela circunstância de os juízes se levantarem da corte, ou do jantar dos lavradores; nosso autor, por uma muito apropriada às pessoas e à cena do seu poema, que podemos lembrar que começou ao anoitecer do Lord Mayor's Day. O primeiro livro se passou naquela noite; na manhã seguinte os jogos começaram na Strand; dali foram pela Fleet Street (lugares habitados por livreiros); depois avançaram por Bridewell rumo a Fleet Ditch; e, finalmente, através de Ludgate para a City e o templo da deusa.
[79] "Fluviorum rex Eridanus, / ... quo non alius, per pinguia culta, / Em mare purpureum violentior influit amnis" Virgílio [*Geórgicas* IV 372-3].
[80] As três qualificações principais dos propagandistas políticos: não se apegar a nada, deliciar-se em lançar sujeira e caluniar às cegas por adivinhação.
[81] Jornais de notícias e escândalos mesclados, de diferentes lados e partidos, e frequentemente mudando de um lado para outro, chamados *London Journal, British Journal, Daily Journal etc.*, dos quais os escritores ocultos foram por algum tempo Oldmixon, Roome, Arnall, Concanen e outros, pessoas nunca vistas pelo nosso autor.
[82] Nosso indulgente poeta, sempre que fala de qualquer obra suja ou baixa, constantemente nos traz à mente a pobreza dos ofensores como a única extenuação de tais práticas. Que qualquer um observe, quando um ladrão, um punguista, um bandoleiro ou um perjuro são citados, como nosso ódio por esses personagens é diminuído se for acrescentado um ladrão necessitado, um punguista pobre, um bandoleiro faminto, um perjuro famélico *etc.*
[83] O Sr. John Oldmixon, depois de Sir Dennis o mais antigo crítico de nossa nação; um injusto censor do Sr. Addison no seu *Ensaio sobre a crítica* em prosa, que na sua imitação de Bouhours (chamada *Artes da lógica e da retórica*) ele também representa erroneamente em pura questão de fato, pois na p. 45 ele cita o *Spectator* como tendo injuriado o Dr. Swift pelo nome, quando nele não há o menor indício disso; e na p. 304 ele é tão injurioso a ponto de sugerir que o próprio Sr.

E, como Mílon, inspeciona seus braços e mãos;
Então, suspirando, diz: "Terei agora sessenta?   285
Ah, deuses! Por que dois e dois têm que ser quatro?".[84]
Assim disse, e subiu à altura de uma barcaça encalhada,
Arrojou-se no abismo escuro e sumiu nas profundezas.
O juízo do idoso toda a multidão admira,
Dele que, para afundar mais baixo, subiu mais alto.   290

25
Depois Smedley[85] mergulhou; círculos vagarosos perfuraram
A lama tremente, que se fechou e não mais se abriu.

Addison escreveu o *Tatler* nº 43, que diz do seu próprio símile que "É tão grandioso quanto já penetrou a mente do homem". "Em poesia ele não era tão feliz quanto laborioso, e portanto caracterizado pelo *Tatler* nº 62 pelo nome de Ômicron, o poeta não nascido" Curll, *Chave*, p. 13. "Ele escreveu obras dramáticas e um volume de poesia contendo epístolas heroicas *etc.*, algumas delas muito bem feitas", diz o grande juiz Sr. Jacob em suas *Vidas dos poetas*, vol. II, p. 303.

Em seu *Ensaio sobre a crítica*, e nas *Artes da lógica e da retórica*, ele frequentemente reflete sobre o nosso autor. Mas o cúmulo do seu caráter é ter sido um perversor da História, naquela escandalosa dos Stuart, em fólio, e na sua *História crítica da Inglaterra*, dois volumes, in--8º. Empregado pelo bispo Kennett para publicar os historiadores em sua coleção, ele falsificou a *Crônica* de Daniel em inúmeros lugares. Porém, esse mesmo homem, em seu prefácio ao primeiro desses livros, apresentou um fato concreto para acusar três pessoas eminentes de falsificar a *História* de Lorde Clarendon; fato esse que foi desmentido pelo Dr. Atterbury, o falecido bispo de Rochester, então o único sobrevivente dos três; e a parte específica que ele pretende ter sido falsificada foi finalmente apresentada, após quase noventa anos, no manuscrito original daquele nobre autor. Durante toda a sua vida ele foi um virulento propagandista político contratado, e recebeu sua recompensa num cargo menor, de que ele desfrutou até sua morte.

Ele é comparado aqui a Mílon, em alusão ao verso de Ovídio: "Fletque Milon senior, cum spectat inanes / Herculeis similes, fluidos pendere lacertos" [*Metamorfoses* XV 229-30]; seja por consideração pela sua idade, ou porque ele foi desfeito ao tentar fazer em pedaços um carvalho que era forte demais para ele. "Recordai o fim de Mílon / Entalado no tronco que ele se esforçou para rachar" Lorde Roscommon [*Ensaio sobre a tradução de poesia*].

[84] Muito razoavelmente esse crítico antigo se queixa: sem dúvida era uma falha na constituição das coisas. Pois o mundo, como diz um grande escritor, tendo sido dado ao homem como assunto para discussão, ele poderia julgar-se ludibriado com um dote mesquinho se alguma coisa fosse tornada certa. Por isso aqueles mestres superiores da sabedoria, os céticos e acadêmicos, concluem razoavelmente que dois e dois não são quatro. SCRIBL.

Mas não precisamos ir tão longe para notar o que o poeta visava principalmente, o absurdo de reclamar de velhice, que deve necessariamente ocorrer enquanto forem satisfeitos nossos desejos de acrescentar um ano ao outro. W.

[85] A pessoa aqui mencionada, um irlandês, foi autor e editor de muitas peças difamatórias, um semanário de Whitehall, no ano de 1722, em nome de Sir James Baker; e particularmente volumes inteiros de Billingsgate contra o Dr. Swift e o Sr. Pope, chamados *Gulliveriana* e *Alexandriana*, impressos in-8º em 1728.

Todos olham, todos suspiram e clamam por Smedley perdido;[86]
"Smedley!", em vão, ressoa por toda a costa.

26
Depois[87] arriscou-se; mal sumira da vista,   295
Logo flutua de novo e retorna à luz:
Não traz marca nenhuma das torrentes pardas,
E sobe ao longe entre os cisnes do Tâmisa.

27
Fiel ao fundo, vejam Concanen[88] rastejar,
Um nativo das profundezas, frio e de fôlego;   300
Se a perseverança leva o prêmio do mergulhador,
Blackmore, que não dura para sempre, nega isto:[89]
Nem ruído, nem gesto, nem movimento podes fazer,
O córrego inconsciente dorme sobre ti como um lago.

28
Depois saltou um bando flébil, mas desesperado,   305
Cada qual com um irmão doente às costas:[90]
Filhos de um dia! Apenas boiando na torrente,
Depois juntados aos cãezinhos na lama.

---

[86] "Alcides chorou em vão por Hylas perdido, / Hylas, em vão, ressoou por toda a costa" Lorde Roscommon, trad. da Écloga VI [43-4] de Virgílio.

[87] [Aaron Hill: ver *Vida*.] Um cavalheiro de gênio e espírito, que esteve secretamente envolvido em jornais desse tipo, ao qual nosso poeta confere um panegírico em vez de uma sátira, por merecer ser melhor empregado do que em querelas partidárias e invectivas pessoais.

[88] Matthew Concanen, um irlandês, formado em direito. Smedley (um de seus confrades na inimizade por Swift), em sua *Metamorfose de Escrevinho*, p. 7, o acusa de "ter se vangloriado do que não escreveu, mas outros revisaram e fizeram por ele". Ele foi autor de várias difamações obtusas e pesadas no *British Journal* e no *London Journal*, e num jornal chamado *The Speculatist*. Num panfleto chamado de *Suplemento ao profundo*, ele tratou nosso poeta de modo muito injusto, não somente lhe imputando com frequência versos do Sr. Broome (pelo que ele pode ser responsável em certo grau, tendo corrigido o que aquele cavalheiro fez), mas os do Duque de Buckingham e outros. Por causa dessa peça rara alguém lhe atribuiu jocosamente o mote *De profundis clamavi*. Depois ele foi um escrevinhador contratado no *Daily Courant*, no qual ele despejou muita Billingsgate contra Lorde Bolingbroke e outros; após o que esse homem foi surpreendentemente promovido para administrar a justiça e o direito na Jamaica.

[89] "Sem ciúme Euricion [...] / de grado acede" etc. Virgílio, *Eneida* [V 541].

[90] Estes eram jornais diários, dos quais um bom número, para reduzir as despesas, foram impressos um nas costas do outro.

Perguntais seus nomes? Eu poderia tão logo revelar
Os nomes desses cãezinhos cegos quanto os deles. 310
Logo ao lado, como Níobe (privada de seus filhos),[91]
Está sentada a mãe Osborne,[92] petrificada de espanto!
E o latão monumental leva este registro:
"Estes são – ah, não! – estes eram os gazeteiros!".[93]

29

Não tão ousado, Arnall,[94] com o peso do crânio, 315

---

[91] Ver a história em Ovídio, *Metamorfoses* VI [146-312], em que a malfadada petrificação dessa velha dama é pateticamente descrita.

[92] Nome adotado pelo mais velho e mais sisudo desses escritores, que, por fim, envergonhado de seus pupilos, cedeu seu jornal e permaneceu silente em sua velhice.

[93] Não devemos omitir que um crítico moderno aqui acusa o poeta de um anacronismo, afirmando que esses gazeteiros não viveram na época do seu poema, e desafiando-nos a apresentar algum jornal daquela data. Mas podemos com igual segurança asseverar que esses gazeteiros não viveram desde então, e desafiar todo o mundo erudito a apresentar algum desses jornais no dia de hoje. É certo, portanto, que se o ponto é tão obscuro nosso autor não deve ser censurado com demasiada pressa. SCRIBL.

Não obstante a ignorância fingida do bom Escrevinho, o *Daily Gazetteer* foi um título dado com muita propriedade a certos jornais, cada um dos quais só durou um dia. Neles, como numa vala comum, era despejado todo o lixo que antes estava disperso em vários jornais e circulava às custas públicas da nação. Os autores eram os mesmos homens obscuros, que às vezes revezavam com ensaios ocasionais de estadistas, cortesãos, bispos, reitores e doutores. Os do tipo mais baixo eram pagos em dinheiro; outros com cargos ou benefícios, de cem a mil por ano. Consta do Relatório do Comitê Secreto para investigação da conduta de Robert Conde de Orford "que não menos de cinquenta mil e setenta e sete libras e dezoito xelins foram pagas a autores e impressores de jornais, como *Free Briton, Daily Courant, Corncutter's Journal, Gazetteer* e outros jornais políticos, entre 10 de fevereiro de 1731 e 10 de fevereiro de 1741". Isso mostra a benevolência de um certo ministro, que gastou, com a torpeza atual de dez anos na Grã-Bretanha, o dobro da soma com que Luís XIV granjeou tanta honra em pensões anuais a homens eruditos por toda a Europa. Com isso, e em tempo muito mais longo, nenhuma pensão na Corte, nem preferência na Igreja ou nas universidades, de alguma relevância, foi concedida a qualquer homem que se distinguiu pelo seu saber independentemente de mérito partidário ou escrita de panfletos.

Vale a reflexão de que, de todos os panegíricos conferidos por esses escritores a esse grande ministro, nenhum sequer hoje é existente ou lembrado; nem foi dado tanto crédito ao seu caráter pessoal por tudo o que escreveram, quanto por um curto cumprimento ocasional do nosso autor: "Sim, eu o vi; mas na sua hora mais feliz / De prazer social, infelizmente trocado pelo poder! / Eu o vi, desimpedido pela tribo venal, / Sorrir sem arte e vencer sem propina".

[94] William Arnall, formado advogado, foi um perfeito gênio nesse tipo de obra. Ele começou com menos de vinte anos de idade com furiosos escritos políticos; depois sucedeu a Concanen no *British Journal*. Quando da primeira publicação da *Imbecilíada*, ele convenceu o autor a não lhe dar seu devido lugar nela, mediante uma carta em que professava sua ojeriza a práticas como as de seu predecessor. Porém, desde então, pela insolência mais inaudita, e injúria pessoal contra vários grandes homens, amigos particulares do poeta, ele foi o que mais mereceu um nicho no

Mergulha furioso, precipitadamente tonto.
Redemoinhos e tormentas investem contra seu braço rodopiante,
Abençoado com todo o poder da gravitação.
Não há siri mais ativo na dança espúria
De escalar para baixo e avançar para trás.   320
Ele traz à tona metade do fundo na cabeça,
E clama com estrondo os jornais e o chumbo.

30
O Prelado imergente[95] e sua Graça ponderosa
Com santa inveja deram lugar a um leigo.
Eis que um trovão sacode a torrente   325
E lenta se ergue uma forma, na majestade da lama,
Sacudindo os horrores de seu cenho pardo,
Com cada traço terrível manando sinistro.
Ele parece maior, e encara mais que mortal,[96]
Daí revela assim as maravilhas das profundas.   330

31
Primeiro ele relata como, afundando até o queixo,
Encantadas com seu porte, as ninfas da lama o sugaram para dentro;
Como a jovem Lutécia, mais macia que a penugem,
Nigrina preta e Merdamante marrom
Disputaram seu amor nas alcovas negras do fundo,   335
Como o belo Hilas foi raptado há muito tempo.[97]
Então cantou como, mostrado a ele pelas donzelas pardas,
Um ramo do Estige ergue-se aqui das sombras,[98]
Que, tingido ao correr com as águas do Lete

---

templo da infâmia: que se veja o libelo chamado "The Free Briton", cuja dedicatória vai intitulada "Ao parvo genuíno", de 1732, e muitos outros. Ele escrevia por encomenda, e vangloriava-se disso; não sem causa, de fato, pois consta do dito Relatório que ele recebeu "pelo *Free Briton*, e outros escritos, no intervalo de quatro anos, não menos que dez mil novecentas e noventa e sete libras, seis xelins e oito *pence*, do Tesouro". [Mas frequentemente, por causa de sua fúria ou loucura, ele excedia todos os limites de seu encargo e obrigava seu honrado patrão a desmentir suas infâmias.]
[95] [O bispo Sherlock.]
[96] Virgílio, *Eneida* VI [49-50], sobre a sibila: "Maior parece, em tom mortal não soa".
[97] Que foi raptado pelas ninfas da água e arrastado para dentro do rio. A história é contada em detalhes por Valério Flaco, *Argonautica* III [521-610]. Ver Virgílio, *Éclogas* VI.
[98] Eles viviam nos campos à margem do formoso Titaressos, que verte suas puras águas correntes no Peneu; porém ele não se mescla com o Peneu de turbilhões prateados, mas corre por

E os vapores que emanam da terra dos sonhos 340
(Como sob os mares o canal secreto de Alfeu
Leva as oferendas de Pisa à sua Aretusa),
Deságua no Tâmisa; e dali a onda mesclada
Intoxica o vivaz e acalenta o circunspecto:
Aqui vapores mais vívidos avançam sobre o Temple, 345
Ali todos de Paul's a Aldgate bebem e dormem.

32
Dali para as margens onde bardos reverendos repousam,[99]
Levaram-no suavemente; cada reverendo bardo levantou-se,
E Milbourn[100] chefe, delegado pelo resto,
Deu-lhe a batina, a cinta e o paramento. 350
"Receba (ele disse) estas vestes que já foram minhas,
Tôrpia é sagrada num sólido clérigo."

33
Ele calou e estendeu a veste; a turba reverencia
O reverendo flâmine em seu traje comprido.
Em torno dele espalha-se um exército negro,[101] 355

---

baixo dele como óleo; é um afluente do Estige, à margem do qual se fazem juras que não podem ser quebradas.
    Homero, *Ilíada* II [751-5]. Catal.
    Da terra dos sonhos na mesma região, ele faz menção na *Odisseia* XXIV. Ver também a *História verdadeira* [II § 35-9] de Luciano. O Lete e a terra dos sonhos representam alegoricamente a estupefação e a loucura visionária dos poetas, tanto os torpes quanto os extravagantes. Sobre as águas do Alfeu que escorrem secretamente sob o mar de Pisa para misturar-se com as da Aretusa na Sicília, ver Mosco, *Idílios* VI. Virgílio, *Éclogas* X [4-5]: "Sic tibi, cum fluctus subter labere Sicanos, / Doris amara suam non intermisceat undam". E novamente na *Eneida* III [694-6]: "O Alfeu d'Élide, é fama, aqui rompera / Submarino; hoje mescla-se, Aretusa, / Por tua boca nas sicanas ondas".
[99] "Tum canit errantem Permessi ad flumina Gallum, / Utque viro Phoebi chorus assurrexerit omnis; / Ut Linus haec illi divino carmine pastor, / Floribus atque apio crines ornatos amaro, / Dixerit, Hos tibi dant calamos, en accipe, Musae, / Ascraeo quos ante seni" *etc.* [Virgílio, *Éclogas* VI 64, 66-70].
[100] Luke Milbourn, clérigo, o mais equânime dos críticos, que, quando escreveu contra o Virgílio do Sr. Dryden, lhe fez justiça imprimindo ao mesmo tempo suas próprias traduções dele, que eram intoleráveis. Sua maneira de escrever tem grande semelhança com a dos cavalheiros da *Imbecilíada* contra o nosso autor, como se verá no paralelo entre o Sr. Dryden e este último, no Apêndice.
[101] Espera-se que a sátira nestes versos será entendida no sentido restrito em que o autor a concebeu, somente contra aqueles clérigos que, embora solenemente comprometidos a serviço da religião, dedicam-se para fins venais e corruptos aos dos ministros ou facções; e embora educados na total ignorância do mundo aspiram a interferir no seu governo, e consequentemente

Um bando de baixa extração, nascido em celas, egoísta e servil,
Pronto para guardar ou apunhalar, consagrar ou amaldiçoar,
Os suíços do céu, que lutam por qualquer deus ou homem.

34
Pelos portões afamados de Lud,[102] pela conhecida Fleet,
Marcha a tropa negra, sombreando a rua, 360
Até que chuvas de sermões, perfis e ensaios
Em velos rodopiantes branqueiam os caminhos:
Tal como nuvens reabastecidas por um brejo debaixo delas,
Sobem em volumes escuros e descem em neve.
Aqui a deusa parou; e com pompa proclama 365
Um exercício mais ameno para encerrar os jogos.

35
"Ó críticos, em cujas cabeças, qual balanças iguais,
Eu sopeso de qual autor prevalece a massa,
Qual leva mais a apaziguar a alma no sono,
As frases de meu Henley ou a métrica de meu Blackmore! 370
Compareçam ao juízo que propomos fazer:
Se homem houver que diante de tais obras desperta,
Que ousa desafiar os encantos opressores do sono
E ostenta ouvido de Ulisses com olho de Argus,[103]
A ele concederemos nossos mais amplos poderes para arvorar-se 375
Juiz de todo gênio presente, passado e futuro,
Para sofismar, censurar e ditar, certo ou errado,
Completo e eterno privilégio de palavra."

---

a perturbá-lo e desordená-lo. Nisso eles ficam aquém somente dos seus predecessores, quando investidos de uma parcela maior de poder e autoridade, que eles empregaram indiferentemente (como se sugere nos versos acima) ora para apoiar o poder arbitrário, ora para excitar a rebelião; ora para canonizar os vícios dos tiranos, ora para macular as virtudes dos patriotas; ora para corromper a religião com a superstição, ora para traí-la com a libertinagem, conforme um ou outro era julgado melhor para servir os fins da política ou adular as loucuras dos grandes.

[102] "O Rei Lud, tendo consertado a cidade, chamou-a depois pelo seu próprio nome, Lud's Town; o sólido portão que ele construiu na parte oeste, ele também nomeou, em sua própria honra, Ludgate. No ano de 1260, esse portão foi embelezado com imagens de Lud e outros reis. Essas imagens, no reinado de Eduardo VI, tiveram suas cabeças derrubadas, e foram igualmente depredadas por sujeitos desavisados. A rainha Maria mandou colocar novas cabeças sobre seus velhos corpos. No 28º ano da rainha Elizabeth, o mesmo portão foi inteiramente demolido, e novamente e belamente reconstruído com imagens de Lud e outros, como antes." *Stow's Survey of London.*

[103] Ver Homero, *Odisseia* XII [153-200]; Ovídio, *Metamorfoses* I [625-7].

36

Três graduandos e três rábulas empertigados avançaram-se,
De iguais talentos e de gostos iguais, 380
Cada qual disposto a questionar, responder e debater,[104]
E tomado de amor pela poesia e pela palração.[105]
Os pesados livros são trazidos por dois gentis leitores;
Os heróis se sentam, o populacho forma um círculo.[106]
A multidão clamorosa é silenciada com caretas de silêncio, 385
Até que todos, igualmente afinados, emitem um zumbido geral.
Então ascendem os eruditos, e num tom preguiçoso
Arrastam a leitura da página longa, pesada e dolorosa;[107]
Rastejam suaves, de palavra em palavra, compõem o sentido,
A cada linha se espreguiçam, bocejam e dormitam. 390
Como sob a brisa suave os pinheiros carregados inclinam
Suas copas, e levantam-nas quando cessa o sopro,
Assim eles erguem amiúde, e amiúde declinam a cabeça
Ao respirar ou pausar, a intervalos, os ares divinos;
Ora para este lado, ora para aquele cabeceiam, 395
Enquanto verso ou prosa infundem o deus sonolento.
Por três vezes Budgell[108] tentou falar, por três vezes impedido
Pelo possante Arthur, que golpeou seu queixo e peito.
Toland e Tindal,[109] ávidos por zombar dos padres,

---

[104] "Ambo florentes aetatibus, Arcades ambo, / Et certare pares, et respondere parati" Virgílio, *Éclogas* VII [4-5].
[105] "Tomado de amor pelas canções sagradas" Milton [*Paraíso perdido* III 29].
[106] "Consedere duces, et vulgi stante corona" Ovídio, *Metamorfoses* XIII [1].
[107] "Todos esses versos imitam muito bem o lento torpor com que eles avançam. É impossível para qualquer um que tenha ouvido poético lê-los sem perceber o pesadume que arrasta o verso, para imitar a ação que descreve. O símile dos pinheiros é muito apropriado e bem adaptado ao tema", diz um inimigo em seu *Ensaio sobre a Imbecilíada*, p. 21.
[108] Famoso por seus discursos em muitas ocasiões sobre o South Sea Scheme *etc*. "Ele é um cavalheiro muito engenhoso, e escreveu alguns excelentes epílogos para peças, e uma pequena peça sobre o amor que é muito bonita." Jacob, *Vidas dos poetas*, vol. II, p. 289. Mas este cavalheiro, desde então, tornou-se ainda mais eminente e pessoalmente bem conhecido dos maiores estadistas de todos os partidos, bem como de todos os tribunais desta nação.
[109] Duas pessoas que não tiveram a felicidade de serem obscuras e escreveram contra a religião de seu país. [Toland, autor da *Liturgia do ateu*, chamada *Pantheisticon*, foi espião a serviço de Lorde Oxford. Tindal foi autor dos *Direitos da Igreja cristã* e da *Cristandade tão velha quanto a Criação*. Ele também escreveu um panfleto abusivo contra o Conde S., que foi suprimido, enquanto ainda em manuscrito, por uma pessoa eminente, recém-saída do ministério, a quem ele o mostrou esperando sua aprovação; esse doutor depois publicou a mesma peça, *mutatis mutandis*, contra a mesma pessoa.]

Aqui se curvaram silentes à ausência do reino de Cristo.[110]   400
Quem estava sentado mais perto, subjugado pelas palavras,
Dormiu primeiro; os distantes cabeceavam sob o zumbido.
Então os livros são rolados para baixo; estendido sobre eles se deita
Cada gentil sacerdote, e murmurando fecha os olhos.
Como o que um holandês despeja no lago[111]   405
Faz primeiro um círculo, depois um segundo,
O que Tôrpia jogou entre seus filhos imprime
Semelhante movimento de um círculo ao resto:
Assim do mais ao centro a nutação se espalha
Girando e girando, sobre todo o mar de cabeças.[112]   410
Por fim Centlivre[113] sentiu sua voz falhar,
O próprio Motteux[114] deixou seu conto inacabado,
Boyer[115] ao estado, e Law ao palco renunciou,

---

[110] Isto é dito por Curll, *Chave da Imbecilíada*, aludindo a um sermão de um reverendo bispo [Hoadly].

[111] É um erro tolo e comum o de achar que uma paródia grotesca de um trecho grave e celebrado ridiculiza esse trecho. O leitor, portanto, caso queira, pode chamar isso de paródia da própria similitude do autor no *Ensaio sobre o homem*, epíst. IV: "Como o pequeno seixo" *etc*. Mas alguém suspeitará que um ridiculiza o outro? O ridículo existe deveras em toda paródia; mas quando a imagem é transferida de um tema para outro, e o tema não é um poema satirizado (que Escrevinho espera que o leitor distinga de um poema satírico), então o ridículo recai não sobre a coisa imitada, mas sobre a que imita. Assim, por exemplo, quando "A armadura do velho Edward brilha no peito de Cibber", é sem dúvida um objeto bastante ridículo. Mas creio que não atinge nem o velho rei Edward, nem sua armadura, mas somente aquele que veste sua armadura. Que isso seja dito para explicar as paródias do nosso autor (uma figura que sempre surte um bom efeito num poema épico satírico), seja de escritores profanos ou sagrados. W.

[112] "Um mar ondulante de cabeças se espalhava ao meu redor, / E ainda regatos frescos alimentavam o dilúvio contemplador." Blackmore, *Jó*.

[113] A Sra. Susanna Centlivre, esposa do Sr. Centlivre, Cozinheiro Real de Sua Majestade. Ela escreveu muitas peças e uma canção (diz o Sr. Jacob, vol. I, p. 32) antes dos sete anos de idade. Ela também escreveu uma balada contra o Homero do Sr. Pope, antes que ele o começasse.

[114] [Tradutor do *Don Quixote*.]

[115] Abel Boyer, um volumoso compilador de anais, compêndios políticos *etc*. O Me. William Law escreveu com grande zelo contra o palco; o Sr. Dennis respondeu com zelo igual: seus livros foram impressos em 1726. O Sr. Law afirmou que "O teatro é o templo do Diabo; o prazer próprio do Diabo; todos os que vão ali cedem ao Diabo; ali todo riso é um riso entre diabos; e todos os que estão ali estão ouvindo música no portal do Inferno". Ao que o Sr. Dennis respondeu que "Há em cada pingo a mesma diferença entre uma peça autêntica e uma feita por um poetastro que entre dois livros religiosos, a Bíblia e o Corão". Depois ele demonstra que "Todos os que escreveram contra o palco eram jacobitas e *non-jurors*, e o fizeram sempre num momento em que algo devia ser feito para o Pretendente. O Sr. Collier publicou sua *Breve visão* quando a França declarou apoio ao Cavaleiro, e sua *Dissuasiva* logo após a grande tempestade, quando a devastação que o furacão trouxe espantou e assombrou as mentes dos homens, e tornou-os suscetíveis à melancolia e aos pensamentos deprimentes. O Sr. Law aproveitou a oportunidade para atacar o palco por conta dos grandes preparativos que ele ouviu dizer que estavam sendo feitos no

Morgan[116] e Mandeville[117] não conseguiam mais papaguear;
Norton,[118] rebento de Daniel e Ostroea,   415
Abençoado com a caradura de seu pai e a língua rota de sua mãe,
Deixou pender silenciosa sua cabeça que nunca cora;
E tudo ficou calado, como se a Loucura mesma estivesse morta.[119]

37
Assim os doces dons do sono concluem o dia,
E estirados nas bancas, como de hábito, jazem os poetas.   420
Por que deveria eu cantar quais bardos a Musa noturna
Visitou sonolenta e levou aos bordéis?
Quem marchou mais orgulhoso, com escolta de magistrados,
Para alguma cadeia afamada, com os portões sempre abertos?
Como Henley tombou inspirado junto a uma pia   425
E a meros mortais parecia um padre borracho?[120]
Enquanto outros, a tempo, na Fleet[121] vizinha
(Cenáculo das Musas!) buscaram refúgio seguro?

FIM DO LIVRO SEGUNDO

exterior, e que os jacobitas se ufanavam de pensar que eram concebidos em seu favor. E quanto à *Queixa séria* do Sr. Bedford, embora eu não saiba nada sobre a época da sua publicação, eu ousaria apostar que foi quando o Duque d'Aumont estava na Somerset House, ou no momento da rebelião tardia". Dennis, *Defesa do palco contra o Sr. Law*, últ. pág.

[116] Um escritor contra a religião, que não se distingue da escória de sua tribo de nenhuma forma a não ser pela pomposidade do seu título; tendo roubado sua moral de Tindal e sua filosofia de Spinoza, ele chama a si mesmo, por cortesia da Inglaterra, de filósofo moral. W.

[117] Este escritor, que se orgulhava de ter a reputação de um filósofo imoral, foi autor de um livro famoso chamado *A fábula das abelhas*, que pode parecer escrito para provar que a virtude moral é invenção de patifes, e a virtude cristã imposição de tolos; e que o vício é necessário, e só ele basta para tornar a sociedade próspera e feliz. W.

[118] Norton Defoe, rebento do famoso Daniel. *Fortes creantur fortibus* [Horácio, *Odes* IV IV 29: "Os fortes são gerados pelos fortes"]. Um dos autores do *Flying Post*, obra de boa estirpe na qual o Sr. Pope teve algumas vezes a honra de ser detratado junto com seus melhores; e de muitas difamações contratadas e jornais diários, aos quais ele nunca após seu nome.

[119] Alude ao verso de Dryden no *Imperador dos índios* [III II 1]: "Todas as coisas estão quietas, como a própria Natureza jaz morta".

[120] Este verso nos apresenta uma excelente moral, a de que nunca devemos julgar meramente pelas aparências; uma lição para todos os homens que, se por acaso virem uma reverenda pessoa em situação parecida, não concluam apressadamente. Afinal, não somente os poetas descrevem com frequência um bardo inspirado nessa postura ("À bela margem do Cam, onde Chaucer reclinava-se inspirado", e afins), mas um eminente casuísta nos diz que "se um padre for visto numa ação indecente, devemos julgar que se trata de uma ilusão de óptica, ou engodo do Diabo, que às vezes toma a forma de homens santos de propósito para causar escândalo". SCRIBL.

[121] Uma prisão para devedores insolventes na margem da [Fleet] Ditch.

LIVRO TERCEIRO

ARGUMENTO DO
LIVRO TERCEIRO   340 v.

Depois que as outras pessoas foram dispostas em seus locais de descanso apropriados, a deusa transporta o rei a seu templo, e ali o põe para dormir com a cabeça no seu colo; uma posição de maravilhosa virtude, que provoca todas as visões de doidos entusiastas, inventores, políticos, enamorados, sonhadores, alquimistas e poetas. Ele é imediatamente transportado nas asas da Fantasia e levado por uma louca Sibila poética à sombra do Elísio; ali, às margens do Lete, as almas dos torpes são banhadas por Bávio antes da sua entrada neste mundo. Ali ele encontra o fantasma de Settle, que o apresenta às maravilhas do lugar e àquelas que ele mesmo está destinado a realizar. Ele o leva a um monte de visão, de onde ele lhe mostra os triunfos passados do império de Tôrpia, depois o presente, e enfim o futuro: como é pequena a parte do mundo já conquistada pela ciência, como tais conquistas foram interrompidas brevemente, e como essas mesmas nações foram submetidas novamente ao domínio da deusa. Em seguida, distinguindo a ilha da Grão-Bretanha, mostra por quais auxílios, por quais pessoas e por quais etapas ela será submissa ao império de Tôrpia. Algumas das pessoas ele faz desfilar diante de seus olhos, descrevendo cada uma pela sua própria aparência, caráter e qualificações. Subitamente a cena se altera, e uma vasta quantidade de milagres e prodígios aparece, para a maior surpresa e sem conhecimento do rei, até que lhe expliquem que são as maravilhas de seu próprio reino que agora começa. Acerca desse assunto, Settle irrompe em congratulação, não sem uma ponta de preocupação, de que sua época foi o protótipo desta. Ele profetiza como a nação será primeiro assolada por farsas, óperas e espetáculos; como o trono de Tôrpia será imposto aos teatros e instalado até mesmo na corte; depois como seus filhos presidirão nas sedes das artes e ciências; fornecendo um vislumbre, ou visão de Pisgah, da futura plenitude de sua glória, cuja concretização é o tema do quarto e último livro.

1
Mas contida no último recesso de seu templo,
No colo de Tôrpia a cabeça ungida repousa.
As cortinas o encerram com vapores azuis
E suavemente o asperge o orvalho cimério.
Então sublimes arrebatamentos inundam a sede do juízo,   5
Daqueles que apenas as cabeças desprovidas de razão conhecem.[1]
Daquela palha onde cabeceia o profeta de Bedlam,
Ele ouve altos oráculos e fala com os deuses:[2]
Dali provêm o Paraíso dos tolos, o esquema do estadista,
O castelo construído no ar, o sonho dourado,   10
O desejo romântico da donzela, a chama do alquimista
E a visão de fama eterna do poeta.

2
E agora, transportado na asa dócil da Fantasia,
O rei desce contemplando o Elísio sombreado;
Uma sibila maltrapilha guiou seus passos,[3]   15
Meditando uma canção de altiva loucura,

---

[1] Com isto se sugere que a visão que segue não passa de uma quimera do cérebro do sonhador, e não é uma sátira real ou pretendida da era atual, sem dúvida mais douta, mais esclarecida e mais fornida de grandes gênios em teologia, política e todas as artes e ciências do que todas as precedentes. Por medo de algum erro desse tipo quanto à intenção honesta do nosso poeta, ele repetiu novamente ao fim da visão essa admoestação, dizendo que tudo passou através do portão de marfim, que (segundo os antigos) denota a falsidade. SCRIBL.
  O quanto o bom Escrevinho se enganou pode ser constatado no quarto livro, que, como esta nota deixa claro, ele jamais tinha visto. BENT.
[2] "[...] vozerias ouve, / Logra aos deuses falar [...]" (Virgílio, *Eneida* VII [90-91]).
[3] Esta alegoria é extremamente justa, pois nenhuma conformação da mente a sujeita tanto à loucura genuína quanto a que produz a genuína torpeza. Por isso constatamos que os entusiastas religiosos (bem como os poéticos) de todas as eras sempre foram, em seu estado natural, demasiado pesados e desajeitados; porém, à menor aplicação de calor, eles correm como chumbo, que de todos os metais entra mais rapidamente em fusão. Por outro lado, o fogo num gênio é verdadeiramente prometeico; não fere suas partes constitutivas, mas apenas o adequa (como faz com o aço bem temperado) às necessárias impressões da arte. Mas o populacho foi ensinado (não sei com que fundamento) a considerar a demência uma marca de gênio, assim como os turcos e nossos modernos metodistas consideram a santidade. Mas se a causa da loucura atribuída por um grande filósofo for correta, ela recairá inevitavelmente sobre os torpes. Ele supõe que ela seja o deter-se por muito tempo num mesmo assunto ou ideia. Quer essa atenção seja provocada pelo pesar ou pelo estudo, será fixada pela torpeza, que não tem rapidez bastante para compreender o que procura, nem força e vigor bastantes para desviar a imaginação do objeto que lamenta. W.

Suas tranças eriçadas por sonhos poéticos
E nunca lavadas, exceto nos regatos de Castália.
Taylor,[4] seu melhor Caronte, empresta um remo
(Outrora cisne do Tâmisa, agora já não canta).   20
Benlowes,[5] ainda propício aos tapados, inclina-se;
E Shadwell balouça a papoula[6] em sua fronte.
Aqui, no vale sombreado onde corre o Lete,[7]
O velho Bávio está sentado para mergulhar almas poéticas,[8]
Embotar o sentido e adaptá-lo a um crânio   25
De sólida consistência, impenetravelmente duro;
De pronto, quando mergulhados, alçam voo alado
Para onde Brown e Mears[9] destrancam os portões da luz,[10]

---

[4] John Taylor, o poeta da água, um homem honesto, que reconhece que não aprendeu mais que as desinências – um raro exemplo de modéstia num poeta!

>Devo confessar que não me falta eloquência,
>E nunca aprendi direito as desinências;
>Pois tendo passado de *possum* a *posset*,
>Ali atolei, não pude mais firmar pé.

Ele escreveu oitenta livros nos reinados de Jaime I e Carlos I, e depois (como Edward Ward) manteve uma cervejaria na Long Acre. Ele morreu em 1654.

[5] Um cavalheiro rural, famoso por sua própria poesia ruim, e por patrocinar maus poetas, como se pode ver em muitas dedicatórias de Quarles e outros a ele. Alguns deles fizeram anagrama de seu nome, Benlowes, para Benevolus; para certificar isso, ele gastou todo o seu patrimônio com eles.

[6] Shadwell tomou ópio por muitos anos, e morreu de uma dose excessiva no ano de 1692.

[7] "Ei-lo em secreto vale descortina / [...] / Em torno ao brando Letes, que ali mana, / Voam povos sem conto" *etc.* (Virgílio, *Eneida* VI [703-6]).

[8] Alude ao mito de Tétis, que mergulhou Aquiles para torná-lo impenetrável: "Meditabundo Anquises, nele inclusas, / As almas resenhava a tornar prestes / À luz superna" (Virgílio, *Eneida* VI [679-81]).

Bávio foi um antigo poeta, celebrado por Virgílio pelo mesmo motivo que Bays pelo nosso autor, embora não de maneira tão cristã: pois Virgílio declara impiamente de Bávio que ele deveria ser odiado e detestado por suas obras malignas, *qui Bavium non odit* [*Éclogas* III 90-1: "quem não odeia Bávio poderá apreciar tuas canções, Mévio, e tentar jungir raposas ou ordenhar bodes"]; ao passo que nós tivemos ocasião muitas vezes de observar a boa e magnânima natureza e misericórdia do nosso poeta ao longo de todo este poema. SCRIBL.

O Sr. Dennis afirma veementemente que Bávio foi um autor não desprezível, e até que "ele e Mévio tiveram (mesmo na época de Augusto) um partido muito formidável em Roma, que os julgava muito superiores a Virgílio e Horácio. Pois (diz ele) eu não posso acreditar que eles teriam fixado aquela marca eterna sobre eles se não tivessem sido empertigados de renome mais que ordinário" (*Obs. sobre o Pr. Artur*, parte II, cap. 1). É um argumento que, se este poema perdurar, conduzirá à honra dos cavalheiros da *Imbecilíada*.

[9] Livreiros, impressores para qualquer um. A alegoria das almas dos torpes avançando na forma de livros, vestidas de velino e postas em circulação em vastos números por livreiros, é suficientemente inteligível.

[10] Um hemistíquio de Milton [*Paraíso perdido* VI 4].

Demandam novos corpos e, em couro de vitelo,
Lançam-se ao mundo, impacientes pelo dia.   30
Milhões e milhões nessas margens ele vê,
Compactos como as estrelas da noite ou o orvalho da manhã,[11]
Compactos como abelhas que voam sobre florações primaveris,
Compactos como ovos jogados sobre Ward no pelourinho.[12]

3

Maravilhado ele mirava, quando súbito um sábio surge,   35
Reconhecível por seus ombros largos e longas orelhas,[13]

---

[11] "Quantas no outono as despegadas folhas / Caem aos primeiros frios; ou quão bastas / Glomeram-se aves do alto pego à terra" *etc.* (Virgílio, *Eneida* VI [309-11]).

[12] O Sr. John Ward de Hackney, membro do parlamento, condenado por falsificação, foi primeiro expulso da Câmara e depois sentenciado ao pelourinho em 17 de fevereiro de 1727. O Sr. Curll (que também foi exibido ali) considera a menção deste cavalheiro numa sátira um grande ato de barbaridade (*Chave da Imbecilíada*, 3ª ed., p. 16). E outro autor medita sobre ela (*Durgen*, in-8º, p. 11-12): "Quão indigno é da caridade cristã excitar a turba para abusar de um homem digno numa situação dessas? O que poderia levar o poeta a mencionar assim um valente sofredor, um galante prisioneiro, exposto às vistas de toda a humanidade? Foi deixando de lado seus sentidos, foi cometendo um crime pelo qual o direito é deficiente se não o punir! Que digo, um crime que homem nenhum pode perdoar nem o tempo apagar! Nada com certeza pode tê-lo induzido a ele, a não ser ter sido subornado por uma grande dama" *etc.* (para quem esse bravo, honesto, digno cavalheiro foi culpado de crime nenhum, salvo de falsificação, provada em tribunal aberto). Mas é evidente que este verso não poderia referir-se a ele, pois é notório que não foram jogados ovos naquele cavalheiro. Talvez, portanto, ele se dirija ao Sr. Edward Ward, o poeta, quando foi exibido ali.

[13] Esta é uma leitura espúria. Creio que posso me arriscar a afirmar que todos os copistas se enganaram aqui; creio que possa dizer o mesmo dos críticos: Dennis, Oldmixon, Welsted omitiram-se neste ponto. Eu também vacilei, e perguntei-me como um erro tão manifesto podia ter escapado a pessoas tão meticulosas. Ouso asseverar que ele procedeu originalmente da inadvertência de algum transcritor cuja cabeça foi podada no pelourinho, mencionado dois versos antes; portanto, é incrível que o Sr. Curll tenha passado por cima dele! Porém, esse escoliasta sequer se apercebe dele. Que o douto *Mist* também o leu assim fico claro quando ele situa esta passagem entre aquelas em que nosso autor foi criticado por uma sátira pessoal acerca do rosto de um homem (do qual, sem dúvida, ele pode tomar a orelha como uma parte); do mesmo modo Concanen, Ralph, o *Flying Post* e toda a manada dos comentadores. *Tota armenta sequuntur* [todo o rebanho segue].

Basta um pouco de sagacidade (da qual todos esses cavalheiros, portanto, careciam) para restaurar o verdadeiro sentido do poeta, destarte: "Reconhecível por seus ombros largos e longos anos". Vejam que alteração fácil: uma única letra! Que o Sr. Settle era velho não há dúvida; mas ele era (felizmente) um estranho ao pelourinho. Esta nota é parcialmente do Sr. Theobald, parcialmente de Escrevinho.

Reconhecível pela faixa e pela túnica que Settle[14] usara
(Sua única túnica) duas vezes três anos antes.
Tal como a veste mostrava-se a silhueta do usuário,
Velho em novo estado – outro, mas o mesmo.   40
Insípido e familiar como na vida, começou
Assim o grande pai ao maior filho:

4
"Ó tu, nascido para ver o que ninguém consegue ver desperto!
Contempla as maravilhas do lago do esquecimento.
Tu, embora não nato, tocaste esta orla sagrada;   45
A mão de Bávio encharcou-te vez e outra.
Mas cego à sina passada e futura,
Que mortal conhece seu estado preexistente?
Quem sabe por quanto tempo tua alma transmigratória
Pode passar de beócio a beócio?[15]   50
Quantos holandeses ela dignou atravessar?
Quantas etapas através de velhos monges ela percorreu?
E todos que, desde então, em suaves dias ensombrecidos,
Mesclaram a hera da coruja com os louros dos poetas.[16]

---

[14] Elkanah Settle foi outrora um escritor da moda, como Cibber, de poesia dramática e política. O Sr. Dennis nos diz que "ele foi um rival formidável do Sr. Dryden, e na Universidade de Cambridge havia aqueles que lhe davam a preferência". O Sr. Welsted vai ainda mais longe em sua defesa: "O pobre Settle foi outrora o possante rival de Dryden; mais que isso, por muitos anos teve sua reputação acima da dele" (pref. aos seus *Poemas*, in-8º, p. 51). E o Sr. Milbourn exclamou: "Dryden não pôde, mesmo quando seu sangue corria alto, sequer começar a defender-se contra o Sr. Settle!" (*Notas ao Virgílio de Dryden*, p. 175). Como são animadoras essas opiniões! Não espanta que certos autores as tolerem.

Ele foi autor ou editor de muitos panfletos notados na época do rei Carlos II. Ele respondeu a todos os poemas políticos de Dryden; e ao ser exaltado de um lado, teve um sucesso não desprezível com sua tragédia da Imperatriz do Marrocos (a primeira a ser impressa com gravuras). "Com isso ele se tornou insolente, os lumes escreveram contra sua peça, ele retrucou, e a Cidade estimou que ele levou a melhor. Em suma, pensava-se então que Settle era um rival muito formidável do Sr. Dryden; e não somente a Cidade mas a Universidade de Cambridge ficou dividida sobre qual preferir; e em ambos os lugares os tipos mais jovens pendiam para Elkanah" (Dennis, pref. às *Obs. sobre Homero*).

[15] A Beócia era antigamente objeto de ridicularização dos lumes, como a Irlanda hoje, embora tenha produzido um dos maiores poetas [Píndaro] e um dos maiores generais [Epaminondas] da Grécia: "Boeotum crasso jurares aere natum" (Horácio [*Epístolas* II i 244]).

[16] "sine tempora circum / Inter victrices hederam tibi serpere lauros" (Virgílio, *Éclogas* VIII [12-3]).

Tal como os meandros humanos para a fonte vital 55
Levam todas as suas águas, depois reiniciam seus ciclos,
Ou como os piões, rodopiados por hábil pastor,
Enrolam o fio depois o desenrolam,
Assim toda absurdez, de antiga ou moderna data,
Para ti acorrerá, de ti circulará. 60
Pois esta nossa rainha desvela à vera visão
Teu olho mental, pois tens muito que ver:[17]
Velhas cenas de glória, tempos há muito revolutos
Virão, evocados primeiro, correndo à tua mente;
Daí estende tua vista por sobre todo teu reino levante 65
E deixa passado e futuro inflamar teu cérebro.

5
"Sobe este monte,[18] cujo cume nublado comanda
O império ilimitado dela por mares e terras.
Vê, em volta dos polos[19] onde flamejam faíscas mais fulgurantes,
Onde especiarias são defumadas sob a linha ardente 70
(Os extremos da Terra), seu estandarte negro desfraldado
E todas as nações cobertas por sua sombra!

6
"Longe a leste lança teu olhar, de onde o sol
E a ciência levante seu curso brilhante iniciaram;[20]
Um monarca afim com os deuses[21] humilha todo esse orgulho, 75
Ele cuja longa muralha contém o tártaro errante;

---

[17] Isto apresenta uma semelhança com aquele trecho de Milton, liv. XI, em que o anjo "Para vistas mais nobres do olho de Adão removeu / O véu; depois purgou com Euphrasie e Rue / O nervo visual – *Pois ele tinha muito que ver*". Há uma alusão geral no que segue a todo esse episódio.
[18] As cenas desta visão são notáveis pela ordem de sua aparição. Primeiro, do v. 67 ao 73 são mostrados os lugares do globo onde a ciência nunca surgiu; depois, do v. 73 ao 83, aqueles onde ela foi destruída pela tirania; do v. 85 ao 95, pelas ondas de bárbaros; do v. 96 ao 106, pela superstição. Depois Roma, a Senhora das Artes, é descrita em sua degeneração; e por último a Grã-Bretanha, palco da ação do poema, o que fornece a oportunidade de fazer desfilar a prole de Tôrpia em revista. W.
[19] Quase a totalidade do continente meridional e setentrional envolta em ignorância.
[20] Nosso autor favorece a opinião de que todas as ciências vieram das nações orientais.
[21] Ch'in Huang Ti, imperador da China, o mesmo que construiu a grande muralha entre a China e a Tartária, destruiu todos os livros e homens instruídos daquele império.

Céus! Que pilha! Eras inteiras perecem ali,
E um claro fulgor transforma a sapiência em ar.

7
"Dali para o sul estende teus olhos satisfeitos;
Ali flamas rivais com glória igual se levantam; 80
De prateleira em prateleira vê o avaro Vulcano avançar
E consumir toda sua medicina da alma.²²

8
"Quão pouco, nota, essa porção do baile,
Onde, tênues se tanto, as vigas da ciência desmoronam:
Assim que amanhecem, dos céus hiperbóreos 85
Incorporando a escuridão, que nuvens de vândalos surgem!
Vê! Onde Maeotis²³ dorme, e mal corre
O Tanais²⁴ regelado por um deserto de neve,
O Norte em miríades verte seus filhos poderosos,
Grande gerador de godos, de alanos e de hunos! 90
Vê o porte rijo de Alarico! A silhueta marcial
De Genserico! E o nome temido de Átila!
Vê os ousados ostrogodos incidir sobre o Lácio,
Vê os vãos visigodos sobre a Espanha e a Gália!
Vê, onde a manhã doureja a orla empalmada 95
(O solo que originou as artes e as primeiras letras),²⁵
O profeta árabe arregimentar suas tribos conquistadoras
E a ignorância salvadora entronizar por lei.
Vê cristãos e judeus guardar um sabá eterno
E todo o mundo ocidental crer e adormecer. 100

---

²² O califa Omar I, tendo conquistado o Egito, mandou seu general queimar a biblioteca ptolomaica, em cujos portões estava esta inscrição: *psyches iatreion*, medicina da alma.
²³ [N.T.] O mar de Azov.
²⁴ [N.T.] O rio Don.
²⁵ Fenícia, Síria *etc.*, onde se diz que as letras foram inventadas. Nesses países Maomé começou suas conquistas.

9
"Vê! Roma mesma, senhora altiva agora destituída
Das artes, trovejar contra a sabedoria pagã;[26]
Seus sínodos encanecidos amaldiçoam livros sem lê-los,
E Bacon[27] treme pela sua cabeça insolente.
Pádua, aos suspiros, observa seu Lívio arder,   105
E até os antípodas pranteiam Vigílio.
Vê, o Circo cai, o templo sem pilares pestaneja,
Ruas pavimentadas com heróis, o Tibre lotado de deuses,
Até que as chaves de Pedro adornem algum Júpiter batizado[28]
E Pã empreste a Moisés sua trombeta pagã;   110
Vê a Vênus sem graça volver-se virgem,
Ou Fídias roto e Apeles queimado.

10
"Vê aquela ilha, pisada por palmeiros e peregrinos,
Homens barbados, calvos, encapuzados, descapuzados, calçados, descalços,
Pelados, remendados e sarapintados, irmãos em retalhos,   115
Graves saltimbancos! Alguns sem mangas, outros sem camisa.
Aquilo outrora foi a Bretanha – feliz! Acaso tivesse visto

---

[26] Um caso extremo dessa fúria pia é atribuído ao Papa Gregório. João de Salisbury faz um encômio muito estranho desse papa, ao mesmo tempo que menciona um dos efeitos mais estranhos desse excesso de zelo nele: "O santíssimo erudito Gregório, que reavivou e animou toda a Igreja com a doçura de suas pregações; não somente ordenou que se expulsasse a matemática da sua corte, mas, como transmitem nossos ancestrais, condenou às chamas todos os escritos clássicos preservados pelo Apolo Palatino" [templo de Apolo na colina do Palatino, em Roma, que continha uma biblioteca]. E em outro lugar: "Diz-se que o abençoado Gregório queimou a biblioteca gentia, com o que esperava que as Escrituras Sagradas recebessem maior consideração, maior autoridade e estudo mais afincado". Desidério, arcebispo de Viena, foi severamente reprovado por ele por ensinar gramática e literatura e explicar os poetas; porque (diz esse papa) "O louvor de Cristo não cabe na mesma boca que o louvor de Júpiter; e considere como é sério e abominável para um bispo proferir o que não é adequado para um leigo devoto". O mesmo papa é acusado por Vóssio e outros de ter mandado destruir os nobres monumentos da velha magnificência romana, para que aqueles que fossem a Roma não dessem mais atenção a arcos de triunfo *etc.* que às coisas sacras (Bayle, *Dicionário*).
[27] [N.T.] O filósofo e frade franciscano Roger Bacon (1214?-1294).
[28] Depois que o governo de Roma foi entregue aos papas, seu zelo foi exercido por algum tempo em demolir os templos e estátuas pagãs, de modo que os godos quase não destruíram mais monumentos da Antiguidade por fúria, do que eles por devoção. Ao fim eles pouparam alguns templos, convertendo-os em igrejas, e algumas estátuas, modificando-as em imagens de santos. Em época muito posterior, foi julgado necessário alterar as estátuas de Apolo e Palas, no túmulo de Sannazaro, para de Davi e Judite; a lira tornou-se facilmente uma harpa, e a cabeça da Górgona virou a de Holofernes.

Nenhum filho mais altivo, acaso Páscoa nunca houvera[29,30]
Em paz, grande deusa, seja sempre adorada;
Como é renhida a guerra, se Tôrpia desembainha a espada! 120
Não aflige assim os teus! Nesta era abençoada,
Ó, espalha tua influência, mas contém tua fúria.

11
"E vê, meu filho, a hora está chegando
Que alçará nossa deusa ao domínio imperial!
Esta ilha dileta, há tempos apartada de seu reinado, 125
Ela recolhe novamente qual pomba sob suas asas.[31]
Agora olha através do Fado! Contempla a cena que ele traça!
Que auxílios, que exércitos[32] para afirmar a causa dela!
Vê toda sua prole, visão ilustre![33]
Contempla e conta-os, à medida que surgem à luz. 130
Tal como Berecynthia, enquanto seus rebentos competem[34]
Em homenagem à mãe do céu,
Vigia em torno de si, na morada abençoada,
Uma centena de filhos, e cada filho um deus,
Com não menos glória a poderosa Tôrpia coroada 135
Conduzirá pela Grub Street seu séquito triunfante,
E ao percorrer de uma só vez seu Parnaso
Verá uma centena de filhos, cada qual um imbecil.

12
"Nota primeiro aquele jovem que assume a liderança[35]
E arroja sua pessoa direto à tua cara. 140

---

[29] Guerras na Inglaterra antigamente, acerca da época certa de celebrar a Páscoa.
[30] "Et fortunatam, si nunquam armenta fuissent" (Virgílio, Éclogas VI [45]).
[31] Isto é realizado no quarto livro.
[32] Ou seja, de poetas, antiquários, críticos, teólogos, livres-pensadores. Porém, como aqui essa revolução é promovida somente pela primeira dessas classes, os poetas, apenas eles são particularmente celebrados aqui, e apenas eles são submetidos com propriedade ao cuidado e exame desse acólito de Tôrpia, o Laureado. Os outros, que perfazem a grande obra, são reservados para o quarto livro, em que a Deusa aparece em plena glória. W.
[33] "Eia, a glória que os Dárdanos espera, / Do ítalo tronco os descendentes nossos / Que a fama ilustrarão dos seus maiores, / Hei de explicar-te, e aprenderás teus fados" (Virgílio, *Eneida* VI [776-9]).
[34] "Qual torreada, ufana mãe dos deuses, / Corre em Frígia no coche a Berecíntia, / Que cem netos celícolas abraça, / Todos em alto grau, ditosos todos" (Virgílio, *Eneida* VI [784-7]).
[35] "Notas? próximo à luz por sorte, um jovem / Se arrima em hasta pura" (Virgílio, *Eneida* VI [760-1]).

Abençoado por todas as virtudes de teu pai, que nasças!³⁶
E um novo Cibber adornará os palcos.

13
"Vê um segundo, conhecido por modos mais modestos,
E pudico como a donzela que beberica só;
Se te libertares do fado possante dos sorvos,³⁷   145
Outro D'Urfey ou Ward cantará em ti!
Prantear-te-ão cada cervejaria, cada taberna,³⁸
E as cachaçarias responderão com suspiros mais sentidos.

14
"Jacob,³⁹ o flagelo da gramática, nota com assombro,
E não menos o reverencia, bacamarte do direito⁴⁰.⁴¹   150
Vê a fronte de Popple, tremenda para a cidade,
O olho feroz de Horneck e o franzido funéreo de Roome.⁴²

---

³⁶ Um modo de expressão usado por Virgílio, Éclogas VIII [17]: "Nascere! praeque diem veniens, age, Lucifer". Também o de *patriis virtutibus* [pela força do pai], Éclogas IV [17].
  Era muito natural mostrar o herói, perante todos os outros, seu próprio filho, que já havia começado a emulá-lo em suas capacidades teatrais, poéticas e até políticas. Pela atitude em que ele se apresenta aqui, o leitor pode ser advertido a não atribuir inteiramente ao pai o mérito do epíteto *Cibberian*, que se deve igualmente entender com vistas ao filho.
³⁷ "[...] ásperos fados / Se a romper chegas, tu serás Marcelo" (Virgílio, *Eneida* VI [882-3]).
³⁸ "A ti de Angícia bosque, a ti choraram / Do Fucino o cristal e o fluido lago" (Virgílio, *Eneida* VII [759-60]). Virgílio de novo, Éclogas X [13]: "Illum etiam lauri, illum flevere myricae" etc.
³⁹ "Este cavalheiro é filho de um considerável malteiro de Romsey em Southamptonshire, e formado em direito sob um advogado muito eminente; entre seus estudos mais laboriosos, divertiu-se com poesia. Ele é um grande admirador de poetas e suas obras, o que o impeliu a testar seu gênio dessa forma. Ele escreveu em prosa as *Vidas dos poetas*, ensaios e uma grande quantidade de livros jurídicos, *O tabelião consumado, Justiça moderna etc.*" (Giles Jacob sobre si mesmo, *Vidas dos poetas*, vol. I). Nesse livro, ele injuriou muito grosseiramente, e sem provocação, o Sr. Gay, amigo do autor.
⁴⁰ Pode parecer haver algum erro nesses versos, pois o Sr. Jacob provou que o nosso autor tem respeito por ele através deste argumento irrefutável: "Ele já teve consideração pelo meu juízo; senão, ele nunca teria me confiado dois guinéus por um pequeno livro in-8º" (*Carta de Jacob a Dennis*, impressa nas *Observações sobre a Imbecilíada* de Dennis, p. 49). Portanto, creio que a denominação de "bacamarte" para o Sr. Jacob, como a de "relâmpago" para Cipião, foi dada em sua honra.
  O Sr. Dennis argumenta da mesma forma: "Meus escritos tendo causado grande impressão nas mentes de todos os homens sensatos, o Sr. Pope arrependeu-se, e para dar prova de seu arrependimento assinou os dois volumes de minhas *Obras selecionadas*, e depois meus dois volumes de *Cartas*" (*ibid.* p. 39). Por isso deveríamos acreditar que o nome do Sr. Dennis também se esgueirou neste poema por engano. Mas por isso, gentil leitor, deves precaver-te, quando deres teu dinheiro a tais autores, para não te vangloriares de que teus motivos são a boa índole ou a caridade!
⁴¹ Virgílio, *Eneida* VI [842-3]: "[...] os dois, terror da Líbia, / Cipiões, raios da guerra [...]".
⁴² Estes dois foram virulentos propagandistas políticos, emparelhados com muita propriedade, e profeticamente, poder-se-ia pensar, já que, depois de publicar esta peça, tendo morrido o primeiro,

Vê o Goode[43] zombeteiro, meio malícia e meio capricho,
Inimigo no júbilo, ridiculamente sinistro.
Cada doce cisnete, da raça de Bath e Tunbridge,   155
Cujo assovio melodioso faz as águas correrem;[44]
Cada cancionista, charadista, cada nome anônimo,
Toda a turba, mais que todos condenada à fama.
Alguns sofrem na rima; as Musas, em seus cavaletes,[45]
Urram como a torção de dez mil valetes;   160
Alguns, livres de rima e razão, regra e restrição,
Rompem a cabeça de Prisciano e o pescoço de Pégaso;
Despencando com alarido, num rodopio impetuoso,
Vão os Píndaros e os Miltons de um Curll.

15
"Silêncio, ó lobos! Enquanto Ralph[46] uiva para Cíntia[47]   165

---

o segundo o sucedeu em honra e emprego. O primeiro foi Philip Horneck, autor de um jornal de Billingsgate chamado *The High German Doctor*. Edward Roome foi filho de um agente funerário em Fleet Street e escreveu alguns dos jornais chamados *Pasquin*, onde por maliciosas insinuações ele procurou representar nosso autor como culpado de práticas malevolentes contra um grande homem então processado pelo Parlamento. [Sobre esse homem foi feito o seguinte epigrama:
"Perguntas por que Roome te diverte com suas piadas,
Se, quando ele escreve, é torpe como outros tipos?
Espanta-te com isso. Acontece, senhor, que no caso
A piada é perdida a menos que ele imprima sua cara".]
Popple foi autor de algumas peças e panfletos vis. Ele publicou injúrias contra o nosso autor num jornal chamado *The Prompter*.
[43] Um crítico malevolente, que escreveu uma sátira sobre o nosso autor chamada *O falso Esopo*, e muitos libelos anônimos em jornais por encomenda.
[44] Houve diversas sucessões dessa espécie de poetas menores em Tunbridge, Bath etc. cantando loas às beldades anuais que floresciam naquela temporada. Os nomes deles seriam de fato inominados, e portanto o poeta os troca por outros em geral.
[45] [N.T.] Aqui se trata do instrumento de tortura.
[46] James Ralph, um nome inserido depois das primeiras edições, desconhecido do nosso autor até ter escrito uma peça difamante chamada *Sawney*, muito injuriosa contra o Dr. Swift, o Sr. Gay e ele próprio. Tais versos aludem a uma coisa sua intitulada *Noite, um poema*: "Visita assim os vislumbres da Lua, / Tornando a noite medonha" (Shakespeare [*Hamlet* I iv 53-4]). Esse escritor baixo promoveu suas próprias obras com panegíricos nos jornais, e certa vez em particular louvou a si mesmo muito acima do Sr. Addison, em observações desgraçadas acerca da resenha daquele autor sobre os *Poetas ingleses*, impressa num *London Journal* em [14 de] setembro de 1728. [Ele era absolutamente inculto e não sabia língua alguma, nem mesmo francês. Tendo sido aconselhado a ler as regras da poesia dramática antes de iniciar uma peça, ele sorriu e respondeu: "Shakespeare escreveu sem regras".] Ele acabou finalmente na vala comum de todos esses escritores, um jornal político, ao qual ele foi recomendado por seu amigo Arnall, e recebeu uma ninharia em pagamento. [B. Franklin parece ter pensado que se aludia aqui a seu amigo Ralph. Ver sua *Autobiografia*.]
[47] [N.T.] A Lua.

E torna a noite hedionda – respondam-lhe, ó corujas!

16
"Sentido, elocução e medida, línguas vivas e mortas,
Abram todas caminho – que Morris[48] seja lido.

17
Flui, Welsted,[49] flui! Como tua inspiradora, a cerveja,
Embora choca e não fresca, embora fluida, jamais clara;   170
Tão docemente açucarada, e tão suavemente insossa;
Inebriante, não forte; transbordante, mas não cheia.[50]

18
"Ah, Dennis![51] Gildon, ah! Que raiva malfadada

---

[48] Bezaleel, ver liv. II [26].
[49] Sobre este autor ver a nota ao v. 209, liv. II. Mas (para ser imparcial) acrescente-se a ela o seguinte caráter diverso dele:
"O Sr. Welsted, em sua juventude, suscitou tamanhas expectativas acerca de seu futuro gênio que houve uma espécie de briga entre as duas universidades mais eminentes para saber qual teria a honra de sua educação. Para piorar, ele (civilmente) tornou-se membro de ambas, e depois de ter passado algum tempo numa, transferiu-se para a outra. Dali ele retornou à cidade, onde se tornou a expectativa predileta de todos os escritores polidos, cujo incentivo ele reconheceu em seus poemas de ocasião, numa maneira que não contará pouco para a fama de seus protetores. Também se depreende de suas obras que ele estava contente com o patrocínio dos mais ilustres personagens da era atual – Encorajado por tal combinação a seu favor, ele publicou um livro de poemas, alguns à maneira de Ovídio, outros à de Horácio, e em ambas os mais refinados juízes proclamaram que ele até rivalizava com seus mestres – Seus versos de amor salvaram esse modo de escrever do desprezo – Em suas traduções, ele nos deu a alma e espírito do autor. Sua ode – sua epístola – seus versos – seu conto de amor – todos são as coisas mais perfeitas em toda a poesia" (Welsted sobre ele mesmo, *Caracteres dos tempos*, in-8º, 1728, p. 23-24). Não se deve esquecer, em sua honra, que ele recebeu certa vez a soma de 500 libras por um serviço secreto, entre os outros autores excelentes contratados para escrever anonimamente para o ministério. Ver Relatório do Comitê Secreto *etc.* de 1742.
[50] Paródia de Denham, *Colina de Cooper*: "Pudera eu fluir como tu, e fazer de teu regato / Meu grande exemplo, como é meu tema: / Embora profundo, claro; embora gentil, não monótono; / Forte sem fúria; sem transbordar, cheio".
[51] O leitor, que viu ao longo destas notas o obséquio constante que o Sr. Dennis conferiu ao nosso autor e todas as suas obras, talvez se espante que ele só seja mencionado duas vezes, e abordado com tanta ligeireza, neste poema. Mas na verdade ele o considerava com certa estima, por ter (mais generosamente que todo o resto) aposto seu nome a tais escritos. Ele era também um homem muito velho homem nessa época. De acordo com seu próprio retrato de si mesmo nas *Vidas* do Sr. Jacob, ele devia ter mais de sessenta, e viveu feliz por muitos anos ainda. Portanto ele era mais velho que o Sr. D'Urfey, que até agora, de todos os nossos poetas, foi o que gozou de vida corpórea mais longa.

Divide uma amizade há muito confirmada pelo tempo?
Tapados com razão abominam os lumes malignos,   175
Mas tolo contra tolo é uma bárbara guerra civil.
Abraçai-vos, abraçai-vos, meus filhos! Não sejais mais inimigos![52]
Nem alegrem poetas vis com sangue genuíno dos críticos.

19
"Contempla ali o par[53] unido em abraço apertado,[54]
Tão afins em modos, tão afins em espírito!   180

---

[52] Virgílio, *Eneida* VI [832-5]: "[...] A tais guerras / Não vos acostumeis, nem volteis, jovens, / Contra o seio da pátria o esforço vosso. / Tu [...] antes perdoa; / [...] ó tu meu sangue".

[53] Um deles foi autor de um semanário chamado *The Grumbler*, enquanto o outro esteve envolvido em outro chamado *Pasquin*, no qual o Sr. Pope foi injuriado junto com o Duque de Buckingham e o Bispo de Rochester. Eles também se uniram numa peça contra sua primeira tentativa de traduzir a *Ilíada*, intitulada *Homeríades*, por Sir Iliad Doggrel, impressa em 1715.

Das outras obras desses cavalheiros o mundo não ouviu mais falar, não mais do teria ouvido falar das do Sr. Pope acaso suas louváveis empreitadas unidas o tivessem desencorajado de prosseguir seus estudos. Quão escassas seriam as boas obras jamais publicadas (já que os homens de verdadeiro mérito são sempre os menos arrogantes) se sempre tivesse havido tais paladinos para sufocá-las em sua concepção? E não seria melhor para o público que um milhão de monstros viessem ao mundo, que decerto morrerão tão logo nasçam, do que deixar que serpentes estrangulem um Hércules em seu berço? C[leland?].

Depois de muitas edições deste poema, o autor julgou conveniente omitir os nomes destas duas pessoas, cuja injúria feita a ele datava de tanto tempo atrás. Nos versos que ele omitiu se dizia que uma delas tinha uma *paixão pia* pela outra. Era uma tradução literal de Virgílio, *Nisus amore pio pueri* [*Eneida* V 296: "Niso (...) Do moço em pio amor"], e aqui, como no original, aplica-se à amizade: aquela entre Niso e Euríalo constitui decerto um dos episódios mais apreciados do mundo, e certamente nunca foi interpretado num sentido pervertido. Mas o leitor ficará espantado ao saber que, justamente por conta deste verso, uma dedicatória foi escrita para aquele cavalheiro para induzi-lo a pensar algo mais: "Senhor, sois conhecido por ter toda aquela afeição pela parte bela da criação que Deus e a Natureza conceberam. – Senhor, tendes uma dama muito bela – e senhor, tendes oito filhos muito belos" *etc.* (dedic. das *Obs. sobre o Rapto da madeixa* de Dennis). A verdade é que o cérebro do pobre dedicador estava voltado para este assunto: ele havia botado na cabeça que, desde que certos livros tinham sido escritos contra o palco, e desde que a ópera italiana tinha prevalecido, a nação estava infectado com um vício que não cabe nomear. Ele chegou até a imprimir algo sobre o tema, e concluiu seu argumento com esta observação: "Não posso deixar de pensar que a obscenidade das peças seja desculpável nesta circunstância, já que, quando esse pecado execrável encontra-se tão espalhado, ele pode ser usado para reduzir as mentes dos homens ao desejo natural pelas mulheres" (Dennis, *O palco defendido contra o Sr. Law*, p. 20). Nosso autor declarou solenemente que nunca ouviu qualquer criatura além do dedicador mencionar esse vício e esse cavalheiro em conjunção.

[54] Virgílio, *Eneida* VI [826-7]: "De armas fulgindo iguais, os dois que observas, / Concordes [...]". E no V [295-6]: "[...] Niso e Euríalo, este em verde / Juventude e beleza, aquele insigne / Do moço em pio amor [...]".

Iguais em lume e igualmente polidos,
Escreverá isto um Pasquin, aquilo um Grumbler?
Iguais são seus méritos, iguais recompensas partilham,
Um brilha como cônsul, outro comissário.[55]

20
"Mas quem é ele, em gabinete confinado,[56] 185
De rosto sóbrio, de douta poeira aspergido?
Meus olhos divisam[57] claramente o valoroso senhor,[58]
Nutrido por retalhos de pergaminho, de nome Wormius.[59]

---

[55] Estes cargos eram dados naquela época a essa estirpe de escritores.
[56] Virgílio, *Eneida* VI [808-9], pergunta e responde desta maneira, acerca de Numa: "Quem distante apresenta insígnias sacras / E ramos de oliveira? as cãs e a barba / Do rei conheço […]" *etc.*
[57] *Arede:* "Ler", ou "percorrer", embora usado às vezes para "aconselhar". *Reade thy read*, atenta para teu conselho. Thomas Sternhold, em sua tradução do Salmo primeiro em metro inglês, fez uso sabiamente dessa palavra: 'Abençoado o homem que não presta / Seu ouvido a conselhos malignos'. Mas nas últimas edições espúrias dos salmos cantantes a palavra 'conselho' foi mudada para 'homens'. Digo edições espúrias porque não somente aqui, mas em todo o livro de Salmos há alterações estranhas, todas para pior; e no entanto a folha de rosto continua como estava! E tudo isso (que é abominável em qualquer livro, e muito mais numa obra sacra) é atribuído a Thomas Sternhold, John Hopkins e outros; tenho certeza de que, se Sternhold e Hopkins estivessem vivos, eles processariam esses inovadores trapaceiros. – Uma liberdade que, para não dizer mais nada de suas alterações intoleráveis, não deveria de forma alguma ser permitida ou aprovada por aqueles que são a favor da uniformidade e têm alguma consideração pela velha língua saxã inglesa" (Hearne, *Glossário de Roberto de Gloucester*, verbete "Rede").
    Concordo nisso com o Sr. Hearne: de pouco vale objetar que tais palavras se tornaram ininteligíveis; já que são autenticamente inglesas, os homens deveriam entendê-las; e aqueles que são a favor da uniformidade deveriam pensar que todas as alterações numa língua são estranhas, abomináveis e inafiançáveis. Portanto, digo novamente, foi com razão que o nosso poeta usou palavras antigas e espalhou-as como unguento precioso sobre o bom velho Worm neste lugar. SCRIBL.
[58] Mortal inculto.
[59] Que este nome, puramente fictício, não seja tido como do douto Ole Worm; muito menos (como foi alegado sem fundamento nas edições sub-reptícias) do nosso próprio antiquário, o Sr. Thomas Hearne, que de nenhuma maneira ofendeu nosso poeta, mas, ao contrário, publicou muitos panfletos curiosos que ele consultou para seu grande contentamento.
    Com a maior propriedade são empregadas aqui palavras antigas ao falar daqueles que tanto se deleitam com elas. Podemos dizer não apenas com propriedade, mas com sabedoria, até com excelência, haja vista que a mesma prática recebe o mesmo elogio do próprio Sr. Hearne (*Glossário de Roberto de Gloucester*, verbete "Behett"): "Outros dizem *behight*, prometido, e assim é usado com excelência por Thomas Norton em sua tradução em versos do Salmo 116, v. 14: 'Ao Senhor eu pagarei meus votos, / Que a Ele *prometi*'. Ao passo que os inovadores modernos, que não entenderam a propriedade da palavra (que é verdadeiramente inglesa, do saxão), alteraram-na totalmente sem fundamento desta forma: 'Ao Senhor eu pagarei meus votos / Com alegria e grande *deleite*'".

Que tua imbecilidade dure para eras futuras,
Tal como preservaste a imbecilidade do passado! 190

21
"Ali, ocultos em nuvens, nota os escoliastas curvados,
Lumes que, como corujas, só veem no escuro,[60]
Um tabuame de livros em cada cabeça,
Para sempre lendo, nunca a ser lidos!

22
"Mas enquanto cada ciência eleva seu tipo moderno, 195
A história sua caneca, a teologia seu cachimbo,
A orgulhosa filosofia reluta em mostrar –
Visão deselegante! – suas ceroulas rasgadas embaixo.
Vê Henley[61] portar-se, empardecido pelo bronze nativo,

"Em Cumberland dizem *hight* para prometer ou jurar; mas *hight* geralmente significa "era chamado"; e assim é usado no Norte até os dias de hoje, não obstante o que é feito em Cumberland" (Hearne, *ibid.*).

[60] Estes poucos versos descrevem com exatidão o crítico verbal conscienciosos: quanto mais obscuro seu autor, mais isso o agrada, como o famoso charlatão que inscreveu em seus cartazes que "se deliciava em assuntos de dificuldade". Alguém bem disse desses homens que suas cabeças eram "bibliotecas fora de ordem".

[61] J. Henley, o orador; ele pregava aos domingos sobre assuntos teológicos e às quartas-feiras sobre todas as outras ciências. Cada ouvinte pagava um xelim. Ele declamou por alguns anos contra as maiores pessoas, e ocasionalmente concedeu essa honra ao nosso autor. Welsted, nas *Transações oratórias nº 1*, publicadas pelo próprio Henley, fornece o seguinte retrato dele: "Ele nasceu em Melton-Mowbray, em Leicestershire. De sua própria escola paroquial ele foi para o St. John's College em Cambridge. Lá ele começou a inquietar-se, pois ficou chocado ao saber que era obrigado a acreditar contra seu próprio julgamento em pontos de religião, filosofia *etc*. Como seu gênio o levava livremente a debater todas as proposições e contestar todos os pontos, ele ficava impaciente sob aqueles grilhões da mente que nasceu livre. Ao ser admitido às ordens eclesiásticas, ele julgou o exame muito curto e superficial, e que não era necessário conformar-se à religião cristã com vistas à diaconia ou ao sacerdócio". Ele foi para a cidade e, depois de ser escritor durante alguns anos para livreiros, ele teve a ambição de sê-lo para ministros de Estado. A única razão pela qual ele não ascendeu na Igreja, segundo nos contam, "foi a inveja alheia, e uma aversão nutrida por ele porque ele não era qualificado para ser um sabujo completo". Todavia, ele ofereceu o serviço de sua pena a dois grandes homens, de opiniões e interesses diretamente opostos; sendo rejeitado por ambos, ele concebeu um novo projeto e intitulou-se o restaurador da antiga eloquência. Ele pensava que era "tão lícito obter uma licença do Rei e do Parlamento num lugar como noutro; em Hickes's Hall, como no Doctors Commons; por isso instalou seu oratório em Newport Market, Butcher Row. Ali (diz seu amigo) ele teve a certeza de formular um plano no qual mortal algum jamais tinha pensado; ele teve êxito contra toda oposição; desafiava

Afinando a voz e balançando as mãos.   200
Como a absurdez flui fácil de sua língua!
Como são doces as frases, nem ditas nem faladas!
Vai quebrando os bancos, Henley, com tua gravidade,
Enquanto Sherlock, Hare e Gibson[62] pregam em vão.
Ó grande restaurador do bom e velho estágio,   205
Ao mesmo tempo pregador e bufão de tua era!
Tu digno das sábias moradas do Egito,
Um padre decente onde macacos eram deuses!
Mas o acaso junto aos açougueiros situou tua clerical bancada,
Reles fé moderna de matar, picar e destroçar,   210
E ordenou-te que vivesses para coroar o louvor a Britânia
Nos dias de Toland, Tindal e Woolston.[63]

23
"Mas ó, meus filhos, ouvi as palavras de um pai[64]
(Para que o fado preserve as orelhas que tendeis):
Cabe a vocês culpar um Bacon[65] ou um Locke,   215

---

seu adversários a disputas justas, e nenhum queria disputar com ele; escrevia, lia e estudava doze horas por dia; compunha três dissertações por semana sobre todos os assuntos; propôs-se a ensinar em um ano o que as escolas e universidades ensinam em cinco; não se atemorizava diante de ameaças, insultos ou sátiras, mas continuou avançando, maturou seu esquema ousado e pôs a Igreja e tudo o mais em perigo" (Welsted, narrativa em *Transações oratórias nº 1*).

Depois de ter enfrentado alguns processos, ele voltou sua retórica para a pilhéria sobre todos os acontecimentos públicos e privados. Tudo isso se passou no mesmo quarto, onde às vezes ele fazia gracejos e às vezes rompia o pão que ele chamava de eucaristia primitiva. Essa pessoa maravilhosa cunhou medalhas, que distribuiu como ingressos a seus assinantes: as armas, uma estrela erguendo-se no meridiano, com o lema "aos píncaros", e abaixo "hei de encontrar um caminho ou fazer um". Esse homem recebia cem libras por ano pelo serviço secreto de um semanário de absurdez ininteligível chamado *The Hyp-Doctor*.

[62] Bispos de Salisbury, Chichester e Londres[, cujos sermões e cartas pastorais honraram seu país e seus cargos].

[63] Sobre Toland e Tindal, ver liv. II [399]. Thomas Woolston foi um louco ímpio que escreveu num estilo dos mais insolentes contra os milagres do Evangelho no ano de 1726 *etc*.

[64] A advertência contra a blasfêmia dada aqui por um filho de Tôrpia falecido a seus confrades ainda existentes não brota, como sugere o poeta com razão, da amabilidade para com as orelhas alheias, mas com as próprias. Por isso vemos que, quando esse perigo é afastado, diante do estabelecimento aberto da Deusa no quarto livro [453-92], ela incentiva seus filhos e eles imploram auxílio para poluir a própria Fonte da Luz com a mesma virulência com que antes tinham poluído as emanações mais puras dela. W.

[65] [N.T.] Aqui e no v. 218, o filósofo e estadista Francis Bacon (1561-1626).

O gênio de um Newton ou a flama de um Milton;
Mas ó, a Um, a Um Imortal poupai,
A fonte da luz de Newton e da razão de Bacon!
Contentai-vos que cada emanação dos fogos dele
Que flameja sobre a Terra, cada virtude que ele inspira, 220
Cada arte que fomenta, cada encanto que cria,
Seja o que for que ele dá, é dado para odiardes.
Persisti, por todo o divino no homem desassombrado,
Mas 'Aprendei, ó imbecis, a não desprezar vosso Deus'!".[66]

24
Assim falou, pois então um raio de razão infiltrou-se 225
Até o meio da sólida escuridão de sua alma;
Mas logo a nuvem retornou – e volveu o amo:
"Vê agora o que Tôrpia e seus filhos admiram!
Vê os encantos que conquistam o coração simplório
Intocado pela natureza, inalcançado pela arte". 230

25
Sua cabeça[67] que nunca cora ele virou para o lado
(Mais satisfeito do que quando Goodman profetizou)[68]
E olhou, e viu um feiticeiro negro[69] erguer-se,
Para cuja mão voou veloz um volume alado;
Súbito, górgonas sibilam e dragões careteiam, 235
E inimigos e gigantes de dez chifres correm para a guerra.

---

[66] Virgílio, *Eneida* VI [620], põe esse preceito na boca de um homem malvado, como aqui na de um estúpido: "[...] Aprendei no exemplo horrível / Justos a ser, a não zombar dos numes". Ver esse tema desenvolvido no liv. IV.
[67] [N.T.] A de Cibber.
[68] O Sr. Cibber nos diz, em sua *Vida*, p. 149, que Goodman, presente ao ensaio de uma peça em que ele tinha um papel, bateu no seu ombro e exclamou: "Se ele não der um bom ator, que eu seja maldito e danado". "E (diz o Sr. Cibber) eu me pergunto se Alexandre o Grande ou Carlos XII da Suécia, à frente de seus exércitos vitoriosos pela primeira vez, sentiram uma emoção maior em seus seios do que eu no meu."
[69] O Dr. Fausto, tema de um conjunto de farsas que ficaram em voga duas ou três temporadas, e nas quais ambos os teatros se empenharam para superar o outro durante alguns anos. Todas as extravagâncias nos dezesseis versos seguintes foram introduzidas no palco e frequentadas por pessoas da primeira qualidade na Inglaterra, por vinte e trinta vezes.

O inferno sobe, o paraíso desce, e dançam na Terra:[70]
Deuses, demônios e monstros, música, fúria e júbilo,
Uma fogueira, uma giga, uma batalha e um baile,
Até que uma vasta conflagração tudo engole.   240

26
Dali um novo mundo, desconhecido das leis da natureza,
Irrompe refulgente, com um paraíso próprio:
Outra Cíntia corre sua nova jornada,
E outros planetas circundam outros sóis.[71]
As florestas dançam, os rios correm para cima,   245
Baleias brincam nas matas e golfinhos nos céus;[72]
E enfim, para dar graça a toda a criação,
Vê: um vasto ovo produz a raça humana![73]

27
Alegria preenche sua alma, alegria inocente de pensar:
"Que poder", ele clama, "que poder criou tais prodígios?".   250
"Filho, o que procuras está em ti! Olha e constata:[74]
Cada monstro tem seu símil em tua mente.
Mas ainda queres mais? Naquela nuvem contempla,
Cujas fraldas sedosas são barradas de ouro flamejante,
Um jovem sem par! Seu aceno controla estes mundos,   255
Dá asas ao raio vermelho e faz soar o trovão.[75]
Anjo de Tôrpia, enviado para espalhar
Seus encantos mágicos por todo o solo inculto.[76]

---

[70] Essa absurdidade monstruosa foi efetivamente representada no *Rapto de Prosérpina* de Tibbald.
[71] "Que alumia outro Sol, outras estrelas" (Virgílio, *Eneida* VI [641]).
[72] "Delphinum sylvis appingit, fluctibus aprum" (Horácio [*Arte poética*, v. 30]).
[73] Noutra dessas farsas, Arlequim nasce no palco saindo de um grande ovo.
[74] "Quod petis in te est ... / ... Ne te quaesiveris extra" ([Horácio, *Epístolas* I 11 29, e] Pérsio [*Sátiras* I 7]).
[75] Como Salmoneu na *Eneida* VI [586, 590-1]: "[...] que o sonido / E os fuzis do Tonante arremedara / [...] com o estrupido / Dos cornípedes néscio em érea ponte / Trovões fingia e o fogo inimitável".
[76] Alude ao verso do Sr. Addison em louvor da Itália: "Campos poéticos me rodeiam, / E ainda parece que piso o solo clássico", assim como o v. 264 é uma paródia de outro nobre do mesmo autor em *A campanha*, e os v. 259-60 de dois versos sublimes do Dr. Young.

Aquelas estrelas, aqueles sóis, ele cuida de prazer mais elevado,
Acende sua luz e ateia suas chamas.   260
Rich[77] imortal! Com que calma ele se senta
Entre neves de papel e violento granizo de ervilha;
Orgulhoso de cumprir as ordens de sua senhora,
Cavalga o redemoinho e dirige a tormenta.

28
"Mas vê! Para sombrio encontro em pleno ar   265
Novos feiticeiros se alçam; vejo meu Cibber ali![78]
Booth[79] envolto em seu tabernáculo enevoado,
Em dragões sorridentes subirás o vento.[80]
Duro é o conflito, doído o tumulto,
Aqui toda Drury grita, ali todo Lincoln's Inn;   270
Teatros competidores elevam nosso império,
Afins seus labores, afins seus louvores.

29
"São estas maravilhas desconhecidas de ti, filho?
Desconhecidas de ti? Tais maravilhas são tuas próprias.
O Acaso reservou-as para ornar teu reino divino,   275

---

[77] O Sr. John Rich, mestre do Teatro Real em Covent Garden, foi o primeiro que se destacou desta forma.
[78] A história das absurdezes precedentes é atestada por ele mesmo com estas palavras (*Vida*, cap. XV): "Então brotou aquela sucessão de mesclas monstruosas que por tanto tempo infestaram o palco, que se erguiam uma sobre a outra alternadamente em ambas as casas, competindo em despesas". Ele passa então a desculpar sua própria participação nelas, como segue: "Se me perguntam por que consenti? Não tenho desculpa melhor para o meu erro do que confessar que o fiz contra a minha consciência, e não tive virtude bastante para morrer de fome. Teve Henrique IV da França desculpa melhor para trocar de religião? Eu estava ainda no meu coração, tanto quanto aquele rei podia ter estado, do lado da Verdade e da Razão; mas com a diferença de que eu tive a licença deles para deixá-los quando eles não puderam mais me sustentar. Mas seja como for debatida a questão, Henrique IV sempre foi considerado um grande homem". Isso deve ser admitido como uma resposta completa, porém a pergunta ainda parece ser: i) como é que fazer uma coisa contra a própria consciência é uma desculpa para isso; e ii) será difícil provar como ele obteve licença da Verdade e da Razão para abandonar seu serviço, a menos que ele possa produzir um certificado de que já esteve a serviço delas.
[79] Booth e Cibber foram gerentes conjuntamente do teatro em Drury Lane.
[80] Em sua carta ao Sr. Pope, o Sr. Cibber declara solenemente que isso não é literalmente verdade. Esperamos portanto que o leitor o entenda apenas alegoricamente.

Antevistas por mim, mas ah, furtadas ao meu!
Embora eu tenha reinado entre as velhas muralhas de Lud, renomada
Tão longe quanto ressoam os sinos estupendos da tonitruante Bow;
Embora meus próprios edis tenham conferido os uivos,
Dedicando a mim seu eterno louvor,   280
Seus heróis anafados, seus prefeitos pacíficos,
Seus troféus anuais e suas guerras mensais;[81]
Embora por muito tempo meu partido[82] tenha depositado em mim suas esperanças
De escrever panfletos e assar papas;
Ainda assim! Em mim quantos autores podem jactar-se!   285
Enfim reduzidos a sibilar no meu próprio dragão.
Impede-o, Céu, que tu, meu Cibber, alguma vez
Tenha que agitar um rabo de serpente na feira de Smithfield!
Como a palha ruim que é soprada pelas ruas,
O poeta necessitado agarra-se a tudo que encontra,   290
Puxado, arrastado, pisado, ora solto, ora preso,
E finalmente levado embora no rabo de um cachorro.
Mais feliz é tua fortuna! Como pedra que rola,
Tua torpeza zonza continuará aos trancos;
Segura em seu pesadume, nunca se desviará,   295
Mas esmagará todo tapado pelo caminho.
O patriota, o cortesão te provarão,[83]
E cada ano será mais torpe que o anterior,
Até que, erguida das câmaras para o teatro, a corte,
Tôrpia transportará seu trono imperial.   300

---

[81] Troféus anuais no Lord Mayor's Day, e guerras mensais no Artillery Ground.
[82] Settle, como a maioria dos propagandistas políticos, foi muito incerto em seus princípios políticos. Ele foi empregado para manejar a pena na condição de sucessor papista, mas depois imprimiu sua narrativa do outro lado. Ele administrou a cerimônia de uma famosa queima do papa em 17 de novembro de 1680, depois se tornou soldado no exército do rei Jaime em Hounslow Heath. Após a Revolução, ele manteve uma barraca na Feira de Bartolomeu, onde, no burlesco chamado *São Jorge para a Inglaterra*, ele atuou já velho num dragão de couro verde de sua invenção; ele foi finalmente levado para a Charter House e morreu ali aos sessenta anos de idade.
[83] Estava na primeira edição com lacunas, ** e **. Concanen tinha certeza de que "elas só podem indicar ninguém menos que o rei Jorge e a rainha Carolina", e disse que insistiria que era assim "até que o poeta se escusasse preenchendo as lacunas de outra forma, condizente com o contexto e consistente com sua fidelidade" (prefácio a uma coletânea de versos, ensaios, cartas *etc.* contra o Sr. Pope, impressa por A. Moor, p. 6).

A ópera já prepara o caminho,
Precursora infalível de seu gentil domínio:
Deixa que ela, depois das putas e dos dados, se apposse de teu coração,
A terceira louca paixão de tua idade apegada.
Ensina o gorjeador Polifemo[84] a rugir, 305
E grita tu mesmo como ninguém jamais gritou!
Para auxiliar nossa causa, se não podes dobrar os céus,
O inferno moverás; pois Fausto[85] é nosso amigo:
Plutão com *Catão* para isso juntarás,
E ligarás a *Noiva enlutada* a *Prosérpina*. 310
Grub Street! Se homens e deuses conspirarem pela tua queda,
Teu palco permanecerá, assegura-o apenas contra o fogo.[86]
Surge outro Ésquilo! Preparai-vos
Para novos abortos, ó belas grávidas![87]
Em chamas, como as de Sêmele, ser levadas para a cama,[88] 315
Enquanto o Inferno escancarado cospe fogo em vossas cabeças.

30

"Agora, Bávio, tira a papoula de tua fronte
E coloca-a aqui! Aqui, ó heróis, inclinai-vos!
Ei-lo, ele que as antigas cantigas vaticinaram:
O Augusto nascido para trazer tempos saturnais.[89] 320

---

[84] Ele traduziu a ópera italiana de *Polifemo*, mas infelizmente perdeu todo o cerne da história. O ciclope pergunta a Ulisses seu nome e este lhe diz que seu nome é Noman [Homem Nenhum]. Depois que seu olho é vazado, ele ruge e chama seus irmãos ciclopes em seu auxílio: eles indagam quem o feriu e ele responde Noman; diante disso, todos eles vão embora. Nosso engenhoso tradutor fez Ulisses responder "Não tenho nome", de modo que tudo que segue tornou-se ininteligível. Portanto, parece que o Sr. Cibber, que se preza por ter assinado a tradução inglesa da *Ilíada* de Homero, não teve esse mérito com respeito à *Odisseia*, ou poderia ter se informado melhor acerca da trocadilhologia grega.

[85] Nomes de farsas miseráveis que era costume jogar no fim das melhores tragédias para estragar a digestão da plateia.

[86] Na farsa da *Prosérpina* de Tibbald, um campo de trigo foi incendiado; diante disso, o outro teatro mandou queimar um celeiro para a recreação dos espectadores. Eles também rivalizavam em mostrar as labaredas do fogo infernal no *Dr. Fausto*.

[87] Relata-se de Ésquilo que, quando sua tragédia das *Fúrias* foi representada, a plateia ficou tão aterrorizada que as crianças tiveram ataques nervosos e as mulheres grávidas abortaram.

[88] Ver Ovídio, *Metamorfoses* III [259-315].

[89] "[...] A ti bem vezes / Eis, eis o prometido, Augusto César, / Diva estirpe, varão que ao Lácio antigo / Há de os satúrnios séculos dourados / Restituir [...]" (Virgílio, *Eneida* VI [791-6]).

Sinais após sinais anunciam o ano poderoso!
Vê! As estrelas torpes giram e reaparecem.
Vê, vê, nosso fiel Febo porta os louros!
Nosso Midas assume como Lorde Chanceler das Peças!
Nas tumbas dos poetas vê os títulos de Benson escritos![90]   325
Vê! Ambrose Philips[91] é preferido por seu lume!
Vê sob Ripley erguer-se um novo Whitehall,
Enquanto os labores unidos de Jones e Boyle naufragam;[92]
Enquanto Wren magoado desce ao túmulo,
Gay morre sem pensão com uma centena de amigos;[93]   330

"Saturnal" aqui se refere à era de chumbo mencionada no liv. I 26.

[90] William Benson (inspetor dos edifícios de Sua Majestade o rei Jorge I) informou num relatório aos Lordes que sua casa e a Câmara Pintada contígua corriam o risco de desmoronar imediatamente. Diante disso, os Lordes reuniram-se num comitê para selecionar algum outro lugar onde reunir-se enquanto a casa seria demolida. Mas ao ser proposto que se mandasse alguns outros construtores inspecionarem-na primeiro, eles constataram que ela estava em ótima condição. Os Lordes, diante disso, tencionavam encaminhar uma petição ao rei contra Benson por essa declaração falsa; mas o Conde de Sunderland, então secretário, assegurou-lhes que Sua Majestade o destituiria, o que efetivamente foi feito. A favor desse homem, o famoso Sir Christopher Wren, que foi arquiteto da Coroa por mais de cinquenta anos e construiu a maior parte das igrejas de Londres, que depôs a primeira pedra de St. Paul e viveu para terminá-la, foi removido de seu emprego com a idade de quase noventa anos.

[91] "Ele foi", diz o Sr. Jacob, "um dos lumes de Button, e um juiz de paz." Mas desde então ele encontrou mais preferência na Irlanda, e temos um retrato muito maior dele na *Arte completa da poesia* do Sr. Gildon, vol. I, p. 157: "De fato ele confessa que não ousa pô-lo exatamente em pé de igualdade com Virgílio, para que não pareça adulação; mas ele muito se engana se a posteridade não lhe conferir uma estima maior da que ele goza no momento". Ele procurou criar um desentendimento entre o nosso autor e o Sr. Addison, que ele também injuriou copiosamente logo depois. Sua queixa constante era que o Sr. Pope era um inimigo do governo; e ele foi notadamente o autor confesso de um boato espalhado muito industriosamente de que ele teve participação num jornal político chamado *Examiner*: uma falsidade bem conhecida daqueles que ainda vivem e eram encarregados da sua direção e publicação.

[92] À época em que este poema foi escrito, o salão de banquetes de Whitehall, a igreja e a praça de Covent Garden e o palácio e a capela de Somerset House, obras do famoso Inigo Jones, tinham sido negligenciados por muitos anos a ponto de estarem em risco de desabar. O pórtico da igreja de Covent Garden tinha acabado de ser restaurado e embelezado às custas do Conde de Burlington, que, ao mesmo tempo, pela publicação dos projetos daquele grande mestre e de Palladio, assim como por muitos nobres edifícios seus, reviveu o gosto genuíno pela arquitetura neste reino.

[93] Ver a fábula do Sr. Gay da *Lebre e muitos amigos*. Esse cavalheiro privou desde cedo da amizade do nosso autor, que continuou até sua morte. Ele escreveu diversas obras de humor com grande sucesso: *A semana dos pastores*, *Trívia*, o *Como-é-que-se-chama*, *Fábulas* e enfim a celebrada *Ópera do mendigo*, uma peça satírica que atinge todos os gostos e graus de homens, daqueles da mais alta qualidade à ralé mais baixa. O verso de Horácio "*Primores populi arripuit, populumque tributim*" [*Sátiras* II i 68-9] nunca foi tão justamente aplicado como a ela.

A política hibérnica, ó Swift, é teu fado!⁹⁴
E o de Pope, dez anos comentando e traduzindo.⁹⁵

31
"Avancem, dias grandiosos! Até que o saber voe da costa,⁹⁶
Até que o marmelo não mais enrubesça com sangue nobre,
Até que o Tâmisa veja os filhos de Eton brincar para sempre,   335
Até que o ano inteiro em Westminster seja feriado,

Seu vasto sucesso foi sem precedentes, e quase incrível. O que se conta dos efeitos maravilhosos da música ou tragédia antiga mal chegam perto dela: Sófocles e Eurípides foram menos seguidos e famosos. Ela foi encenada em Londres por sessenta e três dias ininterruptos, e retomada na temporada seguinte com o mesmo aplauso. Espalhou-se para todas as grandes cidades da Inglaterra, foi encenada em muitos lugares por trinta ou quarenta vezes, em Bath e Bristol cinquenta *etc*. Foi avançando até o País de Gales, a Escócia e a Irlanda, onde foi interpretada por vinte e quatro dias no total. Por último foi encenada em Minorca. Sua fama não se restringia ao autor: as damas levavam consigo as canções favoritas da ópera em leques, e as casas eram adornadas com ela em biombos. A pessoa que interpretava Polly, até então obscura, tornou-se de súbito a favorita da cidade; seus retratos eram gravados e vendidos em grandes números; sua biografia foi escrita, livros de cartas e versos a ela publicados; e panfletos feitos até mesmo de seus ditos e gracejos.
    Ademais, ela expulsou da Inglaterra, naquela temporada, a ópera italiana, que havia reinado inconteste antes dela durante dez anos. Aquele ídolo da nobreza e do povo, que o grande crítico o Sr. Dennis com os labores e clamores de toda uma vida não conseguiu derrubar, foi demolido por um único golpe da pena desse cavalheiro. Isso aconteceu no ano de 1728. Mas sua modéstia era tão grande que ele constantemente prefixou a todas as edições dela este mote: *Nos haec novimus esse nihil* [Marcial, *Epigramas* XIII ii 8].

⁹⁴ Ver liv. I 26.
⁹⁵ O autor aqui lamenta simplesmente ter passado tanto tempo empenhado em traduzir e comentar. Ele começou a *Ilíada* em 1713 e acabou-a em 1719. A edição de Shakespeare (que ele empreendeu meramente porque ninguém mais a fazia) levou quase dois anos mais na labuta de comparar impressões, dividir as cenas *etc*. E a tradução de metade da *Odisseia* ocupou-o dessa época até 1725.
⁹⁶ Pode talvez parecer incrível que tamanha revolução no aprendizado como profetizada aqui seja realizada por instrumentos tão fracos quanto os que foram [até agora] descritos em nosso poema. Mas não descansa, gentil leitor, demasiado seguro em teu desprezo por tais instrumentos. Lembra o que as histórias holandesas relatam em algum lugar, que uma grande parte de suas províncias foi outrora submergida por causa de uma pequena abertura feita em um de seus diques por um único rato d'água.
    No entanto, que isso não é a sério o julgamento do nosso poeta, mas que ele conceba melhores esperanças em virtude da diligência de nossas escolas, da regularidade de nossas universidades, do discernimento de nossos grandes homens, das realizações de nossa nobreza, do incentivo de nossos patronos e do gênio de nossos escritores em todos os gêneros (não obstante umas poucas exceções em cada qual) pode ser visto facilmente em sua conclusão, na qual, fazendo toda essa visão atravessar o Portão de Marfim, ele declara expressamente, na linguagem da poesia, que todas essas imaginações são tresloucadas, infundadas e fictícias.

Até que os anciões de Ísis cambaleiem, seus pupilos brinquem
E a Alma Mater afunde dissolvida no porto!"

32
"Basta! Basta!", grita o monarca extasiado;
E pelo Portão de Marfim a visão alça voo.[97]   340

FIM DO LIVRO TERCEIRO

---

[97] "Do Sono há dois portões: saída, contam, / O córneo facilita às veras sombras; / Do que é de alvo marfim, terso e nitente, / Mandam falsas visões à luz os manes" (Virgílio, *Eneida* VI [893-6]).

LIVRO QUARTO[1]

ARGUMENTO DO
LIVRO QUARTO   656 v.

O poeta, neste livro, prestes a declarar a realização das profecias mencionadas no fim do anterior, faz uma nova invocação, como soem fazer os maiores poetas quando algum assunto elevado e digno deve ser cantado. Ele mostra a deusa chegando em majestade para destruir a ordem e a ciência, e para substituí-las pelo reino da Torpeza na Terra; como ela traz cativas as ciências e silencia as musas; e quem são os que a sucedem em seu posto. Todos os seus filhos, por uma atração prodigiosa, são reunidos em torno dela; e trazem consigo vários outros, que promovem seu império por conivência, fraca resistência ou desincentivo às artes, tais como mentecaptos, admiradores cafonas, pretendentes vaidosos, os bajuladores de imbecis ou seus patronos. Todos eles se amontoam em torno dela; um deles, ao tentar aproximar-se dela, é repelido por um rival, mas ela elogia e incentiva ambos. Os primeiros a pronunciar-se formalmente são os gênios das escolas, que a asseguram do seu zelo em promover sua causa, confinando os jovens às palavras e mantendo-os afastados do conhecimento genuíno. Os discursos deles e a graciosa resposta dela; as instruções dela para eles e as universidades. As universidades comparecem por intermédio de seus representantes competentes e asseguram-na de que o mesmo método é observado no progresso da educação. O discurso de Aristarco sobre esse assunto. Eles são rechaçados por um bando de jovens cavalheiros que retornam de viagem com seus tutores; um deles fornece à deusa, numa polida oração, um relato de toda a condução e dos frutos de suas viagens, apresentando a ela ao mesmo tempo um jovem nobre formado à perfeição. Ela o recebe graciosamente e investe-o da bem-aventurada qualidade da falta de vergonha. Ela vê vadiando em torno dela diversas pessoas indolentes que abandonam todo negócio e dever,

---

[1] Este livro pode ser diferenciado adequadamente dos anteriores pelo nome de *Imbecilíada maior*, não tanto pelo tamanho, mas pelo tema, e nisso contrariamente à distinção feita antigamente entre a *Ilíada maior* e a *menor*. Mas muito se enganam aqueles que imaginam que esta obra seja de qualquer forma inferior às anteriores, ou de qualquer outra mão que não a do nosso poeta. Disso estou muito mais seguro do que a *Ilíada* foi obra de Salomão, ou a *Batalha das rãs e dos ratos* de Homero, como afirmou Barnes. BENT. P. W.

e morrem de preguiça: o antiquário Ânio os aborda, rogando a ela que os torne estetas e os confie a ele; mas como Múmio, outro antiquário, queixa-se do procedimento fraudulento do anterior, ela encontra um método para conciliar sua divergência. Entra então uma tropa de pessoas fantasticamente adornadas, oferecendo a ela presentes estranhos e exóticos: entre eles, um se avança e pede reparação contra outro, que o privou de uma das maiores curiosidades da natureza; mas este se justifica tão bem que a deusa concede a ambos sua aprovação. Ela recomenda a eles que achem emprego adequado para os indolentes mencionados acima, no estudo de borboletas, conchas, ninhos de pássaros, musgo *etc.*, mas com especial cautela para não ir além de bagatelas, nem chegar a qualquer visão útil ou abrangente da natureza, ou do Autor da natureza. Contra a última dessas apreensões, ela é assegurada por uma declaração cordial dos filósofos deístas e livres-pensadores, dos quais um fala em nome do resto. Os jovens assim instruídos e orientados são entregues a ela em corpo pelas mãos de Sileno; e depois autorizados a provar da taça do Mago, seu alto sacerdote, que provoca esquecimento total de todas as obrigações, divinas, civis, morais ou racionais. A esses seus iniciados ela envia padres, fâmulos e consoladores de vários tipos; confere a eles comendas e graus; depois, dispensando-os com um discurso, confirmando a cada um seus privilégios e dizendo o que espera de cada um, conclui com um bocejo de extraordinária virtude: o progresso e seus efeitos sobre todas as ordens de homens, e a consumação de tudo, na restauração da Noite e do Caos, concluem o poema.

1
Mais um momento, um fraco raio de luz²
Suportai, temível Caos e eterna Noite!³
Da escuridão visível se tire o bastante
Para meio mostrar e meio ocultar o profundo intento.⁴
Ó Poderes, cujos mistérios restaurados eu canto,   5
Aos quais o Tempo me leva em sua asa rápida,⁵
Suspendei um pouco vossa força inerte,⁶
Depois levai de uma vez o poeta e o canto!

2
Agora flamejava o raio infausto de Sírius
Afetando toda mente e ressecando todo louro;   10
Doente estava o sol, a coruja deixava seu recesso,
O profeta aluado sentia a hora ensandecedora;⁷

---

² Esta é uma invocação de grande piedade. O poeta, disposto a conseguir aprovação como filho genuíno, começa mostrando (o que sempre é agradável a Tôrpia) seu alto respeito pela antiguidade e por uma grande família, não importa quão torpe ou obscura; em seguida ele declara seu amor pelo mistério e pela obscuridade; e por último sua impaciência de estar reunido com ela. SCRIBL. P. W.
³ Invocados porque a restauração do seu império constitui a ação do poema. P. W.
⁴ Trata-se de grande impropriedade, pois um poeta torpe nunca pode expressar-se de outra forma senão por metades, ou imperfeitamente. SCRIBL.
   Vejo isso de modo muito diferente: o autor nesta obra tinha de fato uma intenção profunda; havia nela mistérios ou ἀπόρρητα que ele não ousou revelar plenamente, e se dúvida em numerosos versos (segundo Milton) "diz-se mais do que os ouvidos percebem". BENT. P. W.
⁵ "Vá com calma, bom poeta!" (clama o gentil Escrevinho neste ponto). Pois decerto, apesar de sua modéstia incomum, ele não deve viajar tão rápido em direção ao esquecimento, como vários outros de maior confiança fizeram. Afinal, quando eu desdobro em minha mente o catálogo daqueles que se prometeram com a maior ousadia a imortalidade, a saber Píndaro, Luis Góngora, Ronsard, Oldham (líricos) e Licofron, Estácio, Chapman, Blackmore (heroicos), vejo que metade já estão mortos, e a outra na mais completa escuridão. Mas não cabe a nós, que assumimos o cargo de comentador, tolerar que o nosso poeta desperdice sua vida prodigamente dessa maneira. Pelo contrário, quanto mais escondida e abstrusa a sua obra, e quanto mais remotas as suas belezas do entendimento comum, mais é nosso dever ressaltá-las e exaltá-las, diante dos homens e dos anjos. Nisso imitaremos o espírito louvável daqueles que (por esse exato motivo) se deliciaram em comentar os fragmentos de autores obscuros e toscos, preferindo Ênio a Virgílio, e escolheram abrir a lanterna escura de Licofron ao invés de aparar a lâmpada perene de Homero. SCRIBL. P. W.
⁶ Alude ao poder de inércia da matéria, que, embora não seja realmente uma potência, é a fundação de todas as qualidades e atributos dessa substância pastosa. P. W.
⁷ O poeta introduz isto (como os historiadores sábios supõem que todos os grandes eventos eram precedidos) por um eclipse do sol, mas com uma propriedade peculiar, pois o sol é o emblema

Então se ergueram os rebentos do Caos e da Noite,
Para apagar a ordem e extinguir a luz,[8]
Do torpe e do venal[9] um novo mundo[10] moldar   15
E trazer dias saturninos de chumbo e ouro.[11]

3
Ela sobe ao trono: uma nuvem oculta sua cabeça,
Em ampla refulgência tudo abaixo revela[12]
(Assim a aspirante Tôrpia rebrilha sempre),
Suavemente em seu regaço seu filho laureado[13] reclina.[14]   20

---

daquela luz intelectual que morre diante de Tôrpia. Também é muito apropriado fazer esse eclipse, que é causado pela predominância da lua, ocorrer no exato momento em que Tôrpia e a Loucura estão em conjunção; sua relação e influência mútua o poeta mostrou em muitos lugares, liv. I v. 29, liv. 3. v. 5 *et seq.* W.

[8] Os dois grandes fins da sua missão: um na qualidade de filha do Caos, o outro na de filha da Noite. A ordem aqui deve ser entendida extensivamente, como civil e moral, as distinções entre alto e baixo na sociedade, e verdadeiro e falso nos indivíduos; a luz, como apenas intelectual, o lume, a ciência, as artes. P. W.

[9] A Alegoria continuada: "torpe" refere-se à extinção da luz ou ciência, "venal" à destruição da ordem ou da verdade das coisas. P. W.

[10] Em alusão à opinião epicurista de que, da dissolução do mundo natural na noite e no caos, um novo mundo deve surgir. Aludindo a isso na produção de um novo mundo moral, o poeta o faz partilhar seus princípios originais. P. W.

[11] Ou seja, torpe e venal. P. W.

[12] Velho adágio: "Quanto mais você sabe, mais mostra a b—", verificado precisamente no caso da aspiração de Tôrpia. Também emblematizado por um símio que expõe seu traseiro ao trepar numa árvore. Scribl. P. W.

[13] "Quando vejo meu nome nas obras satíricas desse poeta, nunca o enxergo como malícia pensada contra mim, mas como proveito para ele. Pois ele considera que meu rosto é mais conhecido que a maioria na nação, e portanto uma surra no Laureado será uma isca infalível *ad captandum vulgus*, para pegar pequenos leitores" (*Vida de Colley Cibber*, cap. II).

Ora, se for certo que as obras do nosso poeta deveram seu sucesso a esse expediente engenhoso, daí derivamos o argumento irrefutável de que esta quarta *Imbecilíada*, assim como as três anteriores, teve a última revisão do autor e foi destinada por ele à impressão. Senão, com que finalidade ele a teria coroado, como vemos, com este arremate, a proveitosa surra no Laureado? Bent. P. W.

[14] Com sólido juízo o poeta imagina que esse acólito que Tôrpia escolheu dormiria no trono, e teria muito pouca participação na ação do poema. Por conseguinte, ele fez pouco ou nada desde o dia de sua consagração, tendo passado pelo segundo livro sem tomar parte em nada do que aconteceu em torno dele, e pelo terceiro em sono profundo. Considerando bem, isso tampouco deve parecer estranho em nossos dias, em que tantos reis consortes fizeram o mesmo. Scribl. P. W.

Este verso comoveu tanto o nosso excelente Laureado que ele apelou a toda a humanidade "se não estava 'adormecido tão raramente quanto qualquer tolo'?". Mas se espera que o poeta não o tenha injuriado, mas sim verificado sua profecia (p. 243 da sua *Vida*, in-8º, cap. IX), em que ele diz: "o leitor terá o mesmo prazer em me ver como imbecil em minha velhice, como teve em

4
Sob seu tamborete, a Ciência grunhe acorrentada
E o Gênio teme o exílio, as penas e as dores.[15]
Ali espumava a Lógica rebelde, amordaçada e atada,
Ali, despida, a bela Retórica languia no chão;
Os braços embotados dele são sustentados pela Sofística,   25
E a desavergonhada Billingsgate orna as vestes dela.
A Moralidade, esquartejada por seus falsos guardiões,[16]
A Chicana vestida de peles, e a Casuística de linho,
Arqueja, enquanto esticam de cada lado a corda,
E expira, quando Tôrpia dá a ordem a seu pajem.[17]   30
A louca Máthesis,[18] a única sem grilhões,
Louca demais para ser contida por meras correntes materiais,
Ora ao puro espaço[19] levanta seu olhar desvairado,
Ora correndo em torno do círculo julga-o quadrado.[20]

---

comprovar que fui um vívido tapado em minha juventude". Se houve algum espaço para vivacidade ou alacridade de qualquer tipo, até em afundar, ele lhe foi concedido; mas aqui, onde não há nada para ele fazer além de entregar-se ao seu descanso natural, ele deve permitir que seu historiador fique silente. É somente de suas ações que os príncipes tiram seu caráter, e os poetas de suas obras. E se nessas ele está "tão adormecido quanto qualquer tolo", o poeta deve deixar que ele e os outros durmam por toda a eternidade. BENT. P.

[15] Em seguida somos apresentados às imagens daqueles que a deusa conduz cativos. A ciência é somente deprimida e confinada de forma a tornar-se inútil; mas o lume ou gênio, por ser um inimigo mais perigoso e ativo, é punido ou rechaçado. Pois Tôrpia muitas vezes se concilia em algum grau com o saber, mas jamais, sob condição alguma, com o lume. Por conseguinte, ver-se-á que ela admite algo semelhante à ciência, como a casuística, a sofística *etc*. P. W.

[16] A moralidade é filha de Astreia. Isto alude à mitologia dos antigos poetas, que nos diz que, nas eras de ouro e prata, ou no estado de natureza, os deuses coabitavam com os homens aqui na Terra. Porém, quando por força da degeneração humana os homens foram forçados a recorrer a um magistrado, e vieram as eras de bronze e ferro (isto é, quando as leis foram escritas em tabuletas de bronze e aplicadas pela espada da justiça), os Celestiais logo se retiraram da Terra, e Astreia por último. Foi então que ela deixou sua filha órfã nas mãos dos guardiões mencionados acima. SCRIBL. W.

[17] Houve um juiz com esse nome, sempre disposto a enforcar qualquer homem, de que se deixou que ele desse uma centena de exemplos infelizes durante uma longa vida, até a sua senilidade. SCRIBL.

O ingênuo Escrevinho imaginou que *page* aqui significava nada mais que um pajem ou carrasco, e aludia ao costume de mandar estrangular criminosos de Estado na Turquia por carrascos ou pajens. Uma prática mais decente que a do nosso Page, que, antes de mandar enforcar uma pessoa, a soterrava de linguagem recriminadora. P. W.

[18] Alude às estranhas conclusões que certos matemáticos deduziram de seus princípios, atinentes à quantidade real de matéria, à realidade do espaço *etc*. P. W.

[19] Isto é, puro e depurado de matéria. *Olhar desvairado*: a ação de homens que olham em torno de si plenamente seguros de ver o que não existe, como aqueles que esperam encontrar que o espaço é uma entidade real. P. W.

[20] Concerne às tentativas loucas e infrutíferas de quadratura do círculo. P. W.

Mas atadas em laços décuplos jazem as Musas,   35
Observada pelo olho da Inveja e da Bajulação;[21]
Ali para seu coração a triste Tragédia apontou
A adaga acostumada a perfurar o peito do tirano;
Mas a sóbria História[22] conteve sua fúria
E prometeu vingança contra uma era bárbara.   40
Ali teria afundado Tália, enervada, fria e morta,
Se sua irmã Sátira não tivesse segurado sua cabeça.
Nem tu, Chesterfield,[23] pôde recusar uma lágrima!
Choraste, e contigo chorou cada Musa gentil.

5
Eis que uma forma de meretriz[24] passa deslizando   45
Com passo mimoso, voz miúda e olho lânguido;

---

[21] Uma das desgraças que recaíam sobre os autores, por força da lei que sujeita as peças ao poder de um censor, sendo as falsas representações às quais eles ficavam expostos por parte daqueles que ora gratificavam sua inveja do mérito ora faziam sua corte à grandeza, pervertendo reflexões gerais contra o vício em libelos contra pessoas específicas. P. W.

[22] A história corresponde à tragédia e a sátira à comédia, como suas substitutas no cumprimento de suas funções distintas: uma na vida elevada, recordando os crimes e punições dos grandes; a outra na vida baixa, expondo os vícios ou loucuras das pessoas comuns. Mas pode-se perguntar como se veio a admitir que a história e a sátira ministrassem com impunidade conforto às musas, até na presença da Deusa, e em meio a todos os triunfos dela? Uma pergunta, diz Escrevinho, que respondemos assim: a história foi criada na sua infância pela própria Tôrpia; porém, tendo mais tarde contraído matrimônio numa casa nobre, ela esqueceu (como sói acontecer) a humildade do seu nascimento e os cuidados dos seus primeiros amigos. Isso provocou um longo estranhamento entre ela e Tôrpia. Por fim, com o passar do tempo, elas se encontraram na cela de um monge, reconciliaram-se e tornaram-se mais amigas do que nunca. Depois disso elas tiveram uma segunda rusga, mas ela não durou muito, e agora estão novamente em termos razoáveis, e é provável que continuem assim. Isso explica a conivência mostrada à história nessa ocasião. Mas a ousadia da sátira vem de uma fonte muito diferente; pois o leitor deve saber que ela, de todas as irmãs, é a única inconquistável, que nunca se pode silenciar, quando veramente inspirada e animada (como parece) de cima, para essa exata finalidade, para opor-se ao reino de Tôrpia até seu último suspiro. W.

[23] Esta nobre pessoa, no ano de 1737, quando a dita lei foi levada à Câmara dos Lordes, opôs-se a ela num excelente discurso (diz o Sr. Cibber), "com espírito animado e invulgar eloquência". Esse discurso teve a honra de ser respondido pelo dito Sr. Cibber, também com espírito animado e de maneira muito incomum, no 8º capítulo de sua *Vida e modos*. E aqui, gentil leitor, eu inseriria com prazer o outro discurso, para que pudesses julgar ambos; mas preciso adiá-lo por conta de certas diferenças ainda não ajustadas entre o nobre autor e eu mesmo a respeito da leitura correta de certos trechos. SCRIBL. P. W.

[24] A atitude dada a esse fantasma representa a natureza e o gênio da ópera italiana; seus ares afetados, seus sons efeminados, e a prática de remendar essas óperas com canções em voga, ajuntadas sem coerência. Tais coisas foram apoiadas pelas assinaturas da nobreza. Essa circunstância,

Seu ar é estrangeiro, os chamarizes discordantes de seu vestido
Tremulam em retalhos, e sua cabeça pende de lado.
Sustentada em cada mão por pares cantantes,
Ela tropeçou e riu, bela demais para ficar em pé,   50
Lançou sobre as nove prostradas um olhar de desdém,
Depois falou assim, em estranho recitativo:

6
"Ó cara, cara! Silencia toda aquela procissão.
Viva o grande Caos! Que reine a divisão![25]
Torturas cromáticas[26] logo os levarão daqui,   55
Quebrarão seus nervos e esfarelarão seu juízo;
Um trinado harmonizará a alegria, a mágoa e a raiva,
Despertará a igreja torpe e ninará o palco esbravejante;[27]
As mesmas notas teus filhos murmurarão ou roncarão
E tuas filhas bocejantes gritarão "Bis!".   60
Outro Febo, teu próprio Febo, reina,[28]
Regozija em minhas gigas e dança em minhas correntes.
Mas logo, ah, logo começará a rebelião,
Se a música humildemente pedir ajuda à razão:
Forte em novos braços, vê, está o gigante Handel,   65
Como o ousado Briareu, com uma centena de mãos;
Para comover, inflamar, sacudir a alma ele vem,

---

de que a ópera deveria preparar a abertura das sessões solenes, foi profetizada no liv. III 304: "A Ópera já prepara o caminho, / Segura precursora de seu gentil domínio". P. W.

[25] Alude ao falso gosto de pregar peças em música com inúmeras divisões, negligenciando aquela harmonia que se conforma ao sentido e se aplica às paixões. O Sr. Händel introduziu um grande número de mãos, e mais variedade de instrumentos na orquestra, e utilizou até tambores e canhões para fazer um coro mais pleno; isso se provou tão exageradamente másculo para os gentis cavalheiros de sua época que ele foi obrigado a levar sua música para a Irlanda. Depois disso elas foram reduzidas, por carência de compositores, a praticar a colcha de retalhos mencionada acima. P. W.

[26] Esta espécie de música antiga chamada cromática foi uma variação e embelezamento, com bizarras irregularidades, do tipo diatônica. Dizem que foi inventada no tempo de Alexandre, e que os espartanos proibiam seu uso por ela ser lânguida e efeminada. W.

[27] [Isto é, dissipar a devoção de uma pela luz e árias lúbricas; e subjugar o *pathos* do outro pelo recitativo e pela monotonia. W.]

[28] "Tuus jam regnat Apollo" (Virgílio [Éclogas IV 10]). Não o antigo Febo, deus da harmonia, mas um moderno Febo de cepa francesa, casado com a princesa Galimathia, uma das criadas de Tôrpia, e assistente da ópera. Sobre ela, ver Bouhours e outros críticos daquela nação. SCRIBL. P. W.

E os trovões de Júpiter seguem os tambores de Marte.
Detém-no, imperadora, ou não mais dormirás".
Ela ouviu e afugentou-o para a costa hibérnia. 70

7
E agora a trombeta posterior da Fama soara,[29]
Convocando todas as nações ao trono.
As jovens, as velhas, que sentem seu efeito intromissor,
Um mesmo instinto arrebata e transporta para longe.
Nenhuma precisa de guia,[30] levada por segura atração 75
E forte gravidade impulsiva da cabeça;[31]
Nenhuma carece de lugar, pois todas acharam seu centro,
Agarraram-se à deusa e juntaram-se em torno dela.
Não se vê mais próximas, conglomeradas,
As abelhas zumbidoras em torno de sua rainha opaca. 80

---

[29] "Posterior", ou seja, seu segundo ou mais certo relato. A menos que imaginemos que essa palavra "posterior" relaciona-se à posição de uma de suas trombetas, segundo Hudibras: "Ela não sopra ambas com o mesmo vento, / Mas uma na frente e uma atrás; / E portanto os autores modernos chamam / Uma fama de boa, e outra de má". P. W.

[30] "Nenhuma precisa de guia" — "Nenhuma carece de lugar": os filhos de Tôrpia não precisam de instrutores no estudo, nem de guias na vida: eles são seus próprios mestres em todas as ciências, e seus próprios arautos e apresentadores em todos os lugares. P. W.

[31] Deve-se observar que há três classes nesta assembleia. A primeira de homens absolutamente e confessadamente torpes, que naturalmente aderem à Deusa, e são retratados no símile das abelhas em torno da sua rainha. A segunda daqueles involuntariamente atraídos para ela, apesar de não admitirem sua influência, do v. 81 ao 90. A terceira daqueles que, apesar de não serem membros do estado dela, promovem seu serviço bajulando Tôrpia, cultivando talentos errôneos, patrocinando escrevinhadores vis, desincentivando o mérito vivo ou fazendo-se passar por lumes e homens de gosto em artes que eles não entendem, do v. 91 ao 101. Nesse novo mundo de Tôrpia, cada qual dessas três classes tem sua posição designada conforme melhor se adequa à sua natureza, e contribui para a harmonia do sistema. A primeira, atraída somente pelo impulso forte e simples da atração, é representada caindo diretamente para dentro dela, como que englobada na sua substância e repousando no seu centro: "todas acharam seu centro, / Agarraram-se à deusa e juntaram-se em torno dela". A segunda, embora dentro da esfera de sua atração, tem ao mesmo tempo um movimento diferente, e é carregada, pela composição de ambos, em revoluções planetárias em torno do centro dela, alguns mais próximos, outros mais afastados: "Que, atraída gentilmente, e debatendo-se cada vez menos, / Gira no seu vórtice e confessa seu poder". A terceira é propriamente excêntrica, e não possui membros constantes do estado ou sistema dela: às vezes está a uma distância imensa de sua influência, às vezes quase na superfície de sua ampla refulgência. Seu uso no seu periélio, ou maior aproximação de Tôrpia, é o mesmo no mundo moral que o dos cometas no natural, a saber refrescar e recriar a secura e decadência do sistema, na maneira indicada do v. 91 ao 98. W.

8
O número crescente, à medida que se move,
Envolve uma vasta multidão involuntária,
Que, atraída gentilmente, e debatendo-se cada vez menos,
Gira no seu vórtice e confessa seu poder.
Não somente aqueles que reconhecem passivos suas leis, 85
Mas aqueles, fracos rebeldes, que mais avançam sua causa.
Qualquer imbecil que no colégio ou na cidade
Zomba de outro, de coque ou de toga;
Qualquer vira-lata que nenhuma classe admite,
Um lume entre os imbecis, e um imbecil entre os lumes. 90

9
Tampouco estão ausentes aqueles que, não sendo membros de seu estado,
Prestam sua homenagem a seus filhos, os grandes;
Que, infiéis a Febo,[32] dobram os joelhos para Baal;
Ou, ímpios, pregam sua palavra sem ter vocação.
Patronos que surrupiam do vivo o valor do morto, 95
Confiscam a pensão e instituem a cabeça,
Ou vestem a torpe bajulação com a toga sagrada,
Ou dão de um tolo a outro a coroa de louros.
E (por último e pior) com todo o jargão do gênio,
Sem a alma, o hipócrita da Musa.[33] 100

10
Ali marcharam o bardo e o tapado, lado a lado,
Que rimavam por dinheiro e condescendiam por orgulho.
Narciso,[34] louvado com todo o poder de um pároco,
Parecia um lírio branco afundado sob uma cascata.
Ali se movia Montalto com ar superior; 105

---

[32] Dito do antigo e verdadeiro Febo, não do Febo francês, que não tem sacerdotes ou poetas escolhidos, mas inspira igualmente qualquer homem que queira cantar ou pregar. SCRIBL.
[33] Nesta divisão estão incluídos: i) os idólatras de Tôrpia em majestade; ii) os maus juízes; iii) os maus escritores; iv) os maus patronos. Mas o último e pior, como ele o chama com justiça, é o hipócrita da musa, que é como se fosse o epítome de todos eles. Ele pensa que a única finalidade da poesia é divertir, e a única tarefa do poeta ser espirituoso; e consequentemente cultiva somente esses talentos frívolos nele mesmo, e encoraja somente esses nos outros. W.
[34] [Lorde Hervey.]

Seu braço estendido mostrava um amplo volume;
Cortesãos e patriotas dividem-se em duas fileiras,
Entre ambas ele passou, e inclinava-se de um lado e do outro;
Mas enquanto em atitude graciosa, com olho odioso,
Composto se mantinha, o ousado Benson[35] o empurrou: 110
Em duas muletas desiguais ele vinha escorado,
Nesta o nome de Milton, naquela o de um certo Johnston.
O decente cavaleiro[36] retirou-se com raiva sóbria;
"Quede o respeito", exclamou ele, "pela página de Shakespeare?".[37]
Mas (para sorte dele do modo como iam os tempos)   115
Surgiram o prefeito e os vereadores de Apolo,
Que trezentos jovens de gorro dourado aguardam
Para arrastar o ponderoso volume em cortejo.

11
Disse Tôrpia sorrindo: "Revivei os lumes![38]
Mas antes matai-os e picai-os em pedacinhos,   120
Como outrora Medeia (cruel, salvar assim!)
Deu uma nova edição do velho Éson;[39]
Que os autores do cânone, qual troféus carregados,
Pareçam tão mais gloriosos quanto mais picados e rasgados.
E vós, meus críticos! Na sombra suspeita,   125
Admirai a nova luz através dos buracos que fizestes vós mesmos.

---

[35] Este homem tentou alçar-se à fama erigindo monumentos, cunhando moedas, erigindo cabeças e fornecendo traduções de Milton; e depois pela mesma paixão ingente por Arthur Johnston, uma versão dos Salmos pelo médico escocês, da qual ele imprimiu muitas belas edições. Ver mais sobre ele no liv. III 325. *P. W.*
[36] [Sir Thomas Hanmer, que esteve prestes a publicar uma edição muito pomposa de um grande autor, às suas próprias custas. *W.*]
[37] Uma edição deste autor, com o texto arbitrariamente alterado em toda parte, estava no prelo nessa época na Imprensa da Universidade por incentivo do vice-reitor e certos diretores de faculdades, que a assinaram por trezentos, para ser descontada pelos cavalheiros plebeus. *P. W.*
[38] A Deusa aplaude a prática de emparelhar os nomes obscuros de pessoas não eminentes em qualquer ramo do saber com os dos escritores mais renomados, seja imprimindo edições de suas obras com alterações impertinentes do texto, como nos primeiros casos, seja erigindo monumentos desonrados com seus nomes e inscrições vis, como nos últimos. *P. W.*
[39] De quem disse Ovídio (muito a propósito acerca desses autores restaurados): "Aeson miratur [...] Dissimilemque animum subiit" [*Metamorfoses* VII 170, 292]. *P. W.*

12
Não deixeis um pé de verso, um pé de pedra,
Uma página,⁴⁰ uma cova, que possam chamar de sua;⁴¹
Mas espalhai, meus filhos, vossa glória fina ou espessa
Sobre o papel passivo ou o tijolo sólido.   130
Pois junto de cada bardo um vereador⁴² será postado,⁴³
Um senhor de peso se dependurará em cada gênio,
E enquanto eles desfilarem no carro triunfal da Fama,
Algum escravo meu estará atado ao seu lado".

13
Agora multidão sobre multidão se espreme em torno da deusa, 135
Todas ansiosas para pronunciar a primeira saudação.
Imbecil que zomba de imbecil observa o próximo avanço,
Mas janota mostra a janota superior deferência.⁴⁴
E eis que se ergue um espectro, cuja mão direita
Brande a virtude da temida vara;⁴⁵   140
Sua fronte feltrada ostenta uma guirlanda de bétula,
Da qual pingam sangue de infantes e lágrimas de mães.
Por toda rédea corre um horror estremecedor,
Eton e Winton tremem em todos os seus filhos.
Toda carne se apequena, a raça altiva de Westminster   145
Se encolhe e reconhece o gênio do lugar;
O pálido menino senador ainda se sente formigar
E segura suas ceroulas com ambas as mãos para fechar.⁴⁶

---

⁴⁰ *Pagina*, não *pedissequus*. Uma página de livro, não um criado, fâmulo ou serviçal; pois nenhum poeta teve um criado desde a morte do Sr. Thomas D'Urfey. SCRIBL.
⁴¹ Afinal, o que menos que uma cova pode ser conferido a um autor morto? Ou o que menos que uma página pode ser permitido a um vivo? P. W.
⁴² [Alude ao monumento a Butler erigido pelo vereador Barber.]
⁴³ Ver os *Túmulos dos poetas*, Editio Westmonasteriensis. P. W.
⁴⁴ Isto não deve ser atribuído tanto aos modos diferentes da corte e do colégio, mas aos diferentes efeitos que a afetação de saber, e a afetação de lume, têm sobre os tapados. Afinal, como o juízo consiste em descobrir as diferenças entre as coisas, e o lume em descobrir suas semelhanças, o imbecil é todo discórdia e dissensão, e está constantemente ocupado em reprovar, examinar, refutar *etc.*, enquanto o janota floresce em paz, com canções e hinos de louvor, discursos, caracteres, epitalâmios *etc.* W.
⁴⁵ Uma vara geralmente portada por mestres-escolas, que tange as pobres almas como a vareta de Mercúrio. SCRIBL. P. W.
⁴⁶ Um efeito do medo parecido com este é descrito na *Eneida* VII [515, 518]: "Retremendo o arvoredo [...] / [...] e as mães de susto / Aos peitos os filhinhos apertaram", pois nada é tão natural

14

E então: "Já que o homem se distingue das bestas pela palavra,
Palavras são o reino do homem, somente palavras ensinamos;   150
Quando a razão dubitativa, como a letra sâmia,[47]
Indica-lhe dois caminhos, o mais estreito é melhor.
Postados à porta do Saber, com a juventude para guiar,[48]
Nunca toleramos que aquela se abra demais.
Perguntar, adivinhar, conhecer, como começam,   155
À medida que a fantasia abre as fontes velozes do sentido,
Nós vergamos a memória, carregamos o cérebro,
Amarramos o gênio rebelde e dobramos as correntes,
Confinamos o pensamento para exercitar o fôlego[49]
E mantemo-nos no cercado das palavras até a morte.   160
Não importam seus talentos nem suas perspectivas,
Penduramos um cadeado tinidor na mente:[50]
É poeta desde o primeiro dia em que molha sua pena;
E o que é no último? O mesmo poeta ainda.
Pena! O encanto só funciona em nosso muro,   165
Perde-se cedo demais naquela casa ou mansão.[51]
Ali o vadio Wyndham cedeu toda musa,
Ali Talbot afundou e não foi mais um gênio!
Doce como Ovídio, Murray era nosso orgulho!
Quantos Marciais foram perdidos em Pulteney!   170
Ou decerto algum bardo, para nosso eterno louvor,
Em vinte mil noites e dias de rima

---

em qualquer apreensão do que agarrar firmemente o que se supõe que está em maior perigo. Mas não se imagine que o autor insinua que esses senadores juvenis (embora tenham saído tão tarde da escola) estejam sob a influência indevida de qualquer mestre. SCRIBL. *P. W.*

[47] A letra ϒ, usada por Pitágoras como emblema dos caminhos divergentes da virtude e do vício: "Et tibi quae Samios diduxit litera ramos" (Pérsio [*Sátiras* III 56]). *P. W.*

[48] Esta circunstância do "gênio local" (com a da mão direita antes dela) parece ser uma alusão à *Tábua de Cebes*, em que o gênio da natureza humana aponta o caminho a ser seguido por aqueles que entram na vida: "O ancião que aqui se encontra – que tem um rolo de pergaminho numa mão e parece estar apontando algo com a outra – chama-se Daimon" *etc. P. W.*

[49] Ao obrigá-los a aprender de cor os poetas clássicos, o que lhes fornece assunto infinito para conversa e divertimento verbal por todas as suas vidas. *P. W.*

[50] Sendo os jovens usados como cavalos de tiro e surrados sob uma carga pesada de palavras, para que não se cansem seus instrutores se esmeram em fazer as palavras tinir em rima ou metro. *W.*

[51] Westminster Hall e a Câmara dos Comuns. *W.*

Alcançara o trabalho, a totalidade que pode um mortal,
E o Sul contemplou essa obra-prima humana".[52]

15
"Oh! (fez a deusa) Mas que reino pedante![53]   175
Algum Jaime gentil[54] que abençoe de novo a Terra,
Que grude a cadeira de mestre no trono,
Dê lei às palavras, ou guerreie com palavras apenas,

---

[52] A saber, um epigrama. O famoso Dr. South declarou que um epigrama perfeito é tão difícil de realizar quanto um poema épico. E os críticos dizem: "Um poema épico é a maior obra de que a natureza humana é capaz". *P. W.*

[53] O assunto em debate é como confinar os homens às palavras pela vida toda. Os instrutores dos jovens mostram como eles cumprem bem sua parte; mas reclamam que, quando os homens entram no mundo, eles são propensos a esquecer seu saber e voltarem-se para o conhecimento útil. Este era um mal que pedia para ser corrigido. E a Deusa lhes assegura que isso necessitará de uma tirania mais extensa que a das escolas primárias. Portanto, ela lhes aponta o remédio nas aspirações dela ao poder arbitrário, cujo interesse, por ser o de manter os homens afastados do estudo das coisas, incentivará a propagação de palavras e sons; e para garantir tudo isso, ela anela por outro monarca pedante. Para obter mais cedo tamanha bênção, ela está disposta até a violar o princípio fundamental de sua política, deixando que seus filhos aprendam pelo menos uma coisa, mas uma suficiente, a doutrina do direito divino.

Nada pode ser mais justo que a observação aqui insinuada de que nenhum ramo do saber prospera sob o governo arbitrário a não ser o verbal. Os motivos são evidentes. Não é seguro sob tais governos cultivar o estudo de coisas importantes. Ademais, quando os homens perdem sua virtude pública, eles naturalmente deleitam-se com frivolidades, se sua moral privada impedir que sejam viciosos. Por isso uma nuvem tão grande de escoliastas e gramáticos logo espalhou o saber da Grécia e de Roma, quando essas famosas comunidades perderam sua liberdade. Outra razão é o incentivo que os governos arbitrários dão ao estudo das palavras, a fim de ocupar e divertir os gênios ativos, que de outra forma poderiam mostrar-se importunos e inquisitivos. Portanto, quando o cardinal Richelieu mandou destruir os pobres resquícios da liberdade em seu país e tornou a suprema corte do Parlamento meramente ministerial, ele instituiu a Academia Francesa. O que foi dito naquela ocasião por um corajoso magistrado, quando a carta-patente da sua criação foi ratificada no Parlamento de Paris, merece ser lembrado: ele disse à assembleia que "esta aventura lhe trazia à mente o modo como um imperador de Roma certa vez tratou seu Senado, que, depois de tê-los privado do conhecimento de assuntos públicos, enviou-lhes uma mensagem oficial para perguntar sua opinião sobre o melhor molho para um rodovalho [Juvenal, *Sátiras* IV]". *W.*

[54] Wilson nos conta que este rei, Jaime I, tomou para si de ensinar a língua latina a Carr, Conde de Somerset; e que Gondomar, o embaixador espanhol, falava latim errado com ele de propósito para lhe dar o prazer de corrigi-lo, com o que ele caiu em suas boas graças.

Este príncipe grandioso foi o primeiro que assumiu o título de Majestade Sagrada, que seu leal clero transferiu de Deus para ele. "Os princípios de obediência passiva e não resistência (diz o autor da *Dissertação sobre os partidos*, carta 8) que antes do seu tempo tinham se infiltrado talvez em alguma velha homilia, foram falados, escritos e pregados na moda naquele inglório reinado." *P. W.* [Ver *Fortunas* de Nigel.]

Governe senados e cortes com grego e latim
E transforme o Conselho em escola primária! 180
Pois decerto, se Tôrpia vê um dia grato,
É à sombra de um domínio arbitrário.⁵⁵
Oh! Se meus filhos puderem aprender uma coisa terrena,
Ensinar essa única coisa, suficiente para um rei,
Aquela que meus sacerdotes, e só os meus, conservam, 185
Que, se morrer ou viver, nós tombamos ou reinamos:
Que vós, que Cam e Ísis a preguem por muito tempo!
'O direito divino dos reis de governar mal.'"

16
Ao ouvir o chamado, em torno da deusa se agregam
Largos chapéus, capuzes, gorros, um cardume escuro: 190
Cada vez mais denso se estende o bloqueio negro,
Umas cem cabeças⁵⁶ de amigos de Aristóteles.⁵⁷

---

⁵⁵ É grato para Tôrpia fazer esta confissão. Não direi que ela alude àquele celebrado verso de Claudiano: "nunquam *Libertas* gratior exstat / Quam sub *Rege pio*" [*De Consulatu Stilichonis* III 114-5]. Mas isto eu direi, que as palavras liberdade e monarquia foram frequentemente confundidas e tomadas uma pela outra pelos mais graves autores. Devo portanto conjecturar que a leitura correta do verso supracitado era "nunquam *Libertas* gratior exstat / Quam sub *Lege* pia", e que *Rege* foi a leitura somente da própria Tôrpia. Portanto, ela pode aludir a ela. SCRIBL.
Avalio este trecho de maneira bem diversa: a leitura correta é *Libertas* e *Rege*: assim a deu Claudiano. Mas o erro está no primeiro verso: deveria ser *exit*, não *exstat*, e então o sentido seria que a liberdade nunca foi perdida, ou partiu de tanto bom grado, quanto sob um rei bondoso. Seria sem dúvida dez vezes mais vergonhoso perdê-la sob um maligno.
Isso me leva, outrossim, a advertir quanto a uma passagem absurda das mais nocivas encontrada em todas as edições do autor da *Imbecilíada*. É das mais capitais, e deve-se à confusão mencionada acima por Escrevinho entre as duas palavras liberdade e monarquia. *Ensaio sobre a crítica*: "A natureza, como a monarquia, só se restringe / Pelas mesmas leis que ela primeiro ordenou". Quem não vê que deveria ser "A natureza, como a *liberdade*"? Corrija-se, portanto, *repugnantibus omnibus* (ainda que o próprio autor se oponha) em todas as impressões que foram ou serão feitas de suas obras. BENTL. *P. W.*
⁵⁶ Nisto parece que a Deusa teve o cuidado de manter uma sucessão, conforme à regra "Semper enim refice: ac ne post amissa requires, / Anteveni; et sobolem *armento* sortire quotannis" [Virgílio, *Geórgicas* III 70-1]. É notável com que dignidade o poeta descreve aqui os amigos desse antigo Filósofo. Horácio não observa o mesmo decoro com relação aos de outra seita quando diz "Cum ridere voles Epicuri de grege Porcum" [*Epístolas* IV 16]. Mas a palavra "rebanho" (*armentum*), entendida aqui, é uma palavra de honra, como o nobilíssimo Festo Gramático nos assegura: "Chama-se rebanho [*armentum*] esse tipo de gado que é mais adequado para a guerra". E aludindo ao temperamento dessa estirpe guerreira, nosso poeta a chama muito apropriadamente de "centena de cabeças". SCRIBL. *W.*
⁵⁷ A filosofia de Aristóteles tinha sofrido uma longa desgraça nesta douta universidade [Oxford]: foi primeiro expulsa pela cartesiana, que, por sua vez, deu lugar à newtoniana. Mas durante todo

Nem estavas tu, Ísis, carecendo do dia,
[Embora Christ Church se mantivesse por longo tempo afastada com pudor.][58]
Cada firme polemista, teimoso como uma rocha,   195
Cada lógico feroz, ainda expulsando Locke,[59]
Veio com chicote e espora, e disparou a qualquer custo
Sobre o [suíço] Crousaz[60] e o holandês Burgersdijk,[61]
Enquanto muitos deixam os regatos[62] que caem murmurantes
Para ninar os filhos de Margaret e Clare Hall,   200
Onde Bentley costumava ultimamente brincar tempestuoso
Em águas turvas, mas agora dorme no porto.[63]
Diante deles marchava aquele horrível Aristarco!
Sua fronte estava sulcada com muitas observações profundas;
Seu chapéu, nunca tirado para o orgulho humano,   205

---

esse tempo ela teve alguns seguidores fiéis em segredo, que nunca dobraram o joelho a Baal nem reconheceram qualquer deus estranho na filosofia. Estes, por ocasião dessa nova aparição da Deusa, surgiram como confessores e fizeram uma profissão aberta da antiga fé no *ipse dixit* do seu mestre. Até aqui Escrevinho.

 Mas o douto Sr. Colley Cibber encara a questão de modo bem diferente, e que essa fortuna vária de Aristóteles está relacionada não à sua filosofia natural, mas moral. Falando dessa universidade em seu tempo, ele diz que "eles pareciam ter uma reverência implícita por Shakespeare e [Ben] Jonson, como outrora pela Ética de Aristóteles" (ver sua *Vida*, p. 385). Pensar-se-ia que esse douto professor confundiu a Ética com a *Física*, a menos que ele imagine que a moral também tivesse caído em desuso, por causa do relaxamento que eles admitiram na época que ele menciona, a saber quando ele e os atores estavam em Oxford. W.

[58] Este verso é sem dúvida espúrio, e inserido por impertinência do editor; por conseguinte, o pusemos entre colchetes. Pois eu afirmo que este colégio chegou tão cedo quanto qualquer outro, pelos seus devidos representantes; nem houve colégio algum que prestou homenagem a Tôrpia com a totalidade de seu corpo docente. BENTL. *P. W.*

[59] No ano de 1703 houve uma reunião dos diretores da Universidade de Oxford para censurar o *Ensaio sobre o entendimento humano* do Sr. Locke e proibir sua leitura. Ver suas *Cartas* na última edição. W.

[60] [Ver *Vida*.]

[61] Parece haver uma improbabilidade de que os doutores e diretores das faculdades andem a cavalo, eles provectos que, por terem gota ou muito peso, mantiveram suas carruagens. Mas esses são cavalos de muita força, e aptos a carregarem qualquer peso, como sua extração alemã e holandesa pode deixar claro; e muito famosos, podemos concluir, tendo sido honrados com nomes, como foram os cavalos Pégaso e Bucéfalo. SCRIBL. *P. W.*

[62] O rio Cam, que corre ao longo dos muros desses colégios, que são particularmente famosos pela sua habilidade no debate. W.

[63] A saber, "agora recolhidos ao porto, depois das tempestades que por muito tempo agitaram sua sociedade", diz Escrevinho. Mas o douto Scipio Maffei entende que se trata de um certo vinho chamado porto, da cidade do Porto em Portugal, do qual este professor o convidou a beber abundantemente (*De compotationibus academicis*). *P. W.*

Walker tomou com reverência e pôs de lado.
O resto curvou-se baixo: ele, régio, apenas inclinou a cabeça;[64]
Assim os retos quacres louvam o homem e Deus.[65]
"Senhora! Dispensa essa ralé do teu trono.
Fora! Acaso Aristarco[66] ainda é desconhecido?[67]   210
Teu poderoso escoliasta, cujas penas infatigáveis
Tornaram Horácio torpe e humilharam os esforços de Milton.
Transformem o que quiserem em verso, seu labor é vão,
Críticos como eu o transformarão em prosa de novo.
Gramáticos romanos e gregos! Vede vosso vencedor,[68]   215
Autor de algo ainda maior que a letra,[69]
Enquanto sobranceiro sobre vosso alfabeto, como Saul,
Está nosso digama,[70] que sobrepuja a todos.
"Verdade, todo nosso debate ainda é sobre palavras,
Disputas de *me* ou *te*,[71] de *aut* ou *at*,   220
De soar ou afundar em *cano*, O ou A,
Ou dizer Cícero[72] com C ou K.

---

[64] Milton: "Ele, majestoso, do seu estado / Não descendeu" [*Paraíso perdido* XI 249-50].
[65] O culto ao chapéu, como o chamam os quacres, é uma abominação para essa seita. Porém, quando é necessário mostrar respeito a um homem (como nas cortes de justiça e casas do Parlamento), para evitar ofensa e mesmo assim não violar sua consciência, eles permitem que outras pessoas os descubram. P. W.
[66] Um comentador famoso e corretor de Homero, cujo nome foi usado com frequência para significar um crítico completo. O cumprimento feito pelo nosso autor a esse eminente professor, aplicando a ele um nome tão excelso, foi o motivo pelo qual ele omitiu de comentar esta parte que contém elogios a ele mesmo. Portanto, suprimiremos essa perda da melhor forma que conseguirmos. SCRIBL. P. W.
[67] "desconheceis Ulisses?" Virgílio [*Eneida* II 44]. "Acaso não me sentes, Roma?" Ben Jonson [*Catilina* v. 1].
[68] Imitado de Propércio quando fala da *Eneida*: "Cedite, Romani scriptores, cedite Graii! / Nescio quid majus nascitur Iliade" [*Elegias* II xxxiv 65-6].
[69] [Alude àqueles gramáticos, como Palamedes e Simônides, que inventaram letras simples. Mas Aristarco, que descobriu uma dupla, foi digno portanto do dobro de honra. SCRIBL. W.]
[70] Alude à alardeada restauração do digama eólico, em sua edição há muito projetada de Homero. Ele o chama algo mais que uma letra, pela silhueta enorme que teria entre as outras letras, sendo um gama disposto sobre os ombros de outro. P. W.
[71] Era uma disputa séria, acerca da qual os eruditos estavam muito divididos e alguns tratados foram escritos: acaso tivesse sido sobre *meum* ou *tuum* ela não poderia ser mais contestada do que no fim da primeira ode [I i 29-30] de Horácio, se ela diz "*Me* doctarum hederae preamia frontium" ou "*Te* doctarum hederae". W.
[72] Disputas filológicas sobre a maneira de pronunciar o nome de Cícero em grego. Discute-se se em latim o nome de Hermagoras deve terminar com *as* ou *a*. Quintiliano [*Institutio oratoria* I v 61-2] cita Cícero, que o escreve *Hermagora*, o que Bentley rejeita e diz que Quintiliano deve ter se enganado, Cícero não poderia tê-lo escrito assim, e que nesse caso ele não acreditaria no

Que Freind finja falar como falava Terêncio,
E Alsop só caçoe como Horácio.[73]
Para mim, o que Virgílio ou Plínio negarem   225
Manílio ou Solino[74] fornecerão:
Deixe que procurem frase ática em Platão,
Eu caço em Suda[75] o grego não autorizado.
Com o sentido antigo lidarei caso precise,
Podes estar certo que lhes darei fragmentos, não refeição;   230
O que Gélio ou Estobeu surrupiou antes,
Ou foi mastigado por velhos escoliastas cegos repetidas vezes,[76]
O olho crítico, esse microscópio do lume,
Enxerga com pelos e poros, examina pedaço por pedaço:
Como partes se relacionam com partes, ou com o todo,   235
A harmonia do corpo, a alma fulgurante,
São coisas que Kuster, Burman, Wasse verão,
Quando todo o quadro do homem for óbvio para uma pulga.

17
"Ah, não pense, senhora! Mais Tôrpia autêntica reside
No gorro da Loucura que o sisudo disfarce da Sabedoria;[77]   240
Como boias, que nunca afundam na correnteza,
Na superfície do Saber deitamos e rolamos.[78]

---

próprio Cícero. Estas são suas palavras: "Eu não acreditaria que Cícero escreveu isso assim nem se o próprio Cícero mo contasse" (*Epistola ad Joannem Millium in fin. Frag. Menand. et Phil.*). W.
[73] O Dr. Robert Freind, mestre da escola de Westminster e cânone de Christ Church. O Dr. Anthony Alsop, um feliz imitador do estilo horaciano. P. W.
[74] Certos críticos, podendo escolher comentar ora Virgílio ora Manílio, ora Plínio ora Solino, escolheram o autor pior, para exibir mais livremente sua capacidade crítica. P. W.
[75] Suda, Gélio, Estobeu: O primeiro um escritor de dicionário, coletor de fatos impertinentes e palavras bárbaras; o segundo um crítico meticuloso; o terceiro um autor que publicou seu caderno de anotações, no qual podemos encontrar muito picadinho de velhos livros. P. W.
[76] Estes tirando as mesmas coisas eternamente da boca uns dos outros. P. W.
[77] Com isto pareceria que os imbecis e janotas mencionados nos v. 137-8 tinham uma contenda de rivalidade pelo favor da Deusa nesse grande dia. Aqueles saíram na frente, mas estes compensaram com seus porta-vozes no discurso seguinte. Parece que Aristarco o viu aqui pela primeira vez avançando com seu belo pupilo. SCRIBL. P. W.
[78] De modo que o cargo de professor é apenas um tipo de oficial de justiça que nos informa onde o casco destroçado do saber está ancorado; que, depois de tanta navegação infeliz, e agora sem mestre nem patrão, podemos desejar, com Horácio, que possa jazer lá ainda:
— *Nonne vides, ut*
— *Nudum remigio latus?*
— *non tibi sunt integra lintea;*

É tua a cabeça genuína de muitas casas,
E muita teologia[79] sem um *noûs*.
Nem pode um Barrow trabalhar em cada quarteirão, 245
Nem um único Atterbury corrompeu o rebanho.[80]
Vê! Todo teu ainda, rola o pesado canhão,[81]
E fumos metafísicos envolvem a haste.[82]
Para ti ofuscamos os olhos e enchemos a cabeça
Com mais leitura do que jamais foi lida; 250
Para ti explicamos uma coisa até que os homens duvidem dela,
E escrevemos sobre ela, deusa, e sobre ela;
Assim o pequeno bicho-da-seda tece seu casulo esguio,
E trabalha até cobrir-se por inteiro.

Non Dî, quos iterum pressa voces malo,
  Quamvis pontica pinus,
  Sylvae filia nobilis,

Jactes et genus, et nomen inutile. (Horácio [*Odes* XIV 3-4, 9-13]) SCRIBL. W.

[79] Uma palavra muito empregada pelo douto Aristarco na conversa comum para significar gênio ou perspicácia natural. Mas esta passagem possui outra visão: *noûs* foi o termo platônico para mente, ou a causa primeira, e aqui se alude a esse sistema teológico que termina em natureza cega sem um *noûs*. É assim que o poeta descreve mais adiante (falando dos sonhos de um desses platonistas tardios): "Ou aquela imagem brilhante à nossa fantasia atrair, / Que Teócles viu em visão extática, / Aquela natureza" *etc.* P. W.

[80] Barrow, Atterbury: Isaac Barrow, mestre de Trinity, Francis Atterbury, decano de Christ Church, ambos grandes gênios e pregadores eloquentes; um mais proficiente na sublime geometria, o outro no saber clássico; mas ambos empenharam-se igualmente em promover as artes polidas em suas diversas sociedades. P. W.

[81] Canhão aqui, se dito da artilharia, vai no número plural; se dos cônegos da catedral, no singular, e referido apenas a um. Nesse caso suspeito que a "haste" (*pole*) seja uma leitura errada, e que deveria ser a "boca" (*poll*) ou cabeça do canhão. Pode-se objetar que se trata de mera paronomásia ou trocadilho. Mas e daí? Será alguma figura de estilo mais apropriada para nossa gentil Deusa, ou mais frequentemente usada por ela e seus filhos, especialmente os da universidade? Sem dúvida ela corresponde melhor ao caráter de Tôrpia, e até de um doutor, que ao de um anjo; mas Milton não receou em pôr uma quantidade considerável na boca dos seus. De fato se observou que eles eram os anjos do Diabo, como se ele o tivesse feito para sugerir que o Diabo era o autor tanto do falso lume quanto da falsa religião, e que o Pai da Mentira também era o Pai dos Trocadilhos. Mas isso é ocioso: deve-se reconhecer que é uma prática cristã, usada nas eras primitivas por certos Pais da Igreja, e recentemente pela maioria dos filhos da Igreja, até o reinado depravado de Carlos II, quando a paixão vergonhosa pelo lume derrubou tudo o mais, e mesmo os melhores escritores o admitiram, desde que fosse obsceno, sob o nome de *double entendre*. SCRIBL. P. W.

[82] Aqui o douto Aristarco termina a primeira parte da sua arenga em prol das palavras e entra na outra metade, que diz respeito ao ensino das coisas. Ele conecta muito habilmente as duas partes num encômio da metafísica, um tipo de natureza intermediária entre as palavras e as coisas, que se comunica em sua obscuridade com a substância e em sua vacuidade com os nomes. SCRIBL.

18

"Acaso deixaremos algum tipo melhor de tolo[83] 255
Passar por toda ciência, correr por toda escola?
Nunca acrobata através dos aros demonstrou
Tamanha habilidade em passar por todos sem tocar nenhum.
Ele pode até (se desta vez estiver sóbrio)
Praguejar com disputa, ou perseguir com rima. 260
Nós só fornecemos o que ele não pode usar
Ou o casamos com a musa que ele vai repudiar;
No meio de Euclides o mergulhamos de vez,
E petrificamos um gênio[84] em imbecil;
Ou, pronto para saltitar no solo metafísico, 265
Mostramos todos seus passos, sem avançar um palmo.
Com o mesmo cimento, sempre certo de ligar,
Trazemos ao mesmo nível morto todas as mentes.
Depois levamo-lo para talhar, se você puder,
E desbastar o bloco[85] para tirar o homem. 270

---

[83] Até aqui Aristarco demonstrou a arte de ensinar aos seus pupilos palavras sem coisas. Ele mostra maior habilidade no que segue, que é ensinar coisas sem proveito. Pois com a melhor espécie de tolo o primeiro expediente é, v. 255-8, fazê-lo percorrer tão rapidamente o círculo das ciências que ele não pode agarrar-se a nada, nem nada agarrar-se a ele. E ainda que um pouco de palavras ou coisas porventura se acumule em sua passagem, ele mostra, v. 255-60, que nunca é mais de umas do que o suficiente para permitir que ele persiga com rima, ou de outras do que para afligir com disputa. Mas se no fim das contas o pupilo precisar aprender uma ciência, então seus cuidadosos orientadores cuidam, v. 261-2, para que seja do tipo que ele nunca poderá apreciar quando sair para a vida, ou do tipo que ele será obrigado a descartar. E, para certificar-se disso tudo, v. 263-8, as ciências inúteis ou perniciosas, assim ensinadas, são também aplicadas perversamente. O homem de lume petrificado em Euclides ou enredado na metafísica, e o homem de juízo casado, sem consentimento de seus pais, a uma musa. Até aqui as artes particulares da educação moderna, usadas parcialmente e diversificadas segundo o tema e a ocasião. Mas existe um método geral, com o encômio do qual o grande Aristarco finaliza seu discurso, v. 266-8, que é a autoridade, o cimento universal que preenche todas as fissuras e fendas da matéria inanimada, tapa todos os poros da substância viva e traz todas as mentes humanas para o mesmo nível morto. Afinal, se a natureza viesse porventura a abrir caminho através de todos os emaranhados dos citados expedientes engenhosos para atar o lume rebelde, isso a fecha com uma tampa segura e completa. Desse modo, Aristarco pode desafiar todo o poderio humano a tirar o homem novamente de baixo dessa crosta impenetrável. O poeta alude a essa obra-prima das escolas no v. 501, em que ele fala de "vassalos de um nome". W.

[84] Aqueles que não têm gênio, empregados em obras de imaginação; aqueles que têm, em ciências abstratas. P. W.

[85] Uma noção de Aristóteles, de que havia originalmente em cada bloco de mármore uma estátua, que apareceria com a remoção das partes supérfluas. W.

Mas para que desperdiço palavras? Vejo avançar
Puta, pupilo e tutor rendado[86] da França.
Walker! nosso chapéu" – nada mais ousou falar,
Mas, severo como o espectro de Ajax,[87] foi-se andando.

19

De pronto chegou fluindo uma jovial raça bordada,   275
E rindo empurrou os pedantes para fora do lugar:[88]
Alguns quiseram falar, mas a voz foi encoberta
Pela trompa ou pelo cão de caça inaugural.
O primeiro adiantou-se,[89] com ar amigável,
Como se visse St. James's e a rainha;[90]   280
E então o orador do seu séquito[91] começou:
"Recebe, grande imperatriz, teu filho consumado:
Teu desde o nascimento, e poupado pela vara,
Impávido infante, nunca com medo de Deus![92]
O genitor viu, uma a uma, suas virtudes despertarem: 285
A mãe implorou a bênção de um libertino.

---

[86] Por que "rendado"? Porque o ouro e a prata são acabamentos necessários para denotar a vestimenta de uma pessoa de nível, e o tutor deve ser visto como tal nos países estrangeiros para ser admitido nas cortes e outros lugares de recepção sofisticada. Mas como é que Aristarco sabe de vista que esse tutor veio da França? Ora, pelo casaco rendado. SCRIBL. P. W.

Alguns críticos objetaram à ordem aqui, sendo da opinião de que o tutor deveria ter a precedência antes da prostituta, se não antes do pupilo. Mas se ele fosse assim situado, poder-se-ia pensar que isso insinua que o tutor levou o pupilo à prostituta; e se o pupilo viesse primeiro, poder-se-ia supor que ele levou o tutor a ela. Mas, nosso poeta imparcial, ao traçar o retrato deles, representa-os na ordem em que geralmente são vistos: a saber, o pupilo entre a prostituta e o tutor; mas coloca a prostituta primeiro, pois ela costuma governar ambos os outros. P. W.

[87] Ver Homero, *Odisseia* XI [543-65], em que o fantasma de Ajax dá as costas ressentido a Ulisses [o viajante, que o havia vencido na disputa pelas armas de Aquiles]. Um trecho fervorosamente admirado por Longino. W.

[88] Horácio [*Epístolas* II ii 216]: "Rideat et pulset lasciva decentiùs aetas". P. W.

[89] Essa ousadia ou atrevimento é uma consequência certa quando os filhos de Tôrpia são estragados pelo carinho excessivo de sua genitora. W.

[90] Reflete sobre o comportamento desrespeitoso e indecente de vários jovens atrevidos na presença de suas Majestades, tão ofensivo para todos os homens sérios, e a nenhum deles mais que ao bom Escrevinho. P. W.

[91] O tutor supracitado. O poeta não lhe dá um nome específico, não se dispondo, presumo, a ofender ou fazer injustiça a algum deles celebrando somente um com quem esse caráter concorda, em detrimento de tantos que igualmente o merecem. SCRIBL. P. W.

[92] Horácio [*Odes* III iv 20]: "sine Dis Animosus Infans".

Tu deste essa madureza que tão cedo começou,
E tão cedo se acabou – ele nunca foi menino, nem homem;[93]
Pela escola e faculdade, encoberto por tua nuvem gentil,
Seguro e invisível o jovem Enéas passou; 290
De lá irrompendo glorioso, de repente liberto,[94]
Estuporou com seu tonto estrépito metade da cidade.
Intrépido, depois por mares e terras ele voou:
Viu a Europa, e a Europa o viu.
Ali todos teus dotes e graças exibimos, 295
Tu, e só tu, guias nosso caminho,
Para onde o Sena, que corre obsequioso,
Despeja aos pés do grande Bourbon seus filhos sedosos;
Ou o Tibre, já não mais romano, rola,
Ornado de artes italianas, almas italianas, 300
Até alegres conventos, no regaço fundo das vinhas,
Onde dormitam abades, violetas como seus vinhos;
Até ilhas de fragrância, vales de lírios prateados,[95]
Difundindo langor nas brisas ofegantes;
Até terras de escravos que cantam ou dançam, 305
Bosques que murmuram amor e ondas que soam liras.
Mas seu sacrário-mor onde Vênus nua se recolhe,
E Cupidos cavalgam o leão das profundas;[96]
Onde, aliviado de frotas, o mar Adriático
Leva o eunuco macio e o efebo apaixonado, 310
Guiado pela minha mão, ele deambulou por toda a Europa,

---

[93] A natureza conferiu à espécie humana dois estados ou condições, a infância e a adultez. O lume às vezes faz a primeira desaparecer, e a loucura a última; mas a verdadeira Tôrpia aniquila ambas. Afinal, a falta de apreensão nos garotos, que não sofrem daquela ignorância e inexperiência cônscia que produzem o acanhamento desajeitado da juventude, os torna seguros; e a falta de imaginação os torna sérios. Mas essa seriedade e segurança, que estão além da meninice, por não ser nem sabedoria nem conhecimento, nunca alcançam a adultez. SCRIBL. W.

[94] Ver Virgílio, *Eneida* I [411-4]: "Ela porém de ar fusco os viandantes / Tapa e os embuça em névoa, que enxergá-los / Ou tocar ninguém possa, nem detê-los / Ou da vinda informar-se [...]", onde ele enumera as causas pelas quais sua mãe cuidou dele: a saber, i) para que ninguém pudesse tocá-lo ou corrigi-lo; ii) nem pudesse pará-lo ou detê-lo; iii) nem examiná-lo quanto ao progresso que ele havia feito, ou sequer adivinhar por que ele tinha chegado lá.

[95] Tuberosas.

[96] O leão alado, as armas de Veneza. Essa república, outrora a mais considerável da Europa pela sua força naval e pela extensão do seu comércio, agora ilustre pelos seus carnavais. P. W.

E recolheu todo vício que há em terra cristã.
Viu cada corte, ouviu cada rei declarar
Seu senso régio das óperas ou beldades;
Os bordéis e os palácios explorou igualmente, 315
Intrigado com a glória e prostituído pelo espírito;
Provou todos os acepipes, todos os licores definiu,
Bebeu judiciosamente, e mui ousadamente jantou;[97]
Deixou cair a tralha pesada do armazém latino,
Estragou sua própria língua e nenhuma adquiriu; 320
Todo ensino clássico perdeu no solo clássico;
E por fim virou ar, o eco de um som![98]
Vê agora, ressecado e perfeitamente bem-educado,
Com nada além de um solo[99] em sua cabeça;[100]
Tanta propriedade, e princípio, e lume 325
Quanto Janssen, Fleetwood, Cibber[101] julgarem conveniente;
Roubado de um duelo, seguido por uma freira,
E, se um burgo o escolher, não fará desfeita.
Vê, a meu país restituo alegremente
Este glorioso jovem, e acrescento outra Vênus. 330
Recebe ela também (pois minha alma a adora),[102]

---

[97] Por haver, de fato, não pouco risco em comer todas essas extraordinárias composições, cujos ingredientes disfarçados são geralmente desconhecidos dos convidados, e altamente inflamatórios e funestos. P. W.

[98] Porém menos um corpo que um eco, pois o eco reflete o sentido ou as palavras pelo menos, este cavalheiro apenas árias e melodias: "Sonus est, qui vivit in illo" (Ovídio, *Metamorfoses* [III 401]). Então isso não foi uma metamorfose de um ou do outro, mas somente uma resolução da alma em seus verdadeiros princípios, sua autêntica essência sendo a harmonia, segundo a doutrina de Orfeu, o inventor da ópera, que foi o primeiro a apresentar-se para uma assembleia seleta de bichos. SCRIBL. W.

[99] [N.T.] Aqui se trata de um trecho musical.

[100] Com nada além de um solo? Ora, se é um solo, como poderia haver alguma outra coisa? Tautologia palpável! Lida ousadamente, uma ópera, que é consciência bastante para uma tal cabeça como a que perdeu todo o seu latim. BENTL. P. W.

[101] Três pessoas muito eminentes, todos diretores de peças, que, embora não tutores por profissão, preocuparam-se, cada qual a seu modo, com a educação dos jovens, e regularam seus lumes, sua moral ou suas finanças, naquele período de sua idade que é o mais importante: sua entrada no mundo polido. Sobre o último deles e seus talentos para esse fim, ver liv. I 199 *etc*. P. W.

[102] Isto confirma o que o douto Escrevinho propôs em sua nota ao v. 272: que o tutor, assim como o pupilo, tinham um interesse especial nessa dama. P. W.

Para que possam os filhos dos filhos dos filhos das putas[103]
Escorar teu trono, ó imperatriz, como o de cada vizinho,
E fazer tua uma longa posteridade".

20
Satisfeita, ela aceita o herói e a dama   335
Envolve em véu e os liberta da vergonha.

21
Então olhou e viu uma casta preguiçosa e relaxada,
Não vista na igreja, no senado ou na corte,
De vagabundos sempre apáticos que não ligam
Para nenhuma causa, penhor, dever ou amigo.   340
Tu também, meu Paridell![104] Ela te notou ali,
Estirado no cavalete[105] de uma cadeira que balança demais,
E ouviu teu bocejo sempiterno confessar[106]
As penas e pesares da ociosidade.
Ela compadeceu-se! Mas sua piedade só lançou   345
Influxo mais benigno sobre tua cabeça pendente.

22
Mas Ânio,[107] vidente astuto, com vara de ébano,
E bela cópia de esmeralda na mão,
Falsa como suas gemas e carcomida como suas moedas,
Veio, cevado de galeto, de onde Polião janta.   350

---

[103] Virgílio: "[…] e os filhos de seus filhos, / E os que deles nascerem […]" (*Eneida* III 98).
 Pois este sempre foi considerado o mais sólido arrimo do trono de Tôrpia, mesmo pela confissão dos seus filhos mais legítimos, que infelizmente careceram dessa vantagem. O ilustre [Lucilio] Vanini, em seu divino encômio da nossa Deusa, intitulado *Dos segredos admiráveis da Natureza, rainha e deusa dos mortais*, lamenta não ter nascido bastardo: "Quem me dera ter sido concebido fora do legítimo tálamo nupcial!" *etc*. Ele discorre sobre as prerrogativas de um nascimento livre e sobre o que teria feito pela Grande Mãe com tais vantagens; depois conclui amargamente: "Mas por ser rebento de um casal em matrimônio fui privado desses benefícios". W.
[104] O poeta parece falar deste jovem cavalheiro com grande afeto. O nome é tirado de Spenser, que o dá a um escudeiro cortês errante, que viajou por aí pela mesma razão pela qual muitos jovens cavalheiros agora são afeiçoados de viagens, especialmente a Paris. P. W.
[105] [N.T.] Trata-se novamente do instrumento de tortura.
[106] Virgílio, *Eneida* VI [617-9]: "[…] está sentado / Preso o infeliz Teseu e estará sempre; / Flégias, misérrimo a bradar nas trevas, / Nunca cessa […]".
[107] O nome tirado de Ânio, o Monge de Viterbo, famoso por muitas fraudes e contrafações de antigos manuscritos e inscrições, às quais ele foi levado por mera vaidade, mas nosso Ânio [Sir Andrew Fountaine] teve um motivo mais substancial. P. W.

Suave, como se vê a raposa matreira avançar,
Nas margens ensolaradas onde se douram as ingênuas ovelhas,
Dando voltas e mais voltas, fuçando aqui e ali,
Assim fazia ele; mas, devoto, sussurrava primeiro sua prece.

23

"Concede, deusa graciosa! Concede que eu ainda trapaceie,[108] 355
Que tua nuvem acoberte ainda o engodo![109]
Tua melhor névoa estende sobre esta assembleia,
Mas espalha-a mais densa sobre a cabeça nobre.
Assim cada jovem, auxiliado por nossos olhos,
Verá outros Césares, outros Homeros surgirem; 360
Por eras crepusculares caça a ave ateniense,[110]
Que os deuses de Cálcis e os mortais chamam de coruja,
Vê agora um Átis, agora um Cécrope[111] claramente,
Não, Maomé, a pomba em teu ouvido!
Sê rica em antigo latão, mas não em ouro, 365
E dele mantém os Lares, ainda que sua casa seja vendida;
A Febe decapitada à sua bela noiva prefere,
Honra um príncipe sírio acima do seu próprio;
Senhor de um Otão, se afianço ser verdade,
Abençoado em um Níger, até que conheça dois." 370

24

Múmio[112] escutou-o; Múmio, renomado por seus engodos,

---

[108] Alguns leram habilidade [*skill* em vez de *still*], mas isso é frívolo, pois Ânio já possuía essa habilidade; ou, se não a possuía, habilidade não foi necessária para ludibriar essas pessoas. BENTL. *P. W.*

[109] Horácio: "Da, pulchra Laverna, / Da mihi fallere ... / Noctem peccatis et fraudibus objice nubem" [*Epístolas* I xvi 60-2].

[110] A coruja estampada no verso da antiga moeda de Atenas. "Que Cálcis de deuses, e mortais chamam de coruja" é o verso com o qual Hobbes restitui o de Homero: Χαλκίδα κικλήσκουσι Θεοὶ, ἄνδρες δὲ Κύμινδιν. *P. W.*

[111] Átis e Cécrope: os primeiros reis de Atenas, de quem não se supõe que tenham sobrado moedas; mas não é tão improvável como o que segue, que haveria alguma de Maomé, que proibiu todas as imagens[, e cuja história da pomba foi uma fábula monacal]. Não obstante, um desses Ânios fez uma moeda falsificada, agora na coleção de um douto aristocrata. *P. W.*

[112] Este nome não é meramente uma alusão às múmias que ele tanto afeiçoava, mas provavelmente se refere ao general romano com esse nome, que queimou Corinto e confiou as curiosas estátuas ao capitão de um navio, assegurando-lhe "que, se alguma fosse perdida ou quebrada, ele deveria mandar fazer outra no seu lugar", no que deve transparecer (seja o que se afirme) que Múmio não foi nenhum virtuoso. *P. W.*

Que como seu Quéops[113] fede por sobre o chão,
Feroz como uma víbora alarmada, inchou-se e disse,
Chocalhando um antigo sistro em sua cabeça:

25
"Falas em príncipes sírios?[114] Vil traidor! 375
Minha, deusa! Minha é toda a raça cornuda.
Decerto, ele teve a astúcia de elevar seu valor;
Roubá-los de gregos tolos foi igualmente sábio;
Ainda mais glorioso, preservá-los de mãos bárbaras,
Quando piratas de Salé caçaram-no nas profundezas. 380
Depois, ensinado por Hermes, e divinamente ousado,
Por sua própria goela abaixo ele arriscou o ouro heleno,
Recebeu cada semideus,[115] com zelo pio,
No fundo de suas entranhas – ali os reverenciei,
Comprei-os, amortalhados naquele santuário de Irving, 385
E, em seu segundo nascimento, eles promulgam o meu".

26
"Observa, grande Amon,[116] por cujos cornos jurei
(Respondeu o suave Ânio), esta nossa pança à frente

---

[113] Um rei do Egito cujo corpo foi reconhecido com certeza por ter sido sepultado sozinho em sua pirâmide, e portanto é mais genuíno que qualquer das Cleópatras. Essa múmia real, tendo sido roubada por um árabe tresloucado, foi adquirida pelo cônsul de Alexandria e enviada ao museu de Múmio; por prova do que ele aduz numa passagem das *Viagens* de Sandys, na qual esse douto e meticuloso viajante nos assegura ter visto o sepulcro vazio, o que concorda exatamente (diz ele) com o tempo do roubo mencionado acima. Mas ele omite a observação de que Heródoto contou a mesma coisa sobre ele em sua época. P. W.

[114] A estranha história que segue, que pode ser tomada por ficção do poeta, é justificada por um relato verdadeiro nas *Viagens* de Spon. Vaillant (que escreveu a *História dos reis sírios* como se pode encontrá-la nas medalhas), vindo do Levante, onde esteve coletando várias moedas, ao ser perseguido por um corsário de Salé engoliu vinte medalhas de ouro. Uma súbita borrasca libertou-o do larápio, e ele chegou em terra com elas na barriga. A caminho de Avignon, ele encontrou dois médicos, a quem pediu assistência. Um recomendou purgações, o outro vômitos. Nessa incerteza ele não fez nem umas nem outros, mas continuou seu caminho até Lyons, onde encontrou seu antigo amigo, o famoso médico e antiquário Dufour, a quem ele relatou sua aventura. Dufour primeiro perguntou-lhe se as medalhas eram do alto império. Ele afirmou que eram sim. Dufour, encantado com a esperança de possuir tal tesouro, barganhou com ele no ato pelas mais curiosas delas, e foi recobrá-las às suas próprias custas. P. W.

[115] Eles são chamados Θεῖοι [deuses] nas suas moedas. P. W.

[116] Júpiter Amon é chamado a testemunhar na qualidade de pai de Alexandre, a quem tais reis sucederam na divisão do império macedônio e cujos chifres eles usavam em suas medalhas. P. W.

Ainda os porta, fiéis; e se assim eu como
É para reembolsar as medalhas com a carne. 390
Para provar, ó deusa, que sou isento de toda conjura,
Ordena que eu jante com Pollio, e também ceie:
Ali todos os eruditos estarão em trabalho de parto,
E Douglas[117] prestará sua mão suave e obstétrica."

27
A deusa sorrindo pareceu consentir; 395
Então de volta a Pollio se foram, de mãos dadas.

28
Daí, densa como gafanhotos escurecendo todo o chão,[118]
Uma tribo, fantasticamente coroada com ervas e conchas,
Cada qual com algum presente maravilhoso, aproximou-se do poder,
Um ninho, um sapo, um fungo ou uma flor. 400
Mas, bem na frente, dois, com zelo sincero
E aspecto ardente, apelam ao trono.

29
O primeiro assim começou: "Ouve o clamor do teu suplicante,
Grande rainha, e mãe comum a todos nós!
Bela de seu humilde leito eu colhi esta flor,[119] 405
Nutrida e alegrada com ar e sol e chuva;
Suave no papel ondulado estendi suas folhas,
Brilhante com o botão dourado dobrei sua cabeça;
Entronizei-a no vidro, e chamei-a Carolina:[120]

---

[117] Um médico de grande saber e não menos gosto; acima de tudo, curioso no que diz respeito a Horácio, de quem ele colecionou cada edição, tradução e comentário, em número de várias centenas de volumes. P. W.

[118] A semelhança dos gafanhotos não se refere mais aos números que às qualidades dos virtuosos, que não somente devoram e arrasam cada árvore, arbusto e folha verde no seu trajeto, isto é, de experimentos, mas não deixam que nem um musgo ou fungo escape intocado. SCRIBL. W.

[119] Estes versos são traduzidos de Catulo, *Epitalâmio* [LXII 39 v. 41-4]: "Ut flos em septis secretus nascitur hortis, / Quam mulcent aurae, firmat Sol, educat imber, / Multi illum pueri, multae optavere puellae: / Idem quum tenui carptus defloruit ungui, / Nulli illum pueri, nullae optavere puellae" *etc*.

[120] É um cumprimento que os floristas geralmente fazem aos príncipes e pessoas de marca, dar seus nomes às flores mais curiosas que cultivam. Alguns são muito enciumados ao reivindicar

Toda moça gritou 'encantadora!', e todo rapaz 'divina!'. 410
Terá o lápis da natureza já mesclado tais raios,
Uma luz tão variada num mesmo fulgor promíscuo?
Agora prostrada! Morta! Vê a tal Carolina:
Moça nenhuma grita 'encantadora!', nenhum rapaz 'divina!'.
E vê o desgraçado cuja vil lascívia de inseto 415
Jogou essa jovial filha da primavera no pó.
Ó, pune-o, ou ao Elísio ensombrecido
Remete minha alma, onde nenhum cravo fenece".

30
Ele cessou, e chorou. Com inocência no semblante,
O acusado avançou-se, e assim dirigiu-se à rainha: 420

31
"De toda a raça lustrada, cuja asa prateada[121]
Agita-se aos zéfiros tépidos da primavera,
Ou nada pela fluida atmosfera,
Outrora brilhou mais forte essa filha do calor e do ar.
Eu vi, e espantei, de sua pérgola primaveril, 425
A caça fugidia, e persegui-a de flor em flor;
Ela fugia, eu seguia; ora com esperança, ora aflição;
Ela parava, eu parava; movia-se, eu me movia de novo.[122]
Enfim pousou; foi na planta que lhe agradou,
E o formoso volátil agarrei ali onde pousou: 430
Rosa ou cravo estavam abaixo de minha mirada [**meu louvor**];
Interfiro, ó deusa, apenas na minha alçada [**no meu setor**]!
Digo o fato nu e sem disfarce [**proêmio**],
E, para desculpá-lo, preciso somente [**basta**] mostrar o prêmio,
Cujos despojos este papel oferece ao teu olho [**à tua veneta**], 435
Bela até na morte, [esta] incomparável borboleta!".

---

essa honra, mas nenhum mais que um jardineiro ambicioso em Hammersmith, que mandou que sua favorita fosse pintada com seu signo, com esta inscrição: "Esta é a *minha* rainha Carolina". P. W.
[121] O poeta parece estar de olho em Spenser, *Muiopotmos*: "De toda a raça de moscas de asas prateadas / Que possui o império do ar".
[122] "Eu sobressaltei, / Ela sobressaltou; mas satisfeito logo retornei, / Satisfeita ela retornou logo" (Milton).

32
"Meus filhos! (ela respondeu) Ambos fizestes vossa parte:
Vivei ambos felizes, e por muito tempo promovei nossas artes.
Mas ouvi uma mãe, quando ela recomenda
Ao vosso cuidado fraterno nossos amigos adormecidos.[123] 440
A alma ordinária, de feitio mais frugal dos céus,
Serve apenas para manter os tolos vivazes e os patifes despertos:
Um vigia sonolento, que dá apenas uma pancada
E interrompe nosso descanso para nos dizer a hora.
Mas por algum objeto todo cérebro é movido: 445
O entediado pode acordar com um colibri;
O mais recluso, discretamente aberto, encontra
Caráter acolhedor no molusco;
A mente em metafísica perdida
Pode vagar por uma selva de musgo;[124] 450
A cabeça que se volta para coisas supralunares,
Equilibrada com uma cauda, pode planar nas asas de Wilkins.[125]

33
"Quem dera os filhos dos homens pensarem que seus olhos[126]
E sua razão lhes foram dados somente para estudar moscas!
Ver a natureza nalguma forma estreita e parcial 455
E deixar o Autor do todo escapar;
Aprender apenas a gracejar ou, para os que mais observam,
A admirar seu Criador, não a servir."

---

[123] Sobre os quais ver v. 345 acima.
[124] De que os naturalistas contam não sei quantas centenas de espécies. *P. W.*
[125] Um dos primeiros inventores da Real Sociedade, que, entre muitas noções úteis e esclarecidas, entreteve a esperança extravagante da possibilidade de voar até a lua, o que impeliu certos gênios voláteis a fazer asas com essa finalidade. *P. W.*
[126] Este é o terceiro discurso da Deusa aos seus suplicantes, que completa o conjunto do que ela tinha a dar para instruí-los nesta importante ocasião, atinente ao saber, sociedade civil e religião. No primeiro discurso, v. 119, aos seus editores e críticos presunçosos, ela orienta como depravar o lume e desacreditar bons escritores. No segundo, v. 175, aos educadores da juventude, ela mostra-lhes como todas as obrigações civis podem ser extintas na única doutrina do direito hereditário divino. E neste terceiro ela encarrega os investigadores da natureza de divertir-se com frivolidades e deter-se em causas segundas, ignorando totalmente as primeiras. Isso é tudo que Tôrpia deseja, tudo que ela precisa dizer; e nós podemos aplicar a ela (como o poeta conseguiu fazer) o que se disse do lume autêntico, que "ela não diz nem pouco, nem muito". *P. W.*

34

"Seja essa minha tarefa! (Responde um acólito sombrio,[127]
Inimigo jurado do mistério, porém divinamente obscuro,   460
Cuja esperança pia aspira a ver o dia
Em que a evidência moral se degradará,[128]
E amaldiçoa a fé submissa e as mentiras santas,
Pronto para impor e afeito a dogmatizar.)
Deixe que outros rastejem a passos tímidos e lerdos,   465
Sobre a simples experiência plantem fundo os alicerces,
Pelo bom senso no bom conhecimento formados,
E enfim pela Natureza à causa da Natureza guiados;[129]
Onividentes em tua névoa, não queremos guia,
Mãe da arrogância e fonte do orgulho!   470
Nobremente tomamos a via que parte dos princípios[130]
E raciocinamos para baixo até duvidarmos de Deus;[131]

---

[127] O epíteto "sombrio" neste verso pode parecer o mesmo que "obscuro" no seguinte. Mas "sombrio" está relacionado à condição desconfortável e desastrosa de um cético irreligioso, enquanto "obscuro" alude apenas aos seus sistemas perplexos e embaralhados. P. W.

[128] Alude à forma ridícula e absurda com que alguns matemáticos calculam a decadência gradual da evidência moral por proporções matemáticas; segundo esse cálculo, em cerca de cinquenta anos não será mais provável que Júlio César tenha estado na Gália, nem morrido no Senado (ver os *Princípios matemáticos da teologia cristã* de Craig). Mas assim como parece evidente que fatos de mil anos atrás, por exemplo, hoje são tão prováveis quanto eram quinhentos anos atrás, é óbvio que se em cinquenta anos eles desaparecerem não será devido aos seus argumentos, mas ao extraordinário poder da nossa Deusa, por cujo auxílio, portanto, eles têm razão de orar. P. W.

[129] Nestes versos são descritas a disposição do investigador racional e os meios e fins do conhecimento. No que tange a essa disposição, a contemplação das obras de Deus com faculdades humanas deve necessariamente tornar timorato e temeroso um homem modesto e sensato; e isso o levará naturalmente aos meios certos de adquirir o pouco conhecimento de que suas faculdades são capazes, a saber a experiência simples e segura; que embora sustente apenas uma fundação humilde e permita somente um progresso muito lento acaba levando, seguramente, ao fim, a descoberta do Deus da natureza. W.

[130] Aqueles que, dos efeitos neste mundo visível, deduzem o poder eterno e a divindade da causa primeira, embora não possam alcançar uma ideia adequada da deidade, descobrem o suficiente dela para conseguirem ver com que finalidade foram criados e quais os meios de sua felicidade; ao passo que aqueles que tomam esta via *a priori* (como Hobbes, Spinoza, Descartes e alguns melhores raciocinadores) por uma que vai reto perdem-se em nevoeiros ou vagueiam atrás de visões que os privam de todo acerto em seu fim e os desorientam na escolha de meios errôneos. P. W.

[131] De fato, foi o caso daqueles que, ao invés de raciocinarem do mundo visível para um Deus invisível, tomaram o caminho inverso, e de um Deus invisível (ao qual eles haviam dado atributos compatíveis com certos princípios metafísicos formados pela sua própria imaginação)

Fazemos ainda a Natureza ameaçar o Seu plano,[132]
E rechaçamo-lo tão longe quanto podemos;
Botamos alguma causa mecânica no seu lugar,   475
Ou presa na matéria, ou difusa no espaço.[133]
Ou, de um salto só fugindo a todas as Suas leis,[134]
Fazemos de Deus a imagem do homem, do homem a causa final,
Achamos a virtude local, toda relação desprezamos,
Vemos tudo em nós, e nascido apenas para nós,[135]   480
De nada tão certos quanto de nossa razão,[136]
De nada tão céticos quanto da alma e da vontade.[137]
Ó, esconde o Deus ainda mais, e faz-nos ver,
Como traçou Lucrécio,[138] um Deus como ti:
Envolto em si mesmo, um Deus sem pensamento,   485
Sem atentar para nossa falha ou merecimento!

---

raciocinaram de cima para baixo rumo a um mundo visível em teoria, criado pelo homem; o qual não concordando, como se poderia esperar, com o de Deus, eles começaram, por conta da sua incapacidade de explicar o mal que viam nesse mundo, a duvidar desse Deus, cuja existência eles tinham admitido e cujos atributos eles tinham deduzido *a priori*, com base em princípios fracos e equivocados. W.

[132] Isto se relaciona àqueles que, por terem vergonha de asseverar uma mera causa mecânica, mas não estão dispostos a abandoná-la inteiramente, recorreram a uma certa natureza plástica, fluido elástico, matéria sutil *etc.* P. W.

[133] A primeira dessas loucuras é de Descartes; a segunda, de Hobbes; a terceira, de certos filósofos que lhes sucederam. P. W.

[134] Estas palavras são muito significativas: em seus raciocínios físicos e metafísicos foi uma cadeia de pretensas demonstrações que os levou a todas essas conclusões absurdas. Mas seus erros na moral derivam apenas de assertivas ousadas e impudentes, sem a menor sombra de prova, nas quais eles fogem a todas as leis da argumentação, bem como à verdade. W.

[135] Aqui o poeta, dos erros relativos a uma deidade na filosofia natural, desce aos da moral. O homem foi feito à imagem de Deus: essa falsa teologia, medindo os atributos Dele pelos nossos, faz Deus à imagem do homem. Isso procede da imperfeição da sua razão. O seguinte, de imaginar-se a causa final, é efeito do seu orgulho, assim como tornar a virtude e o vício arbitrários, e a moralidade uma imposição do magistrado, o é da corrupção do seu coração. Por isso ele centra toda coisa em si mesmo. O progresso de Tôrpia difere nisso do da Loucura: um acaba vendo tudo em Deus, o outro vendo tudo em si mesmo. P. W.

[136] Da qual temos causas de sobra para desconfiar. P. W.

[137] Duas coisas das mais evidentes, a existência da nossa alma e a liberdade da nossa vontade. P. W.

[138] Liv. I [44-6, 49]: "Omnis enim per se Divom natura necesse'st / Immortali aevo *summa cum pace* fruatur, / *Semota* ab nostris rebus, *summotaque* longe ... / Nec bene pro *meritis* capitur, nec tangitur *ira*". De onde os dois versos seguintes são traduzidos, e concordam maravilhosamente com o caráter da nossa Deusa. SCRIBL. P. W.

Ou desenha aquela imagem fulgurante[139] ao nosso capricho,
Que Teócles[140] em visão enlevada avistou,
Enquanto por cenas poéticas o gênio erra,
Ou vaga solto em hortos acadêmicos.[141]   490
Nossa sociedade adora essa Natureza[142]
Em que Tindal dita e Sileno[143] ronca."

35
Atiçado pelo seu nome, ergueu-se o ébrio fidalgo,

---

[139] "Imagem fulgurante" foi o título dado pelos platonistas tardios à visão da natureza que eles tinham formado a partir de sua própria fantasia, tão luminosa que a chamaram *autopton agalma*, ou a imagem que vê a si mesma, isto é, vista por sua própria luz. [Esse fogo-fátuo, nestes nossos tempos, surgiu novamente no norte; e os escritos de Hutcheson, Geddes e seus seguidores estão cheios de suas maravilhas. Pois nessa luz boreal, essa imagem que vê a si mesma, esses filósofos clarividentes veem tudo o mais. SCRIBL.
    Que seja ora o deus Acaso de Epicuro, ora o Fado desta deusa.] W.

[140] Assim este filósofo conclama seu amigo a partilhar com ele tais visões:
    "Amanhã, quando o sol levante
    Com seus primeiros raios adornar a fronte
    Daquele monte ali, se aceitares
    Vagar comigo pelos bosques que vês,
    Perseguiremos aqueles nossos amores,
    Por graça das ninfas silvestres:
e invocando, primeiro, o gênio do lugar, tentaremos obter pelo menos alguma visão tênue e distante do gênio soberano e da primeira beleza" (*Características*, vol. II, p. 245).
    Esse gênio é interpelado assim (p. 345) pelo mesmo filósofo:
    "– Ó gloriosa Natureza!
    Supremamente bela, e soberanamente boa!
    Tudo amando, e toda amável! Toda divina!
    Sábia substituta da Providência! Poderosa
    Criadora! Ou deidade empoderante,
    Suprema Criadora!
    A ti invoco, e só a ti adoro".
Sir Isaac Newton distingue esses dois de modo muito diferente (*Principia*, escólio geral *sub fin.*): "*Hunc cognoscimus solummodo per proprietates suas et attributa, et per sapientissimas et optimas rerum structuras, et causas finales; veneramur autem et colimus ob dominium. Deus etenim sine dominio, providential, et causis finalibus, nihil aliud est quam* Fatum et Natura". P. W.

[141] "Acima de todas as coisas eu amava o conforto, e de todos os filósofos aqueles que raciocinavam mais confortavelmente, e nunca ficavam bravos ou perturbados, tal como aqueles chamados céticos nunca ficavam. Eu considerava esse tipo de filosofia o mais bonito e agradável exercício itinerante da mente que se podia imaginar" ([*Características*] vol. 2, p. 206). P. W.

[142] [Ver o *Pantheisticon*, com sua liturgia e rubricas, composto por Toland. W.]

[143] Sileno foi um filósofo epicurista, como se vê em Virgílio, Éclogas VI [31-40], em que ele canta os princípios dessa filosofia em sua bebida. [Ele faz as vezes de um certo Thomas Gordon.] P. W.

E sacudiu do seu cachimbo as sementes do fogo;[144]
Daí fez estalar sua caixa e acariciou sua pança,   495
Rósea e reverenda, porém sem toga.
Íntimo e afável ao trono se achegou,
Levou os jovens, e chamou a deusa de dama.
E então: "Do sacerdócio felizmente liberados,
Eis que todo filho acabado volta para ti!"[145]   500
Primeiro escravos de palavras,[146] depois vassalos de um nome,
Depois iludidos por um partido; criança e homem iguais,
Sujeitos pela natureza, mais estreitados pela arte,
Uma cabeça fútil e um coração contrito;
Assim criados, assim ensinados, quantos eu vi,   505
Sorrindo de tudo e recebendo sorrisos de uma rainha?[147]
Apontados para a honra, honrados por nascimento,
Para ti as coisas mais rebeldes na Terra:
Agora à tua sombra gentil todos se recolhem,
Todos persuadidos por pensão ou putaria!   510
Assim K*, assim B** se esgueiraram na tumba,
Metade monarca, metade escravo de meretriz.
O pobre W**,[148] podado na mais bela floração da loucura,
Quem louva agora? Seu capelão na sua tumba.
Então acolhe todos, ó, acolhe-os no teu seio!   515
Teu Mago, deusa, conjurará o resto".

---

[144] A linguagem epicurista, *semina rerum* [sementes das coisas], ou átomos. Virgílio, Églogas VI [32-3]: *semina ignis – semina flammae* [sementes do fogo, sementes da flama]. P. W.
[145] O douto Escrevinho aqui é muito extravagante. Parece, diz ele, com isto, que os sacerdotes (que estão sempre conjurando e planeando intriga contra a lei da natureza) aliciaram esses jovens inofensivos do seio de sua mãe [Tôrpia] e os mantiveram em rebelião aberta contra ela, até que Sileno rompesse o encanto e os devolvesse aos braços indulgentes dela. Mas isso é uma fantasia tão singular, e ao mesmo tempo tão carente de prova, que precisamos fazer a justiça de absolvê-los de todas as suspeitas desse tipo. W.
[146] Uma recapitulação de todo o curso da educação moderna descrito neste livro, que confina a juventude ao estudo de palavras somente nas escolas, sujeita-a à autoridade de sistemas nas universidades, e ilude-a com os nomes de distinções partidárias no mundo, tudo concorrendo igualmente para estreitar o entendimento e estabelecer a escravidão e o erro na literatura, filosofia e política. Tudo isso veio dar no livre-pensamento moderno, a súmula de tudo que é vão, errado e destrutivo para a felicidade da humanidade, pois estabelece o amor-próprio como único princípio de ação. W.
[147] [Isto é, esta rainha ou deusa Tôrpia.]
[148] [O Sr. Philip Wharton, que morreu banido no estrangeiro em 1791.]

36
Com isso, um velho mago estende seu cálice[149],[150]
Do qual quem beber esquece seus antigos amigos,
Amo, ancestrais, a si mesmo.[151] Lança seu olhar
Ao alto para uma estrela, e como Endimião morre; 520
Uma pena, disparada da cabeça de outro,
Extrai seu cérebro, e o princípio foge;
Perdido está seu Deus, seu país, tudo,
E nada resta senão homenagem a um rei![152]
A manada vulgar se retira para rolar com os porcos, 525
Para correr com cavalos ou caçar com cachorros;
Mas, triste exemplo, para nunca escapar
De sua infâmia, mantêm a forma humana![153]

---

[149] O cálice do amor-próprio, que provoca um esquecimento total das obrigações de amizade ou honra e do serviço de Deus ou do nosso país, tudo sacrificado à vanglória, veneração da corte ou considerações ainda mais reles de lucro e prazeres brutais (v. 520-8). P. W.

[150] Aqui começa a celebração dos mistérios maiores da Deusa, que o poeta em sua invocação (v. 5) prometeu cantar. Pois agora, tendo cada aspirante, como era costume, provado sua qualificação e pretensão a participar, o sumo sacerdote de Tôrpia primeiro iniciava a assembleia com o rito habitual da libação. E depois cada um dos iniciados, como era sempre exigido, revestia-se de uma nova natureza, descrita do v. 518 ao 528. Quando o sumo sacerdote e a Deusa cumpriram assim as suas partes, cada um deles é entregue nas mãos do seu condutor, um ministro inferior ou Hierofante, cujos nomes são Impudência, Estupefação, Vaidade, Egoísmo, Prazer, Epicurismo *etc.*, para guiá-los através dos diversos apartamentos do domo místico ou palácio dela. Quando tudo isso termina, a Deusa soberana, do v. 565 ao 578, confere seus títulos e graus, recompensas inseparavelmente ligadas à participação nos mistérios. Isso fez o antigo [Téon] dizer delas "A melhor de todas e entre as maiores dádivas é partilhar dos mistérios" [Libânio, *Progymnasmata* VIII 713]. Assim, sendo enriquecida com tantos presentes e graças variadas, a iniciação nos mistérios era antigamente, assim como nos nossos tempos, julgada uma qualificação necessária para todo alto cargo e emprego, seja na Igreja ou no Estado. Por fim, a grande monarca encerra a solenidade com sua bênção graciosa, que conclui fechando a cortina e pondo todos os seus filhos para dormir. Deve-se observar que Tôrpia, antes dessa sua restauração, tinha seus pontífices *in partibus*, que de tempos em tempos celebravam os mistérios dela em segredo e com grande privacidade. Mas agora, por ocasião do seu restabelecimento, ela os celebra, como os dos cretenses (os mais antigos de todos os mistérios), ao ar livre e oferece-os à inspeção de todos os homens. SCRIBL. W.

[151] Homero sobre o nepente, *Odisseia* IV [220-6]: "Αὐτίκ' ἄρ' εἰς οἶνον βάλε φάρμακον, ἔνθεν ἔπινον / Νηπενθές τ' ἀχολόν τε, κακῶν ἐπίληθον ἁπάντων".

[152] Por mais estranho que isto possa parecer a um simples leitor inglês, o famoso Monsenhor de la Bruyère declara ser este o caráter de todo bom súdito numa monarquia, "na qual", diz ele, "não existe amor pelo nosso país; o interesse, a glória e o serviço do príncipe tomam seu lugar" (*Da república*, cap. X). P. W.

[153] Os efeitos do cálice do Mago são exatamente contrários aos do de Circe. O dela tirava a forma e deixava a mente humana; este tira a mente e deixa a forma humana. W.

37
Mas ela, boa deusa, enviou a cada criança[154]
Sólida impudência ou estupefação suave;   530
E logo sucederam, sem deixar espaço para a vergonha,
Testa cibberiana ou trevas cimérias.

38
Gentil autossatisfação seu espelho aplica a alguns,
Que ninguém contempla com olhos de outrem;
Mas conforme o bajulador ou dependente pinta,   535
Considera-se um patriota, chefe ou santo.

39
Sobre outros o interesse despeja sua libré colorida,
Interesse que ondula em asas de cor partidária;
Voltado para o sol, ele dispara um milhar de tons,
E, conforme gira, as cores caem ou sobem.   540

40
Outros as irmãs sereias rodeiam de trinados,
E consolam as cabeças vazias com som vazio.
Que pena! Não ouvem mais a voz da fama,
Pois o bálsamo de Tôrpia[155] goteja em seus ouvidos.
Grandes C**, H**, P**, R**, K*,   545
Para quê tanto esforço? Vossos filhos aprenderam a cantar.
Quão depressa a ambição se converte em ridículo!
O fidalgo torna-se par, o filho um tolo.

---

[154] O único conforto que essas pessoas podem receber só pode dever-se, de uma forma ou de outra, a Tôrpia, que torna alguns estúpidos, outros impudentes, dá autossatisfação a alguns, mediante as lisonjas dos seus dependentes, apresenta as falsas cores do interesse a outros e ocupa ou diverte o resto com prazeres ou sensualidade vã, até que eles se tornam dóceis sob qualquer infâmia. Cada uma dessas espécies é retratada aqui com os traços de pessoas alegóricas. P. W.

[155] O verdadeiro bálsamo de Tôrpia, chamado pelos médicos gregos de *kolakeia* [adulação], é um remédio soberano contra a inanidade, e tira seu nome poético da própria deusa. Seus antigos dispensadores foram seus poetas [e por essa razão nosso autor, no liv. II 207, chama-o de bálsamo curativo do poeta], mas agora ela caiu em tantas mãos quanto as pastilhas de Goddard ou o elixir de Daffy. Ele é preparado pelo clero, como se vê em diversos lugares deste poema; e nos v. 535-6 parece que a nobreza o mandava fazer em suas próprias residências. Este, que se diz aqui que a ópera ministra, é de um tipo espúrio. Ver minha dissertação sobre o sílfio dos antigos. BENT. W.

41
Alguns, um padre envolto em amito branco
Atende; toda carne é nada à sua visão! 550
Bifes, ao seu toque, num átimo viram gelatina,
E o javali enorme encolhe até caber numa urna;
A tábua ele carrega de milagres ilusórios,[156]
Transforma lebres em cotovias, e pombas em sapos.
Outro (afinal em que mais se pode brilhar?)[157] 555
Explica a *sève* e a *verdeur*[158] da vinha.
O que um copioso sacrifício não pode redimir?
Tuas trufas, Périgord! Teus fiambres, Bayonne!
Com libação francesa e melodia italiana,
Branqueia Bladen e expia a mácula de Hay.[159] 560
Knight levanta a cabeça; pois o que são multidões desfeitas
Para três perdizes essenciais em uma?[160]

---

[156] Escrevinho parece estar perdido neste lugar. *Speciosa miracula* (diz ele), segundo Horácio, eram as fábulas monstruosas dos ciclopes, lestrigões, Cila *etc*. Que relação têm elas com a transformação de lebres em cotovias, ou de pombas em sapos? Eu te direi. Os lestrigões espetavam homens em lanças, como fazemos com as cotovias em espetos; e a bela pomba transformada em sapo é semelhante à bela virgem Cila tornada besta imunda. Mas aqui está a dificuldade: por que levar à mesa pombas numa forma tão chocante? As lebres até podem ser cortadas como cotovias numa segunda porção, por questão de frugalidade. Mas isso não parece motivo provável quando consideramos a extravagância mencionada acima de dissolver bois e javalis inteiros num pequeno frasco de gelatina; pelo contrário, está dito expressamente que "toda carne não é nada a seus olhos". Eu procurei em Apício, Plínio e no banquete de Trimálquio, em vão. Só posso equipará-lo a algum rito supersticioso misterioso, como se diz que é feito por um sacerdote e logo depois chamado de sacrifício, acompanhado (como todos os antigos sacrifícios) por libações e canções. SCRIBL.
O bom Escoliasta, por não estar familiarizado com o luxo moderno, ignorava que estes eram somente os milagres da culinária francesa, e particularmente as pombas *en crapeau* eram um prato comum. P. W.
[157] Alude ao verso de Virgílio, Éclogas VIII [63]: "nem todos podem tudo".
[158] Termos franceses relacionados a vinhos[, que significam seu sabor e pungência]. Saint-Évremond tem uma carta muito pungente a um nobre em desgraça, na qual ele o aconselha a buscar conforto numa boa mesa, e particularmente a ficar atento a essas qualidades no seu champanhe. P. W.
[159] Nomes de jogadores. Bladen é um homem negro. Robert Knight, caixeiro da South Sea Company, que fugiu da Inglaterra em 1720 (depois foi perdoado em 1742). Eles viveram com máxima magnificência em Paris, e mantiveram mesas abertas frequentadas por pessoas da primeira qualidade da Inglaterra, e até por príncipes do sangue da França. P. W.
A nota anterior de que "Bladen é um homem negro" é muito absurda. O manuscrito aqui está parcialmente obliterado, e sem dúvida só pode ter sido "*Wash blackmoors white*", aludindo a um conhecido provérbio. SCRIBL. P. W.
[160] Isto é, duas dissolvidas em quintessência para fazer molho para a terceira. A honra dessa invenção cabe à França, mas ela foi superada pelo nosso luxo nativo, pois não é raro que cem

Sumido todo rubor, e silente toda censura,
Os príncipes contendores amontoam-nas nas suas carruagens.

42
Em seguida todos, pedindo, aproximam-se de joelhos, 565
E a rainha confere seus títulos e graus.
Primeiro seus filhos do tipo mais distinto,
Que estudam Shakespeare no Inns of Court,
Empalam um vaga-lume ou professam *vertù*,
Brilham na dignidade de F. R. S. 570
Alguns, profundos maçons, juntam-se à raça silente,[161]
Digna de tomar o lugar de Pitágoras:
Alguns botanistas, ou floristas pelo menos,
Ou membros oriundos de uma festa anual.
Nem o mais vil deixou de ser contemplado: um 575
Ergueu-se gregoriano, outro um Gormogon.[162]
Os últimos, não menos meritórios de honra ou aplauso,
Ísis e Cam fizeram doutores em suas leis.

43
Então, abençoando a todos: "Ide, filhos de meu zelo!
Do quartel da teoria saí agora a praticar. 580
Todos meus comandos são fáceis, curtos e plenos:
Meus filhos, sede altivos, sede egoístas e sede torpes![163]

---

filhotes de peru sejam inseridos numa única torta no bispado de Durham. Nosso autor alude a isso no v. 593 desta obra.
[161] O poeta exprime sem cessar uma preocupação muito particular com esta raça silente: aqui ele cuidou que, caso eles não acordem ou abram (como foi proposto anteriormente) em beija-flor ou berbigão, pelo menos eles sejam feitos franco-maçons; para isso a taciturnidade é a única qualificação essencial, tal como era a principal para os discípulos de Pitágoras. P. W.
[162] Uma espécie de irmãos leigos, ramos da raiz dos franco-maçons. P. W.
[163] Seria injusto da nossa parte para com o reinado de Tôrpia não confessar que ele tem uma vantagem raramente encontrada nos governos modernos, que é que a educação pública dos seus jovens os adapta e prepara para a observância de suas leis e a prática das virtudes que ela recomenda. Pois o que torna os homens mais orgulhosos do que o conhecimento vazio de palavras? Mais egoístas que o sistema de moral dos livres-pensadores? Ou mais torpes que a profissão da autêntica virtuosidade? Nem são as instituições dela menos admiráveis em si mesmas do que na fitness dessas várias relações, para promover a harmonia do todo. Pois ela diz a seus filhos, e com grande verdade, que "todos meus comandos são fáceis, curtos e plenos". Afinal, existe algo na natureza mais fácil que a prática do orgulho, mais curto e simples que

Guardai minha prerrogativa, assegurai meu trono;
Este aceno confirma cada um dos vossos privilégios.¹⁶⁴
O boné e o chicote sejam sagrados para sua graça;   585
Com cajado e escarpins o marquês lidere a corrida;
De etapa em etapa corra o conde licenciado,
Pareado com seu companheiro cocheiro, o sol;
O barão instruído trace borboletas
Ou fie em seda a linha sutil de Aracne;¹⁶⁵   590
O juiz chame para dançar seu irmão sargento;¹⁶⁶
O senador inste o baile ao críquete;
O bispo enfie (luxo pontifical!)
Uma centena de almas de perus numa torta;
O robusto proprietário se incline perante mestres gálicos,   595
E afogue suas terras e solares na sopa.
Outros importem artes ainda mais nobres da França,
Ensinem aos reis a rabeca¹⁶⁷ e aos senados a dança.
Talvez mais alto algum filho ousado possa voar,
Orgulhoso de acrescentar mais um monarca à minha lista;   600
E nobremente cônscio de que príncipes são meras coisas
Nascidas para primeiros-ministros, como escravos para reis,
Tirano supremo! Três estados ele comandará
E FARÁ UMA POSSANTE IMBECILÍADA DESTA TERRA!".

---

o princípio do egoísmo ou mais pleno e amplo que a esfera de Tôrpia? Como o nascimento, a educação e a sábia política contribuem todos para sustentar o trono da nossa deusa, grande deve ser a sua força. *W.*

¹⁶⁴ Este discurso de Tôrpia a seus filhos na despedida pode talvez ficar aquém da expectativa do leitor, que pode imaginar que a deusa poderia ter lhes dado um encargo de mais relevância e, segundo a teoria exposta anteriormente, incitá-los à prática de algo mais extraordinário do que personificar lacaios, jóqueis, condutores de diligência *etc.*

Mas se for bem considerado que, qualquer que seja a inclinação que eles possam ter para causar estrago, seus filhos são geralmente tornados inofensivos pela sua inabilidade, e que é efeito comum de Tôrpia (mesmo em seus maiores esforços) derrotar seu próprio desígnio, o poeta, estou persuadido, estará justificado, e se permitirá que essas pessoas valorosas, em seus diversos cargos, façam tanto quanto pode ser esperado delas. *P. W.*

¹⁶⁵ Este é um dos empregos mais engenhosos atribuídos, e portanto recomendado somente a pares de muito saber. Sobre tecer meias a partir de teias de aranha, ver *Philosophical Transactions. P. W.*

¹⁶⁶ Alude talvez àquela antiga e solene dança intitulada "A call of sergeants". *P. W.*

¹⁶⁷ Uma antiga diversão de príncipes soberanos, a saber Aquiles, Alexandre, Nero; mas desprezada por Temístocles, que era republicano. *E aos senados a dança*: seja atrás de seu príncipe, ou para Pontoise ou a Sibéria. *P. W.*

44

Mais teria dito, mas bocejou – toda a Natureza acenou: 605
Que mortal resiste ao bocejo dos deuses?[168]
Igrejas e capelas ele alcançou num instante[169]
(St. James's primeiro, pois o plúmbeo[170] Gilbert[171] pregava);
Depois alcançou as escolas; o Hall mal pôde ficar desperto;
A Convocação abriu a boca, mas não conseguiu falar;[172] 610
Perdeu-se o juízo da nação, e não foi achado
Enquanto o longo e solene uníssono a arrodeava:
Mais e mais longe, espalhou-se por todo o reino;
Até Palinuro cabeceou ao leme;
O vapor suave esgueirou-se por cada comitê; 615
Tratados inacabados em cada escritório dormiam;

---

[168] Este verso é verdadeiramente homérico, como é a conclusão da ação, em que a Grande Mãe compõe tudo, da mesma maneira que Minerva no final da *Odisseia*. De fato pode parecer uma [catástrofe] muito singular de um poema terminar, como faz este, com um grande bocejo. Mas devemos considerá-lo como um bocejo divino, e de efeitos poderosos. Não provém da natureza, muitos longos e graves conselhos concluindo-se exatamente dessa maneira; tampouco carece de autoridade, o incomparável Spencer tendo encerrado uma das suas obras mais consideráveis com um rugido, mas é o rugido de um leão, cujos efeitos são descritos como a catástrofe do poema. P. W.

[169] O progresso deste bocejo é judicioso, natural e digno de ser notado. Primeiro ele apodera-se das igrejas e capelas; depois alcança as escolas, onde, embora os meninos não queiram dormir, os mestres querem; daí Westminster Hall, muito mais difícil de subjugar, e não totalmente silenciado, mesmo pela Deusa; em seguida a Convocação, que, embora extremamente desejosa de falar, não consegue. Até a Câmara dos Comuns, denominada com justeza o senso da nação, fica perdida (quer dizer, suspensa) durante o bocejo (longe do nosso autor sugerir que ela poderia perder-se mais que isso!), mas ele se espalha por todo o resto do reino, em tal grau que o próprio Palinuro (embora incapaz de dormir, como Júpiter) também cabeceia por um momento; o efeito disso, apesar de momentâneo, não poderia deixar de causar certo relaxamento, por algum tempo, em todos os assuntos públicos. Scribl. P. W.

[170] Um epíteto de uma era que ela havia acabado de restaurar, segundo aquele costume sublime dos orientais de dar aos príncipes recém-nascidos um nome correspondente a algum evento portentoso recente. Scribl

[171] [Arcebispo de York, que atacou o Dr. King, de Oxford, amigo de Pope.]

[172] O que implica um grande desejo de fazê-lo, como o douto Escoliasta observa corretamente neste lugar. Portanto, leitor, cuidado para não tomar esta abertura por um bocejo, que é acompanhado somente pelo desejo de ir repousar. De modo algum era a disposição da Convocação, cujo caso infeliz, em suma, é este: ela foi, como se relata, infectada pela influência generalizada da Deusa, e enquanto ela estava bocejando à vontade um cortesão desavergonhado aproveitou-se dela e, naquele exato instante, enfiou nela um abre-boca. Portanto, ela pode ser distinguida pela sua boca aberta; e é essa posição dolorosa que o nosso poeta descreve, tal como ela se encontra até hoje, um triste exemplo dos efeitos de Tôrpia e da malícia incontidas e desprezadas. Bent. W.

E exércitos sem chefe pestanejavam em campanha,
E esquadras bocejavam sem ordens junto ao mastro.[173]

45
Ó Musa! Relata (pois tu apenas pode contar,
Gênios têm memória curta,[174] e imbecis nenhuma)   620
Quem foi o primeiro, quem o último a resignar-se ao ócio;
Quais cabeças ela abençoou parcialmente, quais completamente;
Que charmes soube vencer, que ambições aplacar,
Os venais aquietar e os torpes cativar;[175]
Até que o juízo se afogou, e a vergonha, e o certo, e o errado –   625
Ó, canta, e silencia as nações com teu canto!

* * * * * * * * *

46
Em vão, em vão – a hora que tudo compõe
Cai sem resistir: a Musa obedece ao poder.
Lá vem ela! Lá vem! Contemplai o trono negro[176]
Da Noite primeva, do Caos vetusto!   630
Diante dela, as nuvens douradas da Fantasia decaem,

---

[173] Estes versos [616-8] foram escritos muitos anos atrás e podem ser encontrados nos poemas de Estado daquele tempo. Por isso Escrevinho se engana, ou qualquer um que tenha imaginado que este poema é de data mais recente. P. W.

[174] Esta parece ser a razão pela qual os poetas, sempre que nos dão um catálogo, pedem constantemente a ajuda das Musas, que, por serem filhas da memória, são obrigadas a não esquecer coisa alguma. Assim diz Homero, na *Ilíada* II [488, 491-2]: "Não sei dizer seu número ou nome a menos que as musas do Olimpo, filhas de Zeus que brande a égide, os narrem". E Virgílio, *Eneida* VII [645-6]: "Como lembradas sois, contai-mo, ó divas: / Mal nos roçou leve aura do passado". Mas o nosso poeta tinha mais uma razão para atribuir essa tarefa à Musa, que apesar de estar adormecida era a única que podia relatar o que se passou. SCRIBL. P. W.

[175] Seria um problema digno de solução do próprio Aristarco (talvez não de menor importância que algumas daquelas questões ponderosas disputadas tão longa e acaloradamente entre os escoliastas de Homero, por exemplo em qual mão Vênus foi ferida, e o que Júpiter sussurrou ao ouvido de Juno) o de nos informar o que exigiu maior esforço do poder da nossa Deusa, cativar os torpes ou aquietar os venais. Pois embora os venais possam ser mais agitados que os torpes, por outro lado é necessário muito maior esforço da virtude para cativar do que meramente aquietar. W.

[176] Os tronos negros da Noite e do Caos, aqui representados avançando para extinguir a luz das ciências, em primeiro lugar suprimem as cores da Fantasia e apagam o fogo do Lume, antes de procederem à sua obra maior. W.

E todos seus arco-íris variegados esmorecem.
O gênio expele em vão seus fogos momentâneos,
O meteoro cai, e num clarão expira,
Enquanto uma a uma, na terrível linhagem de Medeia, 635
As estrelas enfermiças desaparecem da planície etérea.
Como os olhos de Argus, oprimidos pelo bastão de Hermes,
Fecharam-se um a um em descanso eternal,[177]
Assim à sua aproximação feltrada e poder secreto
Some arte após arte, e tudo é noite. 640
Vede a Verdade escorraçada fugir para sua velha caverna,[178]
Com montanhas de casuística empilhadas sobre sua cabeça!
A Filosofia, que antes se escorava nos céus,[179]
Encolhe à sua causa segunda, e deixa de existir.
A Física à Metafísica pede socorro, 645
E a Metafísica pede ajuda ao Juízo![180]

---

[177] "Et quamvis sopor est oculorum parte receptus, / Parte tamen vigilat ... / ... Vidit Cyllenius omnes / Succubuisse oculos" *etc*. (Ovídio, *Metamorfoses* [I 686-7]).

[178] Alude ao dito de Demócrito de que a verdade jaz no fundo de um poço recôndito, do qual ele a tirou; embora Butler diga que ele primeiro a botou lá, antes de tirá-la. *W*.

[179] A filosofia finalmente levou as coisas ao ponto de se julgar infilosófico deter-se na primeira causa; como se sua finalidade fosse uma indagação infinita de causa após causa, sem nunca chegar à primeira. De modo que, para evitar essa desgraça ignara, alguns dos propagadores da nossa melhor filosofia recorreram ao estratagema a que se alude aqui. Pois essa filosofia, que é fundada no princípio da gravitação, primeiro considerava tal propriedade da matéria como algo extrínseco a ela, e impresso imediatamente nela por Deus. Subir daí corretamente e modestamente até a primeira causa era levar as investigações naturais tão longe quanto deviam ir. Mas essa parada, embora ao alcance de nossas ideias, foi tomada erroneamente pelos filósofos estrangeiros como se recorresse às qualidades ocultas dos peripatéticos. Para evitar esse descrédito imaginário para a nova teoria, julgou-se apropriado procurar a causa da gravitação num certo fluido elástico que permeava todo o corpo. Por esse meio, ao invés de realmente avançar nas investigações naturais, fomos levados novamente por esse expediente engenhoso a uma causa segunda insatisfatória. Pois ainda se pode, pelo mesmo tipo de objeção, perguntar qual é a causa dessa elasticidade. Ver essa loucura censurada no v. 475. *W*.

[180] Certos escritores, como Malebranche, Norris e outros, julgaram importante, a fim de assegurar a existência da alma, questionar a realidade do corpo, o que tentaram fazer com um raciocínio metafísico muito refinado. Ao passo que outros do mesmo partido, a fim de nos persuadir da necessidade de uma revelação que promete a imortalidade, tentaram com a mesma ansiedade provar que as qualidades que se supõe comumente pertencerem apenas a um ser imaterial não passam do resultado das sensações da matéria, e da alma naturalmente mortal. Assim, entre esses raciocínios diferentes, eles nos deixaram sem alma nem corpo, e as ciências da física e da metafísica sem o menor apoio, fazendo-as depender uma da outra e negar uma à outra. *W*.

Vede o Mistério correr para a Matemática![181]
Em vão! De olhos vidrados, entontecem, deliram e morrem.
A Religião, enrubescida, cobre seus fogos sagrados,[182]
E a Moralidade expira desprevenida.[183]   650
Nem flama pública, nem privada, ousa brilhar;
Não sobra fagulha humana, nem lampejo divino!
Ó! Teu temível império, Caos, é restaurado!
A Luz morre diante de tua palavra infecunda;
Tua mão, grande Anarca, faz cair o pano;   655
E a escuridão universal tudo sepulta.

FIM

---

[181] Uma espécie de homens (que fazem da razão humana a medida adequada de toda verdade) pretendeu que tudo que não é plenamente compreendido por ela é contrário a ela; certos defensores da religião, que não aceitavam ser superados em paradoxo, foram até a loucura oposta, e tentaram mostrar que os mistérios da religião podem ser demonstrados matematicamente (como os autores dos princípios filosóficos ou astronômicos naturais e revelados). W.

[182] Enrubescida não somente diante da visão desses seus falsos apoios no presente transbordamento de torpeza, mas diante da memória do passado, quando o saber bárbaro de tantas eras era empregado unicamente na corrupção da simplicidade e na conspurcação da pureza da religião. Em meio à extinção de todas as outras luzes, diz-se que ela apenas retira a sua, pois ela é a única que, por sua própria natureza, é inextinguível e eterna. W.

[183] Nisto se percebe que o nosso poeta tinha sentimentos muito diferentes daqueles do autor das *Características*, que escreveu um tratado formal sobre a virtude para provar que ela é não apenas real mas duradoura sem o apoio da religião. A palavra "desprevenida" alude à confiança daqueles homens que supõem que a moralidade floresceria melhor sem ela, e consequentemente à surpresa que teriam aqueles (se houver alguém assim) que de fato amam a virtude, porém fazem tudo que podem para extirpar a religião do seu país. W.

APÊNDICES

I.
PREFÁCIO

Anteposto às cinco primeiras edições imperfeitas da *Imbecilíada*, em três livros, impressas em Dublin e Londres, in-8º e in-12º [1728]

O EDITOR[1] AO LEITOR

Julgar-se-á ser uma observação verdadeira, embora um tanto surpreendente, que, quando algum escândalo é aventado contra um homem da mais alta distinção e caráter, seja no Estado ou na literatura, o público em geral lhe concede uma recepção mais amena; e a maior parte o aceita tão favoravelmente como se fosse alguma gentileza feita a si mesmos; por outro lado, se um conhecido larápio ou tapado tiver o azar de ser atingido, toda uma legião pega em armas, e ele se torna a causa comum de todos os escrevinhadores, livreiros e impressores.

---

[1] *O editor*] Quem ele era não se sabe ao certo; mas Edward Ward nos diz, em seu prefácio a *Durgen*, "que a maioria dos juízes é da opinião que esse prefácio não é de origem inglesa, mas hibérnica" etc. Ele quer dizer que foi escrito pelo Dr. Swift, que, seja editor ou não, pode ser considerado de certa maneira o autor do poema. Pois quando ele, junto com o Sr. Pope (por razões especificadas no prefácio às suas *Miscelâneas*), decidiu assumir as peças mais triviais nas quais eles tinham tido alguma participação, e destruir todas as que restavam em seu poder, o primeiro esboço deste poema foi arrancado do fogo pelo Dr. Swift, que persuadiu seu amigo a levá-lo a cabo, e portanto foi atribuído a ele. Mas a ocasião de impressão foi como segue.

Foi publicado naquelas *Miscelâneas* o tratado *Peri Bathous, ou Arte de afundar na poesia*, no qual havia um capítulo em que as espécies de maus escritores eram organizadas em classes, e as letras iniciais de nomes prefixadas, na maior parte a esmo. Mas era tão grande o número de poetas eminentes naquela arte, que um ou outro tomou toda letra para sI Todos irromperam numa fúria tão violenta que durante metade de um ano, ou mais, os jornais comuns (na maioria dos quais eles tinham algum interesse, por serem escritores contratados) ficaram cheios das mais abusivas falsidades e difamações que eles conseguiam imaginar. Uma liberdade que não deve de modo algum causar espanto nessas pessoas e nesses jornais que, por muitos anos, durante a licença descontrolada da imprensa, achincalharam quase todas as grandes figuras da época, e com impunidade, pois suas próprias pessoas e nomes eram absolutamente secretos e obscuros. Isso sugeriu ao Sr. Pope a ideia de que agora ele tinha uma oportunidade de fazer o bem, detectando e arrastando para a luz esses inimigos comuns da humanidade. Afinal, para invalidar essa calúnia universal, bastava mostrar que seus autores eram homens desprezíveis. Ele tinha alguma esperança de que, ao tornar manifesta a torpeza daqueles que só tinham malícia a recomendá-los, ou os livreiros não veriam vantagem em empregá-los, ou esses próprios homens, quando descobertos, não teriam coragem de prosseguir numa atividade tão ilícita. Foi isso que deu origem à *Imbecilíada*; e ele pensou que fosse uma felicidade que, pela recente torrente de calúnia contra si mesmo, ele tivesse adquirido sobre os nomes exatamente o direito que era necessário ao seu propósito.

Sem investigar demasiado a fundo a razão disso, apenas observarei como um fato que, a cada semana nesses dois últimos meses, a cidade foi soterrada de panfletos,[2] anúncios, cartas e ensaios semanais, não apenas contra o lume e os escritos, mas contra o caráter e a pessoa do Sr. Pope. E que de todos os homens que tiveram prazer com suas obras, que num cômputo modesto podem ser cerca de[3] cem mil nestes reinos da Inglaterra e Irlanda (sem mencionar Jersey, Guernsey, as Órcades, as do Novo Mundo e os estrangeiros que o traduziram para as suas línguas), de todo esse número nem um homem se levantou para dizer uma palavra em sua defesa.

A única exceção é o[4] autor do poema que segue, que, sem dúvida, ou teve uma percepção melhor dos fundamentos desse clamor, ou uma opinião melhor da integridade do Sr. Pope, reunida a um maior amor pessoal por ele que qualquer outro de seus numerosos amigos e admiradores.

Ademais, que ele era de sua intimidade mais estreita, transparece do conhecimento que ele manifesta dos mais privados autores de todas as peças anônimas contra ele, e de ter neste poema atacado[5] nenhum homem vivo que não tivesse antes impresso ou publicado algum escândalo contra esse cavalheiro.

Como entrei de posse dele não interessa ao leitor; mas teria sido um prejuízo para ele se eu tivesse sustado a publicação, já que esses nomes que são seus principais ornamentos morrem diariamente tão rápido que muito em breve o poema se tornará ininteligível. Se isso provocar o autor a nos dar uma edição mais perfeita, terei alcançado meu objetivo.

Quem ele é eu não posso dizer, e (o que é uma grande pena) não há certamente[6] nada em seu estilo e maneira de escrever que o possa distinguir ou reve-

---

[2] *Panfletos, anúncios etc.*] Ver a lista desses artigos anônimos, com suas datas e autores anexos, inseridos antes do poema. [Apêndice II]

[3] *Cerca de cem mil*] É surpreendente com que estupidez este prefácio, que é uma ironia quase ininterrupta, foi tomado por esses autores. Todos os trechos como este foram entendidos por Curll, Cook, Cibber e outros como se fossem sérios. Ouçam o Laureado (Carta ao Sr. Pope, p. 9): "Embora eu admita que a *Imbecilíada* é o melhor poema do seu tipo que já foi escrito, no entanto quando o leio com aquela parafernália pedante de Notas e Comentários a ele *etc.* – é espantoso que você, que escreveu com espírito tão magistral sobre o domínio da paixão, seja tão cegamente escravo da sua própria, a ponto de não ver como vai longe a baixa avareza do elogio" *etc.* (dando como certo que as notas de Escrevinho e outros eram do próprio autor).

[4] *O autor do poema que segue etc.*] Ironia muito óbvia, falando do próprio Sr. Pope.

[5] O editor, nestas palavras, foi um pouco longe demais. Mas é certo que todos os nomes que o leitor encontrar que lhe sejam desconhecidos, são deles; exceção feita a somente dois ou três, cuja torpeza, difamação impudente ou vaidade lhes garantiu com justiça, como concorda toda a humanidade, um lugar na *Imbecilíada*.

[6] *Não há certamente nada em seu estilo etc.*] Esta ironia teve pouca eficácia em ocultar o autor. A *Imbecilíada*, por mais imperfeita que fosse, não havia sido publicada há dois dias que toda a cidade a atribuiu ao Sr. Pope.

lar: pois se ele apresenta alguma semelhança com o do Sr. Pope, não é improvável que tenha sido feito assim de propósito, com vistas a fazê-lo passar por seu. Mas pela frequência de suas alusões a Virgílio e pela elaborada (para não dizer afetada) brevidade que imita a dele, eu tenderia a pensar que ele é mais um admirador do poeta romano que do grego [Homero], e nisso não do mesmo gosto do seu amigo.

Fui bem informado que esta obra representava o labor de seis anos inteiros[7] de sua vida, e que ele se retirou totalmente das distrações e prazeres do mundo para dedicar-se diligentemente à sua correção e perfeição; e seis anos mais ele pretendia consagrar a ela, a julgar por este verso de Estácio que foi citado na cabeça do seu manuscrito: "*Oh mihi bissenos multum vigilata per annos, / Duncia!*"[8] [Passei minhas noites em vigília nos últimos doze anos para te escrever, minha *Tebaida* (XII 811-12)].

Daí também ficamos sabendo o verdadeiro título do poema, que, com a mesma certeza com que chamamos o de Homero de *Ilíada*, o de Virgílio de *Eneida*, o de Camões de *Lusíadas*, podemos declarar que deve ter sido, e não pode ser outro senão

A IMBECILÍADA

É denominado heroico, por sê-lo duplamente: não apenas com respeito à sua natureza, que, segundo as melhores regras dos antigos e mais estritas ideias dos modernos, o é criticamente; mas também com vistas à disposição heroica e alta coragem do escritor, que ousou provocar essa raça formidável, irritável e implacável de mortais.

Pode surgir alguma obscuridade na cronologia dos nomes no poema, devido à inevitável remoção de certos autores e inserção de outros em seus nichos. Pois qualquer um que considerar a unidade de toda a concepção perceberá que o poema não foi feito para esses autores, mas esses autores para o poema. Eu diria que eles foram enfiados nele à medida que surgiam, cheios de frescor, e trocados de um dia para o outro, da mesma maneira que, quando os velhos ramos fenecem, lançamos novos dentro da lareira.

---

[7] *O labor de seis anos inteiros etc.*] Também acreditaram nisso honesta e seriamente diversos cavalheiros da *Imbecilíada*. J. Ralph, pref. a *Sawney*: "Somos informados que foi o labor de seis anos, com a máxima assiduidade e aplicação. Não é grande comenda ao bom senso do autor ter empregado uma parte tão grande da sua vida" *etc*. Também Ward, pref. a *Durgen*: "A *Imbecilíada*, como o editor muito sabiamente confessa, custou ao autor seis anos de retiro de todos os prazeres da vida; embora seja um tanto difícil imaginar, pelo seu volume ou beleza, que ela tenha levado tanto tempo para ser chocada" *etc*. "Mas a extensão de tempo e proximidade de aplicação foram mencionadas para predispor o leitor a ter uma boa opinião dela."

Entenderam com a mesma propriedade o que Escrevinho disse do poema.

[8] O prefaciador à *Chave* de Curll, p. 3, acreditou que esta epígrafe realmente estava em Estácio: "Por um trocadilho sobre a palavra *Duncia*, a *Imbecilíada* é formada". O Sr. Ward o segue na mesma opinião.

Eu não gostaria que o leitor ficasse demasiado perturbado ou ansioso se não conseguir desvendá-los; afinal, quando descobrir quem são, provavelmente não saberá mais sobre tais pessoas do que antes.

Porém, julgamos melhor preservá-los como são do que trocá-los por nomes fictícios; por esse meio a sátira seria apenas multiplicada, e aplicada a muitos em vez de um. Se o herói, por exemplo, tivesse sido chamado Codro, quantos não afirmariam que ele era o Sr. T., o Sr. E., o Sir R. B. *etc.*; mas agora todo esse escândalo injusto é poupado chamando-o por um nome que, por boa sorte, acontece ser o de uma pessoa real.

II.
UMA LISTA DE
LIVROS, ARTIGOS E POEMAS

nos quais nosso autor foi ofendido antes da publicação da *Imbecilíada*, com os nomes verdadeiros dos autores

Reflexões críticas e satíricas sobre uma rapsódia recente, chamada Ensaio sobre a crítica. Do Sr. Dennis. Impresso por B. Lintot [1711], preço 6d.

Um novo ensaio, ou Bayes o Jovem; contendo um exame das peças do Sr. Rowe e uma palavra ou duas sobre o *Rapto da madeixa* do Sr. Pope. Anôn. [de Charles Gildon]. Impresso por J. Roberts, 1714, preço 1s.

Homeríades, ou uma carta ao Sr. Pope, ocasionada pela sua pretendida tradução de Homero. De Sir Iliad Doggrel [Srs. Tho. Burnet e G. Ducket]. Impresso por W. Wilkins, 1715, preço 9d.

Esopo no Jardim dos Ursos; uma visão, em imitação do Templo da Fama. Do Sr. Preston. Vendido por John Morphew, 1715, preço 6d.

O Poeta Católico, ou as lamentações pesarosas do protestante Barnaby; uma balada sobre a *Ilíada* de Homero. Da Sra. Centlivre e outros [1716], preço 1d.

Um epílogo a um espetáculo de marionetes em Bath, a respeito da dita *Ilíada*. Do Sr. George Ducket. Impresso por E. Curll [1715].

Uma chave completa do Como-é-que-se-chama? Anôn. [de Griffin, ator, supervisionada pelo Sr. Theobald]. Impresso por J. Roberts, 1715.

Um verdadeiro caráter do Sr. P. e seus escritos, numa carta a um amigo. Anôn. [Dennis]. Impresso por S. Popping, 1716, preço 3d.

Os confederados, uma farsa. De Joseph Gay. [J. D. Breval]. Impresso por R. Burleigh, 1717, preço 1s.

Observações sobre a tradução de Homero do Sr. Pope; com duas cartas acerca da *Floresta de Windsor* e do *Templo da Fama*. Do Sr. Dennis. Impresso por E. Curll, 1717, preço 1s. 6d.

Sátiras sobre os tradutores de Homero, Sr. P. e Sr. T. Anôn. [Bezaleel Morris] [1719], preço 6d.

O triunvirato, ou uma carta de Palaemon a Célia em Bath. Anôn. [Leonard Welsted] [1717], fólio, preço 1s.

A batalha dos poetas, um poema heroico. De Thomas Cooke. Impresso por J. Roberts. Fólio, 1725.

Memórias de Lilliput. Anôn. [Eliza Haywood] In-8º, impresso em 1727.

Um ensaio sobre a crítica, em prosa. Do autor da *História crítica da Inglaterra* [J. Oldmixon]. In-8º, impresso em 1728.

Gulliveriana e *Alexandriana*; com um amplo prefácio e crítica às *Miscelâneas* de Swift e Pope. De Jonathan Smedley. Impresso por J. Roberts. In-8º, 1728.

Caracteres do tempo, ou uma resenha dos escritos, caracteres *etc.* de vários cavalheiros difamados por Swift e Pope numa recente *Miscelânea*. In-8º, 1728.

Observações sobre o *Rapto da madeixa* do Sr. Pope, em cartas a um amigo. Do Sr. Dennis. Escrito em 1724, mas não impresso antes de 1728. In-8º.

VERSOS, CARTAS, ENSAIOS OU ANÚNCIOS IMPRESSOS PUBLICAMENTE

British Journal, 25 nov. 1727. Uma carta sobre as *Miscelâneas* de Swift e Pope. [Escrita por M. Concanen].

Daily Journal, 18 de março de 1728. Uma carta de Philo-mauri. James Moore Smythe.

Ibid. 29 de março. Uma carta sobre Thersites, acusando o autor de deslealdade ao governo. De James Moore Smythe.

Mist's Weekly Journal, 30 de março. Um ensaio sobre as artes de um poeta afundar na reputação, ou um Suplemento à arte de afundar na poesia. [Supostamente do Sr. Theobald].

Daily Journal, 3 de abril. Uma carta sob o nome de Philo-ditto. De James Moore Smythe.

The Flying Post, 4 de abril. Uma carta contra Gulliver e o Sr. Pope. [Do Sr. Oldmixon.]

Daily Journal, 5 de abril. Um leilão de bens em Twickenham. De James Moore Smythe.

The Flying Post, 6 de abril. Um fragmento de um tratado sobre Swift e Pope. Do Sr. Oldmixon.

The Senator, 9 de abril. Sobre o mesmo. De Edward Roome.

Daily Journal, 8 de abril. Anúncio de James Moore Smythe.

The Flying Post, 13 de abril. Versos contra o Dr. Swift e contra o Homero do Sr. Pope. De J. Oldmixon.

Daily Journal, 23 de abril. Carta sobre a tradução do personagem de Thersites em Homero. De Thomas Cooke *etc.*

Mist's Weekly Journal, 27 de abril. Uma carta de Lewis Theobald.

Daily Journal, 11 de maio. Uma carta contra o Sr. Pope em geral. Anôn. [John Dennis].

Todos esses foram depois reimpressos num panfleto intitulado "Uma coleção de todos os versos, ensaios, cartas e anúncios ocasionados pelas *Miscelâneas* dos Srs. Pope e Swift", com prefácio de Concanen, anônimo, in-8º, impresso por A. Moore, 1728, preço 1s. Outros de data mais antiga, depois de ficarem jogados como papel velho por muitos anos, foram, quando da publicação da *Imbecilíada*, trazidos a lume, e seus autores traídos pelos livreiros mercenários (na esperança da possibilidade de vender alguns), que os anunciaram desta maneira: "Os confederados, uma farsa. Do Capitão Breval (pela qual ele foi colocado na *Imbecilíada*). Um epílogo ao *Espetáculo de marionetes* de Powell. Do Coronel Ducket (pelo qual ele foi colocado na *Imbecilíada*). Ensaios etc. De Sir Richard Blackmore (N.B. Foi por causa de uma passagem neste livro que Sir Richard foi colocado na *Imbecilíada*)". E outros mais.

DEPOIS DA *IMBECILÍADA*, 1728

Um ensaio sobre a *Imbecilíada*, in-8º. Impresso por J. Roberts [1728]. [Neste livro, p. 9, foi formalmente declarado "que a reclamação dos libelos e anúncios mencionados anteriormente era forjada e inverídica; que todas as bocas se calaram, exceto para elogiar o Sr. Pope; e nada foi publicado contra ele, a não ser pelo Sr. Theobald".]

Sawney, em versos brancos, ocasionado pela *Imbecilíada*; com uma crítica desse poema. De J. Ralph [pessoa que não foi mencionada nela de início, mas inserida depois]. Impresso por J. Roberts [1728], in-8º.

Uma chave completa da *Imbecilíada*. De E. Curll [1728]. In-12º, preço 6d.

Uma segunda e terceira edição da mesma [1728], com acréscimos, in-12º.

A Popíada. De E. Curll [1728]. Extraída de J. Dennis, Sir Richard Blackmore *etc*. In-12º, preço 6d.

A Curlíada. Do mesmo E. Curll [1729].

A Imbecilíada feminina. Coligida pelo mesmo Sr. Curll [1728]. In-12º, preço 6d. Com a Metamorfose de Pope numa urtiga, do Sr. Foxton. In-12º.

A metamorfose de Escrevinho em Rosninho. De J. Smedley. Impresso por A. Moore [1728], fólio, preço 6d.

A Imbecilíada dissecada. De Curll e a Sra. Thomas [1728]. In-12º.

Um ensaio sobre os gostos e escritos do tempo presente. Dito ter sido escrito por um cavalheiro da Christ Church. Oxford, impresso por J. Roberts [1728], in-8º.

As artes da lógica e da retórica, parcialmente tiradas de Bouhours, com novas reflexões *etc*. De John Oldmixon [1728]. In-8º.

Observações sobre a *Imbecilíada*. Do Sr. Dennis [1729]. Dedicadas a Theobald. In-8º.

Um suplemento ao *Profundo*. Anôn. De Matthew Concanen [1728]. In-8º.

Mist's Weekly Journal, 8 de junho [de 1728]. Uma longa carta, assinada W[illiam] A[rnall]. Escrita por alguém do clube de Theobald, Dennis, Moore, Concanen, Cooke, que por algum tempo organizou reuniões semanais constantes para esse tipo de apresentação.

Daily Journal, 11 de junho [de 1728]. Uma carta assinada Filoescrevinho, com o nome de Pope. Carta ao Sr. Theobald, invertida, assinada B. M. (Bezaleel Morris) contra o Sr. Pope. Muitos outros pequenos epigramas acerca de seu tempo no mesmo jornal, de James Moore e outros.

Mist's Journal, 22 de junho [de 1728]. Uma carta de Lewis Theobald.

Flying Post, 8 de agosto. Carta sobre Pope e Swift.

Daily Journal, 8 de agosto. Carta acusando o autor da *Imbecilíada* de traição.

Durgen: uma sátira singela sobre um satirista pomposo. De Edward Ward, com um pouco de James Moore [1728].

O verme de Apolo empilecado. De E. Ward [1729].

Gulliveriana secunda. Uma coleção de muitos dos libelos nos jornais, como o volume anterior, com o mesmo título, de Smedley. Anunciada no *Craftsman*, 9 nov. 1728, com a promessa notável de que "qualquer coisa que qualquer um enviar como sendo do Sr. Pope ou do Dr. Swift será inserida e publicada como deles".

A supremacia e infalibilidade do Papa Alexandre examinada *etc*. De George Ducket e John Dennis [1729]. In-4º.

Paráfrase do pároco Jonathan sobre o capítulo quarto do *Gênesis*. Escrita por E. Roome, fólio, 1729.

Labeo. Um jornal de versos de Leonard Welsted, que depois foi introduzido em *Uma epístola*, e publicado por James Moore, in-4º, 1730. Outra parte dele saiu com o nome do próprio Welsted, com o justo título de *Torpeza e escândalo*, fólio, 1731.

Desde então foram publicados:

Versos sobre o imitador de Horácio. De uma Dama (ou uma Dama [Lady Mary Wortley Montagu], um Lorde [Hervey] e um Cavalheiro da Corte [?]). Impresso por J. Roberts [1733]. Fólio.

Uma epístola de um fidalgo a um doutor em teologia, de Hampton Court (Lorde Hervey). Impresso por J. Roberts [1733]. Fólio.

Uma carta do Sr. Cibber ao Sr. Pope. Impressa por W. Lewis em Covent Garden [1742]. In-8º.

III.
ADVERTÊNCIA

à primeira edição com notas, in-4º, 1729

Será suficiente dizer desta edição que o leitor tem aqui uma cópia muito mais correta e completa da *Imbecilíada* do que já foi publicado até agora. Não posso explicar como alguns erros podem ter escapado nela, mas um vasto número de outros serão prevenidos pelos nomes sendo agora não somente fornecidos por extenso, mas justificados pelas autoridades e razões aduzidas. Não tenho dúvida que o motivo do autor para usar nomes reais em vez de fingidos foi seu cuidado para preservar os inocentes de qualquer aplicação falsa; por outro lado, nas edições anteriores, que comportavam nada mais que as letras iniciais, ele foi levado, pelas Chaves impressas aqui, a prejudicar os inofensivos e (o que foi pior) ofender seus amigos, através da impressão de Dublin.

O comentário que acompanha este poema me foi enviado por várias mãos e consequentemente deve ser escrito desigualmente; porém, terá uma vantagem sobre a maioria dos comentários, a de que não é feito com base em conjecturas, ou a uma distância remota de tempo: e o leitor só poderá derivar prazer da própria obscuridade das pessoas de que ele trata, ao compartilhar da natureza de um segredo, de que a maioria das pessoas gosta de tomar conhecimento, ainda que os homens ou as coisas sejam por demais insignificantes ou triviais.

Das pessoas foi estimado conveniente dar alguma explicação; já que é apenas neste monumento que elas podem ter a expectativa de sobreviver (e aqui sobreviverão, enquanto a língua inglesa permanecer como era nos reinados da Rainha Ana e do Rei Jorge), pareceu ser um ato de bondade proferir uma ou duas palavras sobre cada uma, só para dizer o que ela era, o que ela escreveu, quando viveu e quando morreu.

Se uma ou duas palavra mais são adicionadas a respeito dos principais ofensores, é apenas como um papel espetado no peito, para marcar as enormidades pelas quais eles sofreram, de modo que não se lembre apenas da correção e se esqueça o crime.

Em alguns artigos julgou-se suficiente meramente transcrever de Jacob, Curll e outros escritores do seu nível, que estavam muito mais familiarizados com eles do que qualquer um dos autores deste comentário pode pretender. A maioria deles tinha traçado o caráter dos outros em certas ocasiões; mas os poucos aqui inseridos são todos os que puderam ser salvos da destruição geral dessas obras.

Da parte de Escrevinho, não preciso dizer nada; sua maneira é bastante conhecida e aprovada por todos, exceto aqueles que estão demasiado ocupados para ser juízes.

As citações dos Antigos foram acrescentadas para gratificar quem nunca os leu, ou pode tê-los esquecido, junto com algumas das paródias e alusões aos mais excelentes dos Modernos. Se, da frequência dos primeiros, alguém pensar que o poema se parece demasiado com uma colagem, nosso poeta parecerá ter feito de brincadeira a mesma coisa que Boileau fez a sério, e da qual Vida, Fracastoro e muitos dos mais eminentes poetas latinos confessadamente se valorizavam.

IV.
ADVERTÊNCIA

à primeira edição, separata, do
quarto livro da *Imbecilíada* [1742]

Estimamos que não pode ser considerada uma afronta ao autor dos três primeiros livros da *Imbecilíada* que publiquemos este quarto. Ele foi encontrado por mero acidente ao fazer um inventário da biblioteca de um eminente nobre já falecido; mas numa condição tão suja, e com tantas partes destacadas, que mostrava claramente que estava não apenas incorreto, mas inacabado. Que o autor dos três primeiros livros tinha a intenção de estender e completar seu poema desta maneira transparece da dissertação anteposta a ele [Apêndice I], na qual se diz que o intuito é mais extenso e que podemos esperar outros episódios para completá-lo; e da declaração no argumento do terceiro livro de que a realização das profecias ali contidas seria o tema posteriormente de uma *Imbecilíada* maior. Mas seja ele ou não o autor desta, declaramos não saber. Caso ele seja, não temos mais culpa para publicação dela que Tucca e Varius pela dos últimos seis livros da *Eneida*, embora talvez inferiores aos primeiros.

Se qualquer pessoa estiver de posse de uma cópia mais perfeita desta obra, ou de qualquer outro fragmento dela, e quiser comunicá-los ao editor, faremos a próxima edição mais completa; nela também prometemos inserir qualquer crítica que for publicada (se com essa finalidade) com os nomes dos autores; e qualquer carta que nos for enviada (ainda que não com essa finalidade) será impressa com o título de *Epistolae obscurorum virorum* [Cartas de homens desconhecidos]; estas, junto com algumas outras do mesmo tipo reservadas anteriormente para esse fim, não deverão constituir um acréscimo desagradável às futuras impressões deste poema.

V.
THE GUARDIAN

Continuação de alguns artigos anteriores
sobre o tema das pastorais

Segunda-feira, 27 de abril de 1713
*Compulerantque greges Corydon et Thyrsis em unum. —
Ex illo Corydon, Corydon est tempore nobis.*
[Virgílio, Éclogas VIII 2, 70]

Eu não pretendia incomodar o leitor com novos discursos sobre a pastoral. Porém, sendo informado de que sou acusado de parcialidade por não mencionar um autor cujas éclogas foram publicadas no mesmo volume que as do Sr. Philips, dedicarei este artigo a observações sobre ele, escritas com o espírito livre da crítica, e sem qualquer temor de ofender aquele cavalheiro, que tem por hábito tomar o máximo cuidado com suas obras antes de serem publicadas, para que não lhe causem a mínima preocupação depois.

    Eu estipulei como primeira regra da pastoral que sua ideia deve ser tirada dos modos da Era de Ouro, e a moral formada sobre a representação da inocência. Logo, fica claro que qualquer desvio dessa concepção degrada a natureza verdadeiramente pastoral do poema. Desse ponto de vista, fica patente que só se pode aceitar que duas das [dez] éclogas de Virgílio o sejam: sua primeira e nona devem ser rejeitadas porque descrevem os estragos dos exércitos e a opressão dos inocentes; a paixão criminosa de Corydon por Alexis descarta a segunda; a calúnia e as recriminações da terceira não são apropriadas àquele estado de concórdia; a oitava representa maneiras ilícitas de obter o amor por encantamentos, e apresenta um pastor que um precipício tentador convida ao suicídio. Quanto à quarta, sexta e décima, são descartadas por [Daniel] Heins, [Claude] Saumaise, [René] Rapin[1] e os críticos em geral. Eles observam igualmente que somente onze de todos os [trinta] idílios de Teócrito podem ser admitidos como pastorais; e desse número a maior parte deve ser excluída por uma ou outra das razões mencionadas acima. Então, quando observei num artigo anterior que as éclogas de Virgílio no seu conjunto são mais uma seleta de poemas do que pastorais, eu

---

[1] Ver Rapin, *De carmine pastorali*, §2.

poderia ter dito a mesma coisa sem menos verdade de Teócrito. A razão disso eu considero que ainda não foi observada pelos críticos, a saber, que eles nunca pretenderam que todas elas fossem pastorais.

Mas está claro que Philips fez isso, e nesse aspecto particular superou Teócrito e Virgílio.

Como a simplicidade é a característica distintiva da pastoral, censurou-se Virgílio por um estilo demasiado cortês; sua linguagem é perfeitamente pura, e ele esquece amiúde que está entre camponeses. Perguntei-me com frequência por que, já que ele era tão versado nos escritos de Ênio, ele não imitou a rusticidade do dórico, ou recorreu à ajuda da obsoleta língua romana, como fez Philips com o inglês antiquado. Por exemplo, ele poderia ter dito *quoi* em vez de *cui*, *quoijum* em vez de *cujum*, *volt* em vez de *vult etc.*, como fez nosso moderno com *welladay* em vez de *alas*, *whilome* em vez de *of old*, *make mock* em vez de *deride*, e *witless younglings* em vez de *simple lambs etc*. Assim ele teria capturado a expressão de Teócrito, como Philips capturou a de Spenser.

O Sr. Pope incorreu no mesmo erro com Virgílio. Seus labregos não conversam com a simplicidade própria do campo; seus nomes, tirados de Teócrito e Virgílio, são inadequados à cena de suas pastorais. Ele apresenta Daphne, Alexis e Thyrsis nas planícies britânicas, como fez Virgílio antes dele nas mantuanas. Ao passo que Philips, que tem o mais estrito escrúpulo pela propriedade, escolhe nomes típicos do campo, e mais agradáveis a um leitor sofisticado, como Hobbinol, Lobbin, Cuddy e Colin-Clout.

Por mais fácil que a escrita pastoral possa parecer (com a simplicidade que descrevemos), no entanto ela exige muita leitura, tanto dos antigos quanto dos modernos, para dominá-la. Philips nos deu provas manifestas de seu conhecimento de livros. Deve-se conceder que seu concorrente imitou alguns pensamentos isolados dos antigos bastante bem (se considerarmos que ele não teve o benefício de uma educação universitária), mas ele os dispersou, aqui e ali, sem a ordem e o método que o Sr. Philips observa, ele cuja terceira pastoral inteira é prova de como ele estudou bem a quinta de Virgílio, e como reduziu judiciosamente os pensamentos de Virgílio ao padrão da pastoral; assim como sua contenda entre Colin-Clout e o Rouxinol mostra com que exatidão ele imitou cada verso de Strada.

Quando notei como principal falha introduzir frutas e flores de solo estrangeiro nas descrições em que a cena se situa no nosso país, não tencionei estender essa observação também aos animais ou à vida sensível; pois o Sr. Philips descreveu com grande propriedade lobos na Inglaterra em sua primeira pastoral. Tampouco pretenderia que o poeta se confine servilmente (como fez o Sr. Pope) a uma estação do ano em particular, uma hora precisa do dia, e uma cena ininterrupta em cada écloga. É evidente que Spenser desprezou essa pedantice, ele que em sua pastoral de novembro menciona o canto dolente do rouxinol: "a triste Philomel banha sua canção em lágrimas". E o Sr. Philips, por uma criação poética, cultivou canteiros de flores mais belos que os do mais industrioso jardineiro: suas rosas, endívias, lírios, ranúnculos e narcisos florescem todos na mesma estação.

Todavia, para melhor esclarecer os méritos de nossos dois escritores pastorais contemporâneos, procurarei traçar um paralelo entre eles, mostrando diversos dos seus pensamentos característicos sob a mesma luz, o que deixará óbvio como é maior a vantagem de Philips. Com que simplicidade ele apresenta dois pastores cantando alternadamente!

HOBB.
Vem, Rosalinda, ó vem, pois sem ti
Que prazer pode o campo ter para mim!
Vem, Rosalinda, ó vem; minhas reses malhadas,
Minhas alvas ovelhas, minha fazenda, tudo é teu.

LANQ.
Vem, Rosalinda, ó vem; aqui pérgulas sombreadas,
Aqui fontes frescas, e aqui flores em botão,
Vem, Rosalinda; fiquemos aqui para sempre,
E gastemos docemente o tempo que temos para viver.

Nosso outro escritor pastoral, ao expressar o mesmo pensamento, descamba para a poesia explícita:

STREPH.
Na primavera, os campos, no outono, as colinas prezo;
De manhã os prados, ao meio-dia o arvoredo sombreado;
Mas Délia sempre; retirado da vista de Délia,
Nem prados de manhã, nem arvoredo ao meio-dia me aprazem.

DAPH.
Sílvia é madura como o outono, mas suave como maio,
Mais resplandecente que o meio-dia, porém fresca como a aurora;
Até a primavera se magoa quando ela não brilha por aqui,
Mas agraciada por ela é primavera o ano todo.

No primeiro desses autores, dois pastores descrevem inocentemente, como segue, o comportamento de suas amadas:

HOBB.
Enquanto Mariana se banhava, por acaso passei por lá,
Ela corou, e lançou-me um olhar de soslaio;
Depois rapidamente sob a vaga cristalina ela tentou
Sua forma admirável em vão esconder.

LANQ.
Quando ia refrescar-me num dia ardente,
A querida Lídia estava à espreita no capim;
Riu com malícia, e parecia fugir às pressas;
Mas amiúde parava, e amiúde volvia o olhar.

O outro moderno (que, deve-se conceder, tem jeito para versejar) o diz como segue:

STREPH.
Minha Délia gentil acena do prado,
Depois, escondida nas sombras, foge do seu pastor aflito;
Mas finge um riso, para me ver procurá-la,
E por esse riso a bela cativante é encontrada.

DAPH.
A brejeira Sílvia tropeça pela verdura,
Ela corre, mas espera que não corra invisível,
Enquanto escapa um terno olhar para o seu perseguidor,
Como divergem seus pés e seus olhos!

Não há nada que os escritores desse tipo de poesia prezem mais que as descrições de pertences pastorais. Philips diz o seguinte de um cajado:

De olmo temperado, onde surgem tachas de latão,
Para dizer o nome do presenteador, o mês e ano,
O gancho de aço polido, o cabo lavrado,
E ricamente ornamentado pelo talento do gravador.

O outro de uma vasilha com figuras em relevo:

— onde se enrosca a hera lasciva,
E cachos inchados vergam as vinhas enlaçadas;
Quatro figuras lavradas erguem-se da obra,

> *As várias estações do ano que passa;*
> *E o que é que cinge o céu radiante,*
> *Onde se espraiam doze signos brilhantes em ordem magnífica?*

A simplicidade do campino nesse trecho, que esquece o nome do Zodíaco, é uma imitação decente de Virgílio. Mas quão mais singelamente e modestamente Philips teria vestido esse pensamento no seu dórico?

> *E que imensidão é aquela, que coroa o firmamento reluzente,*
> *Onde doze signos alegres em perfeita sequência são vistos?*

Se o leitor quiser satisfazer mais sua curiosidade mediante a comparação de pontos específicos, pode ler a primeira pastoral de Philip junto com a segunda de seu contemporâneo; e a quarta e sexta daquele junto com a quarta e a primeira deste; aí diversos trechos paralelos mostrar-se-ão a todos.

Tendo mostrado algumas passagens em que esses dois escritores podem ser comparados, devo fazer ao Sr. Philips a justiça de apontar aquelas em que ninguém pode se comparar a ele. Primeiro, aquela bela rusticidade, da qual só apresentarei dois exemplos dentre cem que ainda não foram citados:

> *Ó dia funesto! Ó dia infeliz! disse ele;*
> *E ai de mim, que vivo para ver esse dia!*

A simplicidade da dicção, a melancolia que decorre da métrica, a solenidade do som, e a fácil elocução das palavras nessa cantilena (para usar a expressão do nosso autor) são extremamente elegantes.

Em outra de suas pastorais, um pastor profere uma cantilena não muito inferior à precedente, nos seguintes versos:

> *Ai de mim, que desgraça! ai de mim! dia infeliz!*
> *Ah, rapaz infeliz! eu diria de fato!*
> *Ah, tolo! mais tolo que minhas ovelhas,*
> *Que no prado florido outrora eu apascentava.*

Como ele encanta o ouvido com essas repetições engenhosas dos epítetos; e como é significativo o último verso! Eu desafio o leitor mais comezinho a repeti-los sem sentir um movimento de compaixão.

Em seguida eu situaria seus provérbios, nos quais observei anteriormente que ele se destaca. Por exemplo:

Pedra que rola está sempre livre de musgo;
E, às suas custas, velhos provérbios cruzam verdes anos.

— Aquele que dorme tarde, tarde se levantará,
E, como uma lesma, ficará roncando até o meio-dia.

— Contra o azar toda astuta previdência falha;
Quer estejamos dormindo ou acordados, de nada vale.

— Nem tema, de justa sentença, um engano.

Enfim, seu elegante dialeto, que por si só poderia fazer dele o primogênito de Spenser, e nosso único árcade genuíno. Creio que seria apropriado que os diversos escritores de pastorais se limitassem aos seus distritos. Spenser parece ter sido dessa opinião, pois situou a cena de uma de suas pastorais no País de Gales, onde, com toda a simplicidade própria daquela parte da nossa ilha, um pastor deseja bom dia ao outro, de modo inabitual e elegante:

Diggon Davy, dou bom dia procê;
Ou vancê é Diggon, ou eu me atrapalhei

Diggon responde,

Ocê era ocê inquanto era dia;
Mas agora vancê é uma criatura desgraçada etc.

Mas o mais belo exemplo desse tipo que já encontrei está numa peça muito preciosa que tive a sorte de achar entre uns manuscritos velhos, intitulada *Uma balada pastoral*, que eu creio que, pela sua natureza e simplicidade, possa ser considerada (apesar da modéstia do título) uma pastoral perfeita. Está composta no dialeto de Somersetshire, e os nomes são próprios das pessoas do campo. Pode-se observar, como mais uma beleza dessa pastoral, que as palavras ninfa, dríade, nereida, fauno, cupido ou sátiro não são mencionadas uma única vez em todo o poema. Não me desculparei por inserir alguns versos dessa excelente peça. Cecília lança assim o tema ao sair para a ordenha:

CECÍLIA
Rogério, vai catá a vaca, sinão a tar
Vai escapuli, antes de tirá metade do leite.

> ROGÉRIO
> *Ocê num divia me pedi duas veis, porquieu fui*
> *Levá nosso tôro pra montá a vaca do vigário.*

Deve-se observar que todo esse diálogo é formado sobre a paixão do ciúme, e o fato dele mencionar a vaca do vigário naturalmente reacende o ciúme da pastora Cecília, que ela exprime como segue:

> CECÍLIA
> *Ah, Rogério, Rogério! mi deu um bruta medo*
> *Quando ocê beijô a criada do vigário lá naquele pasto;*
> *É esse o amor que ocê me tinha,*
> *Quando ocê me trouxe pão de mel da quermesse?*

> ROGÉRIO
> *Cecília, ocê me acusa sem motivo — eu lhe juro*
> *Que a criada do vigário ainda é donzela pra mim.*

Nessa resposta dele estão expressas ao mesmo tempo o espírito da religião e a inocência da Era de Ouro, que é tão necessário que todos os escritores de pastorais observem.

Na conclusão dessa peça, o autor reconcilia os amantes, e termina a écloga do modo mais simples do mundo:

> *Então Rogério partiu pra buscá a vaca;*
> *E Cecília foi catá seu balde.*

Eu receio mostrar meu apreço pela antiguidade a ponto de preferir esse autor britânico arcaico aos nossos atuais escritores ingleses de pastorais; mas não posso deixar de fazer o comentário óbvio de que Philips segue a mesma estrada que aquele nosso velho bardo do Westcountry.

Depois de tudo o que foi dito, espero que ninguém julgue ser uma injustiça com o Sr. Pope se eu me abstive de mencioná-lo como escritor pastoral. Pois no geral ele é da mesma categoria de Mosco e Bion, que excluímos dessas fileiras; e de suas éclogas, assim como de algumas de Virgílio, pode-se dizer que (segundo a descrição que demos dessa espécie de poesia) elas não são de modo algum pastorais, mas algo melhor.

VI.
DO
POETA LAUREADO

19 de novembro de [1730]

Como se avizinha a época da eleição do Poeta Laureado, pode ser conveniente relatar os ritos e cerimônias usadas antigamente nessa solenidade, e interrompidas unicamente por causa da negligência e degeneração das épocas recentes. Nós as extraímos de um historiador de crédito incontestável, um reverendo bispo, o douto Paulus Jovius; e são as mesmas que eram praticadas sob o pontificado de Leão X, o grande restaurador do saber.

Como agora vemos uma era e uma corte que no incentivo à poesia iguala-se a, se não excede, a desse famoso papa, só podemos desejar a restauração de todas as honras da poesia; ainda mais porque há tantas circunstâncias paralelas na pessoa que foi então distinguida com o laurel e nele que (com toda probabilidade) deverá agora portá-lo.

Traduzirei meu autor exatamente como o vejo no capítulo 82 de seus *Elogia virorum doctorum*. Ele começa com o caráter do próprio poeta que foi o original e pai de todos os laureados, chamado Camilo. Ele era um camponês simplório da Apúlia, não importa se pastor ou debulhador. "Esse homem (diz Jovius), animado pela fama do grande incentivo dado aos poetas na corte, e pela alta honra em que eram tidos, foi para a cidade levando consigo uma estranha lira na mão, e pelo menos uns vinte mil versos. Todos os lumes e críticos da corte acorreram em torno dele, encantados de ver um palhaço, com uma compleição corada, robusta, de cabelos compridos, abarrotado de poesia; e à primeira vista todos concordaram que ele tinha nascido para ser Poeta Laureado.[1] Ele teve uma acolhida das mais calorosas numa ilha do rio Tibre (um lugar agradável, parecido com nossa Richmond), onde primeiro lhe deram de comer e beber com abundância, e pediram que repetisse seus versos a todo mundo. Depois o adornaram com uma nova e elegante guirlanda, composta de folhas de vinha, louro e *brassica* (uma espécie de repolho), assim composta, diz meu autor, emblematicamente, *ut tam sales, quam lepide ejus temulentia, Brassicae remedio cohibenda, notaretur*. Daí ele foi saudado por consentimento comum com o título de *archi-poeta*, ou arqui-poeta, no estilo daqueles dias, no nosso, Poeta Laureado. Essa honra o pobre homem recebeu com as mais sensíveis demonstrações de alegria, seus olhos inebriados de lágrimas

---

[1] *Apulus praepingui vultu alacer, & prolixe comatus, omnino dignus festa laurea videretur.*

e felicidade.[2] Em seguida a aclamação pública foi expressa num cântico, que nos foi transmitido, como segue:

> *Salve, brassicea virens corona,*
> *Et lauro, archipoeta, pampinoque!*
> *Dignus principis auribus Leonis.*
>
> *Salvem todos o arqui-poeta sem par!*
> *Vinha, louro ou repolho apto a usar,*
> *E digno da orelha do príncipe.*

Dali ele foi conduzido com pompa ao Capitólio de Roma, montado num elefante, em meio às ovações do populacho, onde a cerimônia se encerrou.

O historiador ainda nos diz "Que, ao ser apresentado a Leão, ele não apenas despejou versos inumeráveis, como uma torrente, mas também cantou-os com a boca aberta. E ele não foi somente apresentado uma vez, ou em dias fixos (como nossos Laureados), mas feito companheiro do seu amo, e entretido como um dos instrumentos dos seus prazeres mais elegantes. Quando o príncipe estava à mesa, o poeta tinha lugar à janela. Quando o príncipe tinha[3] comido metade da sua carne, dava com suas próprias mãos o resto ao poeta. Quando o poeta bebia, era da jarra particular do príncipe, até que (diz o historiador) de tanto comer bem e beber bastante ele contraiu uma terribilíssima gota". Lamento relatar o que segue, mas não posso deixar insatisfeita a curiosidade do meu leitor quanto à catástrofe desse homem extraordinário. Para usar as palavras do meu autor, que são notáveis, *mortuo Leone, profligatisque poetis*, etc. "Quando Leão morreu, e já não havia mais poetas" (pois eu não entendo *profligatis* literalmente, como se os poetas tivessem então sido profligados) esse infeliz laureado foi imediatamente obrigado a retornar ao seu rincão, onde, oprimido pela velhice e carestia, pereceu miseravelmente num asilo comum.

Vemos dessa triste conclusão (que pode servir de exemplo aos poetas do nosso tempo) que teria sido mais afortunado não ter tido incentivo nenhum, mas permanecer arando, ou entregue a outra ocupação lícita, do que ser elevado acima da sua condição, e privado dos meios comuns de vida, sem um apoio mais seguro que os favores temporários, ou, no melhor dos casos, mortais, dos grandes. Foi certamente por essa consideração que, quando o Dote Real foi posteriormente estendido a um gênio rural, tomou-se o cuidado de conceder-lho

---

[2] *Manantibus prae gaudio oculis.*
[3] *Semesis opsoniis.*

vitaliciamente. E tem sido prática dos nossos príncipes nunca remover do posto de Poeta Laureado o homem que foi escolhido, mesmo que gênios muito maiores surjam em seu tempo. Um nobre exemplo de como a caridade dos nossos monarcas excedeu seu amor pela fama.

Chegamos agora ao propósito deste artigo. Temos aqui todo o antigo cerimonial do Laureado. Em primeiro lugar a coroa deve ser mesclada com folhas de vinha, pois a vinha é a planta de Baco, e tão essencial para a honra como a pipa de vinho para o salário.

Em segundo lugar, *brassica* deve ser usada como um qualificador das precedentes. Parece que o repolho era considerado antigamente um remédio para a ebriedade; um poder que os franceses agora atribuem ao alho, e chamam a sopa feita dele de "sopa de bebum". Eu recomendaria uma boa porção de *brassica* se o Sr. Dennis fosse escolhido; mas se for o Sr. Tibbald, não é tão necessário, a não ser que se suponha que o repolho significa a mesma coisa com respeito aos poetas e aos alfaiates, ou seja, roubar. Creio que não seria inapropriado acrescentar outra planta a essa guirlanda, a saber, a hera. Não só porque antigamente pertencia aos poetas em geral, mas porque é emblemática das três virtudes típicas de um poeta da corte: é rastejante, suja e dependurada.

Em terceiro lugar, um cântico deve ser composto e cantado em louvor ao novo poeta. Se o Sr. Cibber for laureado, na minha opinião nenhum homem pode escrevê-lo além dele mesmo; e nenhum homem, tenho certeza, poderá cantá-lo com a mesma pungência. Mas qual deve ser esse cântico, seja no caso dele ou de outros candidatos, não pretendo determinar.

Em quatro lugar, deve haver uma mostra pública, ou entrada, do poeta; para resolver a ordem ou procissão da mesma, o Sr. Anstis e o Sr. Dennis deveriam palestrar. Antevejo aqui duas dificuldades: uma, encontrar um elefante; a outra, ensinar ao poeta a montá-lo. Logo, imagino que o próximo animal em tamanho ou dignidade seria melhor, ou uma mula ou um burro avantajado; especialmente se puder ser arranjado aquele nobre espécime cujo retrato adorna tão belamente a *Imbecilíada*, e que (salvo engano meu) ainda se encontra no parque de um fidalgo perto desta cidade. A menos que o Sr. Cibber seja o escolhido, ele que poderá, com grande propriedade e beleza, cavalgar um dragão, se for por terra; ou, se preferir a água, sobre um de seus próprios cisnes de *César no Egito*.

Falamos o bastante da cerimônia; falemos agora das qualificações e privilégios do Laureado. Primeiro, sabemos que ele deve ser capaz de fazer versos *extempore*, e de despejá-los inumeráveis, caso se exija. Nisso duvido do Sr. Tibbald. Segundo, ele deve saber cantar, e intrepidamente, *patulo ore*. Aqui, admito a excelência do Sr. Cibber. Terceiro, ele deve portar uma lira consigo. Se uma grande for julgada demasiado incômoda, uma pequena pode ser fabricada para pendurar no pescoço, como uma condecoração, o que muito agraciará a pessoa. Quarto, ele deve ter um bom estômago, para comer e beber tudo que seus melhores estimarem adequado. Portanto, neste alto cargo como em muitos outros, não há constituição débil que possa desempenhá-lo. Não creio que Cibber ou Tibbald tenham essa felicidade, mas sim um velho cavalheiro rijo, vigoroso, calejado e seco, que tenho em mente.

Eu também poderia desejar, a essa altura, uma pessoa que seja verdadeiramente ciosa da honra e dignidade da poesia; nenhum gaiato, nem leviano; mas um bardo que se leve a sério; até não seria ruim se fosse um crítico, e melhor ainda se for um pouco obstinado. Pois quando consideramos os grandes privilégios desse cargo que foram perdidos (como vemos do relato autêntico de Jovius citado acima), a saber os de alimentar-se à mesa do príncipe, beber da sua própria jarra e até tornar-se seu fâmulo e companheiro, é mister um homem acalorado e decidido para ser capaz de reivindicar e obter a restauração dessas altas honras. Tenho motivo para temer que a maioria dos candidatos seria propensa, ou pela influência de ministros, ou por recompensas ou favores, a abrir mão dos direitos gloriosos de Laureado. Contudo, não perco a esperança, pois há um de quem se pode esperar uma asserção séria e constante desses privilégios; e, se ele existe, preciso lhe fazer a justiça de dizer que é o Sr. Dennis, o digno presidente da nossa sociedade.

VII.
ANÚNCIO

impresso nos jornais, 1730

Dado que, por ocasião de certas peças relacionadas aos cavalheiros da *Imbecilíada*, alguns fizeram menção de sugerir que as enxergavam como uma ofensa: não podemos deixar de exprimir nossa opinião de que chamar esses cavalheiros de maus autores não é ofensa de nenhum tipo, mas uma grande verdade. Não podemos alterar esta opinião sem algum motivo; mas prometemos fazê-lo a respeito de cada pessoa que pensa ser uma afronta não ser representado como lume, ou poeta, contanto que ele forneça um certificado de que realmente o é, da parte de três de seus companheiros na *Imbecilíada*, ou unicamente do Sr. Dennis, que é considerado igual a três dessa sorte.

VIII.
UM
PARALELO ENTRE OS CARACTERES DO SR. DRYDEN E DO SR. POPE

traçado por alguns de seus contemporâneos

O SR. DRYDEN
SUA POLÍTICA, RELIGIÃO, MORAL

O Sr. Dryden é um mero renegado da monarquia, poesia e bom senso.[1] Um verdadeiro republicano filho da Igreja monárquica.[2] Um republicano ateu.[3] Dryden foi desde o começo um *alloprosallos* e não duvido que continuará a sê-lo até o fim.[4]

No poema chamado *Absalão e Aitofel* são notoriamente injuriados o Rei, a Rainha, os Lordes e Cavalheiros, e não apenas suas excelentíssimas pessoas expostas, mas toda a nação e seus representantes notoriamente difamados. É *scandalum magnatum*, e da própria majestade.[5]

Ele vê o evangelho de Deus como uma fábula tola, como o Papa, de quem ele é um servidor lamentável.[6] Sua cristandade pode ser questionada.[7] Ele deveria esperar mais severidade que os outros homens, pois é mais impiedoso em suas próprias reflexões sobre os outros.[8] Com o mesmo direito de Sua Santidade, ele se arroga a infalibilidade poética.[9]

O SR. DRYDEN É APENAS UM VERSEJADOR

Todo o seu libelo é somente matéria ruim, embelezada (é tudo que se pode dizer dela) com boa métrica.[10] O gênio do Sr. Dryden não apareceu em nada além da sua versificação, e se ele deve ser enobrecido somente por isso é discutível.[11]

---

[1] Milbourn sobre o Virgílio de Dryden, in-8º, 1698, p. 6.
[2] P. 38.
[3] P. 192.
[4] P. 8. [*Alloprosallos*: "tudo para todos", isto é, um vira-casaca.]
[5] *Chicote e chave*, in-4º, impresso por R. Janeway, 1682, prefácio. [*Scandalum magnatum*: ofensa à autoridade, neste caso um crime de lesa-majestade.]
[6] *Ibid.*
[7] Milbourn, p. 9.
[8] *Ibid.*, p. 175.
[9] P. 39.
[10] *Chicote e chave*, pref.
[11] Oldmixon, *Ensaio sobre a crítica*, p. 84.

O VIRGÍLIO DO SR. DRYDEN

Tonson o chama de "Virgílio de Dryden" para mostrar que esse não é o Virgílio tão admirado na era augustana, mas um Virgílio de outra estirpe, um escritor sonso, impertinente, disparatado.[12] Ninguém além de um Bávio, um Mévio ou um Batilo implicou com Virgílio; e ninguém a não ser um verme descerebrado admira seu tradutor.[13] É verdade que versos brandos e fáceis podem convir às *Epístolas* ou à *Arte do amor* de Ovídio; mas Virgílio, que é todo grandeza e majestade *etc.*, exige força de versos, peso de palavras e proximidade de expressões – não uma musa vagarosa que perambula sobre um chão atapetado, calçada tão levemente quanto um cavalo de corrida de Newmarket. Ele apresenta inúmeras falhas no sentido do seu autor e na propriedade de expressão.[14]

O SR. DRYDEN NÃO SABIA NEM GREGO NEM LATIM

O Sr. Dryden esteve certa vez, me disseram, numa escola em Westminster. O Dr. Busby o teria chibateado por uma paráfrase tão pueril.[15] O pedante mais vil da Inglaterra chibatearia um palerma de doze anos por compor tão absurdamente.[16] O tradutor é louco, cada linha trai sua estupidez.[17] As falhas são inúmeras e me convencem de que o Sr. Dryden não compreendeu, ou não quis compreender seu autor.[18] Isso mostra a capacidade do Sr. D. para traduzir Homero! Um erro numa única letra pode ser atribuído ao impressor, mas *eichor* por *ichor* deve ser erro do autor. Tampouco teve ele arte o bastante para corrigi-lo na prensa.[19] O Sr. Dryden escreve para as damas da corte. Ele escreve para as damas, e não para ser usado.[20]

O tradutor insere um pouco de burlesco aqui e ali em Virgílio, para servir uma misturada aos seus assinantes ludibriados.[21]

O SR. DRYDEN LUDIBRIOU SEUS ASSINANTES

Pergunto-me por que um homem que não poderia não ter consciência de sua inaptidão para isso se proporia a divertir o mundo erudito com tal empreitada! Um homem deve prezar sua reputação mais que o dinheiro, e não esperar que aqueles que sabem ler por si mesmos sejam tapeados com facilidade por um nome parcialmente

---

[12] Milbourn, p. [4].
[13] P. 35.
[14] P. 22 e 192.
[15] Milbourn, p. 72.
[16] P. 203.
[17] P. 78.
[18] P. 206.
[19] P. 19.
[20] P. 144, 190.
[21] P. 67.

e indevidamente celebrado.[22] *Poetis quidlibet audendi* deverá ser o mote do Sr. Dryden, embora deva se estender a esvaziar os bolsos alheios.[23]

NOMES ATRIBUÍDOS AO SR. DRYDEN

Um símio. – Um símio ladino vestido com uma toga berrante – chicotes colocados na pata de um símio, para com eles pregar peças – ninguém a não ser fedelhos simiescos e papistas lhe darão atenção.[24]

Uma mula. – Um camelo não carrega mais peso do que é suficiente para sua força, mas existe outra besta que se curva sob qualquer coisa.[25]

Um sapo. – Um poeta atarracado imbuído do espírito do poeta Maro [Virgílio]! Uma espécie medonha de verme coaxante, que se incharia ao porte de um boi.[26]

Um covarde. – Um Clínias ou Damaetas, ou um homem da coragem do Sr. Dryden.[27]

Um bufão. – O Sr. Dryden ouviu falar de Paulo, servo de Jesus Cristo; e, se não me engano, li em algum lugar acerca de John Dryden, criado de sua Majestade.[28]

Um tolo. – Se ele não fosse um tolo cheio de si.[29] Certos grandes poetas são indiscutivelmente tapados.[30]

Uma coisa. – Uma coisinha tão insignificante quanto o Sr. Dryden.[31]

O SR. POPE

SUA POLÍTICA, RELIGIÃO, MORAL

O Sr. Pope é um inimigo aberto e mortal do seu país e da comunidade do saber.[32] Alguns o chamam de Whig papista, o que é diretamente incompatível.[33] Pope, por ser papista, deve ser um Tory e High-Flyer.[34] Ele é ao mesmo tempo um Whig e um Tory.[35]

Ele tem por hábito cacarejar para mais de um partido em seus próprios sentimentos.[36]

---

[22] P. 192.
[23] P. 125. [*Poetis quidlibet audendi*: poetas podem ousar o quanto quiserem (Horácio, *Arte poética* v. 7).]
[24] *Chicote e chave*, pref.
[25] Milbourn, p. 105.
[26] P. 11.
[27] P. [178].
[28] P. 57.
[29] *Chicote e chave*, pref.
[30] Milbourn, p. 34.
[31] *Ibid.*, p. 35.
[32] Dennis, *Obs. sobre o Rapto da madeixa*, pref., p. xi.
[33] *Imbecilíada dissecada*.
[34] Pref. à *Gulliveriana*.
[35] Dennis, *Caráter do Sr. Pope*.
[36] Theobald, carta no *Mist's Journal*, 22 de junho de 1728.

Em suas miscelâneas, as pessoas ofendidas são o Rei, a Rainha, Sua Majestade falecida, ambas as Casas do Parlamento, o Conselho Privado, o Sínodo de Bispos, a Igreja Estabelecida, o atual Ministério etc. Para entender o sentido de certas passagens, elas precisam ser interpretadas como escândalo régio.[37]

Ele é um rimador papista, criado com desprezo pelas Sagradas Escrituras.[38] Sua religião lhe permite destruir heréticos não apenas com sua pena, mas com fogo e espada; e assim foram todos os lumes infelizes que ele sacrificou aos seus malditos princípios papistas.[39] Merecia vingança sugerir que o Sr. Pope tinha menos infalibilidade que seu homônimo em Roma.[40]

O SR. POPE É APENAS UM VERSEJADOR

A métrica suave da *Imbecilíada* são a única coisa que a notabiliza, pois ela não tem qualquer outro mérito.[41] Deve-se admitir que ele tem uma inclinação notável para rimar e escrever versos suaves.[42]

O HOMERO DO SR. POPE

O Homero que Lintot imprimiu não fala como Homero, mas como Pope; e ele que o traduziu, poder-se-ia jurar que tinha um monte em Tipperary como seu Parnaso, e uma poça em alguma charneca como sua Hipocrene.[43] Ele não tem admiradores entre os que sabem distinguir, discernir e julgar.[44] Ele tem uma inclinação para o verso suave, mas carece de gênio ou bom senso, ou de qualquer conhecimento tolerável de inglês. As qualidades que distinguem Homero são as belezas de sua dicção e a harmonia de sua versificação. Mas esse autoreco, que está tão na moda, não tem nem juízo em seus pensamentos nem inglês em suas expressões.[45]

O SR. POPE NÃO SABIA GREGO

Ele se aventurou a traduzir Homero do grego, do qual ele não sabe uma palavra, para o inglês, do qual ele entende igualmente pouco.[46] Pergunto-me que expressão faria esse cavalheiro, caso se descobrisse que ele não traduziu mais que dez versos em qualquer livro de Homero com justiça ao poeta, e no entanto ele ousa censurar

---

[37] Lista no fim de uma *Coletânea de versos, cartas, anúncios*, in-8º, impressa por A. Moore, 1728, e o prefácio a ela, p. 6.
[38] Dennis, *Observações sobre Homero*, p. 27.
[39] Prefácio à *Gulliveriana*, p. 11.
[40] Dedicatória da *Coletânea de versos, cartas etc.*, p. 9.
[41] *Mist's Journal*, 8 de junho de 1728.
[42] *Caráter do Sr. P.* e *Observações sobre Homero*.
[43] Dennis, *Observações sobre Homero*, p. 12.
[44] Dennis, *Obs. sobre o Rapto da madeixa*, p. vi.
[45] *Caráter do Sr. P.*, p. 17, e *Observações sobre Homero*, p. 91.
[46] Dennis, *Observações sobre Homero*, p. 12.

seus colegas escritores por não entenderem grego.[47] Ele aderiu tão pouco ao original que seu conhecimento do grego foi questionado.[48] Eu ficaria contente de saber qual de todas as excelências de Homero tanto encantou as damas, e os cavalheiros que julgam como damas.[49]

Mas ele tem um talento notável para o burlesco; seu gênio desliza tão naturalmente para ele que ele macaqueou Homero sem ter essa intenção.[50]

O SR. POPE LUDIBRIOU SEUS ASSINANTES

É realmente algo ousado, e quase prodigioso, para um único homem empreender tamanha obra; mas é demasiado tarde para dissuadir demonstrando a loucura do projeto. As expectativas dos assinantes foram elevadas na mesma proporção que seus bolsos foram esvaziados.[51] Pope esteve envolvido em transações, e alugou seu nome aos livreiros.[52]

NOMES ATRIBUÍDOS AO SR. POPE

Um símio. – Tomemos a letra inicial de seu nome de batismo, e as letras inicial e final de seu sobrenome, isto é, A P E, e elas lhe dão a mesma ideia de um símio que seu rosto[53] *etc.*
Uma mula. – É meu dever arrancar a pele de leão desta pequena mula.[54]
Um sapo. – Um cavalheiro atarracado – uma pequena criatura que, como o sapo na fábula, incha e se irrita por não conseguir ser tão grande quanto um boi.[55]
Um covarde. – Um covarde sorrateiro e dissimulado.[56]
Um bufão. – Ele é um daqueles que Deus e a natureza marcaram por falta de honestidade básica.[57]
Um tolo. – Grandes tolos serão batizados com os nomes de grandes poetas, e Pope será chamado de Homero.[58]
Uma coisa. – Uma coisinha abjeta.[59]

---

[47] *Daily Journal*, 23 de abril de 1728.
[48] Suplemento ao *Profundo*, pref.
[49] Oldmixon, *Ensaio sobre a crítica*, p. 66.
[50] Dennis, *Observações [sobre Homero]*, p. 28.
[51] *Homeríades*, p. 1 etc.
[52] *British Journal*, 25 de novembro de 1727.
[53] Dennis, *Daily Journal*, 11 de maio de 1728.
[54] Dennis, *Obs. sobre Homero*, pref.
[55] Dennis, *Obs. sobre o Rapto da madeixa*, pref., p. 9.
[56] *Car. do Sr. P.*, p. 3.
[57] *Ibid.*
[58] Dennis, *Obs. sobre Homero*, p. 37.
[59] *Ibid.*, p. 8.

DO AUTOR, UMA DECLARAÇÃO

[1735]

Considerando que certos armarinheiros de pontos e partículas, sendo instigados por espírito de orgulho, e assumindo para si o nome de críticos e restauradores, encarregaram-se de adulterar o senso comum e corrente dos nossos gloriosos ancestrais, poetas deste reino, aparando, cunhando, desfigurando as imagens, misturando sua própria liga vil, ou falsificando as mesmas de outra forma; que eles publicam, proclamam e vendem como genuínas; os ditos armarinheiros não tendo direito a elas, nem como herdeiros, executores, administradores, mandatários ou de qualquer modo relacionados a tais poetas, a todos eles ou qualquer um deles; por conseguinte nós, tendo cuidadosamente revisto esta nossa *Imbecilíada*,[1] que começa com as palavras "A poderosa Mãe" e termina com as palavras "sepulta tudo", contendo a soma total de mil setecentos e cinquenta e quatro versos, declaramos ser autêntica cada palavra, figura, ponto e vírgula desta impressão; e portanto vedamos e proibimos estritamente qualquer pessoa ou pessoas de apagar, reverter, pôr entre colchetes ou por qualquer outro meio, direta ou indiretamente, mudar ou deturpar qualquer um deles. E sinceramente exortamos por meio desta todos os nossos irmãos a seguir este nosso exemplo, que desejamos sinceramente que nossos grandes predecessores tivessem dado anteriormente, como remédio e prevenção de tais abusos. Sempre com a condição de que nada nesta declaração seja interpretado de modo a limitar o direito lícito e indubitável de cada súdito deste reino de julgar, censurar ou condenar, no todo ou em parte, qualquer poema ou poeta.

Feita da nossa mão em Londres, neste terceiro dia de janeiro, no ano de Nosso Senhor de mil setecentos e trinta e dois.

Declarat' cor' me,
JOHN BARBER, Prefeito

---

[1] Leia portanto com confiança, em vez de "que começa com a palavra 'livros' e termina com a palavra 'voa'", como antes estava. Leia também "contendo a soma total de mil setecentos e cinquenta e quatro versos", em vez de "mil e doze versos"; essas eram as palavras iniciais e finais, e esse o conteúdo autêntico e integral deste poema.

Fique sabendo, leitor, que a primeira edição dele, como a de Milton, nunca foi vista pelo autor (embora vivo e não cego)! O próprio editor confessou-o em seu prefácio [Apêndice I]; e nunca houve dois poemas publicados de maneira tão arbitrária. O editor deste tinha suprimido descaradamente trechos inteiros, até o último livro por inteiro, assim como o editor do *Paraíso perdido* acrescentou e aumentou. Milton deu apenas dez livros, seu editor doze; este autor deu quatro livros, seu editor somente três. Mas ficamos felizes de ter feito justiça a ambos; e presumimos que viveremos, neste nosso último labor, tanto quanto em qualquer um de nossos outros. BENTLEY.

ÍNDICE
DAS
PESSOAS CELEBRADAS
NESTE POEMA

O primeiro número mostra o livro, o segundo o verso.

A
[Addison, II 124, 140]
Alarico, III 91
alma mater, III 388
Ânio, um antiquário, IV 347
Arnall, William, II 315
Átila, III 92
[Atterbury, IV 246]

B
[Bacon, Francis, III 215]
Banks, I 146
[Barrow, Dr., IV 245]
Bávio, III 24
Benlowes, III 21
Bentley, Richard, IV 201
Bentley, Thomas, II 205
Benson, William, sr., III 325; IV 110
beócios, III 50
Blackmore, Sir Richard, I 104; II 268
Bladen, IV 560
Bland, um gazeteiro, I 231
Bond, II 126
Boyer, Abel, II 413
Breval, J. Durant, II 126, 238
Broome, I 146
Brown, III 28
Budgel, sr., II 337
Burgersdyck, IV 198
Burmannus, IV 237
[Burnet, Thomas, III 179]

C
Caxton, William, I 149
Centlivre, Susannah, II 411
César no Egito, I 251
[Chesterfield, IV 43]

Chi Ho-am-ti, imperador da China, III 75
Cibber, Colley, herói do poema, *passim*
Cibber, *jr.*, III 139, 326
Codro, II 144
Concanen, Matthew, II 299
[Congreve, II 124]
Cooke, Thomas, II 138
coruja, I 271, 290; III 54
coruja ateniense, IV 362
Crousaz, IV 198
Curll, Edmund, I 40; II 3, 58, 167 *etc*.

D
De Lyra, ou Harpsfield, I 153
Defoe, Daniel, I 103; II 147
Defoe, Norton, II 415
Dennis, John, I 106; II 239; III 173
Douglas, IV 394
[Ducket, III 179]
Dunton, John, II 144
D'Urfey, III 146

E
escoliastas, IV 231
Eusden, Laurence, poeta laureado, I 104
[Evans, Dr., II 116]

F
Fausto, Dr., III 233
Flecknoe, Richard, II 2
Fleetwood, IV 326
franceses, cozinheiros, IV 553
franco-maçons, IV 576

G
[Garth, II 140]
[Gay, II 127; III 330]
gazeteiros, I 215; II 314

[Genserico, III 92]
Gildon, Charles, I 296
godos, III 90
Goode, Barnham, III 153
[Gordon, Thomas, IV 492]
gregorianos e Gormogons, IV 575

H
Harpsfield, I 153
Hays, IV 560
Haywood, Eliza, II 157 etc.
Hearne, Thomas, III 185
[Heidegger, I 290]
Henley, John, o orador, II 2, 425; III 199 etc.
Heywood, John, I 98
holandeses, II 405; III 51
Holland, Philemon, I 154
Horneck, Philip, III 152
Howard, Edward, I 297
hunos, III 90

J
Jacob, Giles, III 149
Jaime I, IV 176
Janssen, um jogador, IV 326
João, rei, I 252
[Johnston, IV 112]
[Jones, Inigo, III 328]
judas e bufão, I 224

K
[Kirkall, II 160]
Knight, Robert, IV 561
Kuster, IV 237

L
Law, William, II 413
Lintot, Bernard, I 40; II 53
[Locke, John, III 215]

M
mãe e urso, I 101
Mandeville, II 414
Maomé, III 97
Mears, William, II 125; III 28
médicos em White's, I 203
Milbourn, Luke, II 349
[Milton, John, III 216]
Mist, Nathaniel, I 208
monges, III 52
Montalto, IV 105
More, James, II 50 etc.

Morgan, II 414
Morris, Bezaleel, II 126; III 168
Motteux, Peter, II 412
Múmio, um antiquário, IV 371
[Murray, IV 169]

N
Newcastle, Duquesa de, I 141
[Newton, Isaac, III 216]
Non-Juror, I 253

O
Ogilby, John, I 141, 328
Oldmixon, John, II 283
Omar, califa, III 81
Osborne, livreiro, II 167
Osborne, mãe, II 312
ostrogodos, III 93
Ozell, John, I 285

P
Paridel, IV 341
Philips, Ambrose, I 105; III 326
[Pope, Alexander, III 332]
[Popple, III 151]
[Prior, II 124-138]
Prynne, William, I 103
[Pulteney, IV 170]

Q
Quarles, Francis, I 140
Querno, Camilo, II 15

R
Ralph, James, I 216; III 165
[rebotalhos, I 126]
Rich, III 261
Ridpath, George, I 208; II 149
Ripley, Thomas, III 327
Roome, Edward, III 152
Roper, Abel, II 149

S
Settle, Elkanah, I 90, 146; III 37
Shadwell, Thomas, I 240; III 22
[Shaftesbury, IV 488]
Sileno, IV 492
Smedley, Jonathan, II 291 *etc.*
[Swift, Jonathan, I 19; II 116, 138; III 331]

T
[Talbot, IV 168]
Tate, I 105, 238

Taylor, John, o poeta da água, III 19
Theobald, ou Tibbald, I 133, 286
[Thomas, Sra., II 70]
[Thorold, Sir George, I 85]
Tindal, Dr., II 399; III 212; IV 492
Toland, John, II 399; III 212
[Tonson, Jacob, I 57; II 68]
Tronco, Rei, I *lin. ult.*
Tutchin, John, II 148

V

vândalos, III 86
visigodos, III 94

W

Walker, chapeleiro de Bentley, IV 206, 273
Walpole, à época Sir Robert, louvado por nosso autor, II 314
Ward, Edward, I 233 [II 34]
Ward, John, III 34
Warner, Thomas, II 125
Wasse, IV 237
Webster, II 258
Welsted, Leonard, II 207; III 170
Whitfield, II 258
Wilkins, II 125
Withers, George, I 296
Woolston, Thomas, III 212
Wormius, III 188
[Wren, Sir Christopher, III 329]
[Wyndham, IV 167]
Wynkyn de Worde, I 149

Y

[Young, Edward, II 116]

ÍNDICE
dos
ASSUNTOS CONTIDOS NESTE POEMA E NOTAS

O primeiro número denota o livro, o segundo o verso e a nota a ele.
Test.: Testemunhos. *Ap*.: Apêndice.

A
Aceno, descrito, II 391
ADDISON (Sr.) ralhado por A. Philips, III 326
   celebrado por nosso autor — por ocasião de seu *Discurso das medalhas* — em seu *Prólogo a Catão* — em sua *Imitação da Epístola de Horácio a Augusto* — e neste poema, II 140
   desmentidos pelos testemunhos do Conde de Burlington,
   Sr. Tickel,
   próprio Sr. Addison, *ibid*.
   fatos falsos acerca dele e de nosso autor relatados por pessoas anônimas no *Mist's Journal etc.*, *Test*.
   injuriado por J. Oldmixon em seu *Ensaio sobre a crítica* em prosa *etc.*, II 283
   por J. Ralph num *London Journal*, III 165
Alfaiates, uma boa palavra para eles, contra poetas e maus pagadores, II 118
Alegações extraordinárias, II 268
Alma (ordinária) seu ofício, IV 441
Altar de obras de Cibber, como foi construído e fundado, I 157 *etc*.
Amizade, entendida pelo Sr. Dennis como outra coisa entre Niso e Euríalo, *etc*. III 179
Aparências, que nunca devemos julgar por elas, especialmente de poetas e teólogos, II 426
Apitos, II 231
Aprendizado de índices, seu uso, I 279
A priori, não o melhor argumento para provar Deus, IV 471
ARNALL, William, o que ele recebeu do Tesouro por escrever panfletos, II 315

[ARISTÓTELES, seus amigos e confessores, de quem, IV 192
como sua Ética caiu em desuso, *ibid*.]
Assertividade, outra: *Test*. [A que o Sr. Theobald acrescenta malevolência, despeito, revanchismo, I 106]

B
BEDLAM, I 29
[Bálsamo de Tôrpia, o verdadeiro e o espúrio, sua eficácia, por quem foi preparado, IV 544]
BANKS, sua semelhança com o Sr. Cibber na tragédia, I 146
[BATES (Julius) ver Hutchinson (John)]
BAVIUS, III 24. Alta opinião do Sr. Dennis a respeito dele, *ibid*.
Bedéis, como os poetas correm deles, II 61
Biblioteca de Bays, I 131
Billingsgate, sua linguagem, como ser usada por autores educados, II 142
BLACKMORE (Sir Richard) sua impiedade e irreligião provadas pelo Sr. Dennis, II 268
a quantidade de suas obras e várias opiniões sobre elas — suas injúrias contra o Sr. Dryden e o Sr. Pope, *ibid*.
BLAND, o que houve com suas obras, I 231
Boa índole do nosso autor; exemplos dela nesta obra, I 328, II 282
Bom senso, gramática e verso, que se desejou afastar em prol do Sr. Bezaleel Morris e suas obras, III 168
BOND, BEZALEEL, BREVAL, não escritores vivos, mas fantasmas, II 126
Bridewell, II 269
BROOM, criado de Ben Jonson, *ibid*.

BROOME (Rev. Sr. William) seus sentimentos sobre a virtude do nosso autor, *Test*.
[os do nosso autor sobre a sua, III 332]
Burros, no portão de um cidadão pela manhã, II 247

C
Cadeia, II *prope fin*.
Carolina, uma flor curiosa, seu destino, IV 409 *etc*.
Cavalheiro, seu hino ao criador, por Welsted, II 207
Cervejaria, lugar de nascimento do Sr. Cook, II 138
   uma mantida por Edward Ward, I 233
   e por Taylor, o poeta da água, III 19
CIBBER, herói do poema, seu caráter, I 109. Não absolutamente estúpido, *ibid*. Não infeliz como almofadinha, *ibid*. Não um escritor lerdo, mas precipitado, embora pesado, 123. Suas produções são efeito do calor, embora imperfeito, 126. Sua loucura acrescida de frenesi, 125. Ele tomou emprestado de Fletcher e Molière, 131. Deturpou Shakespeare, 133. Sua cabeça distinguiu-se usando uma extraordinária peruca, 167. Mais que por sua faculdade de raciocínio, mas não sem conteúdo, 177. Sua elasticidade e fogo, e como ele as obteve, 186. Outrora se pensou que ele tinha escrito uma peça razoável, 188. Caráter geral de seu verso e prosa, 190. Sua conversação, de que modo extensa e útil, 192 *etc*. Foi destinado à Igreja, onde teria sido bispo, 200. Desde então inclinado a escrever para o Ministro de Estado, 213. Mas determinado a aferrar-se a seus outros talentos, e quais são eles, 217 *etc*. Sua apóstrofe a suas obras antes de queimá-las, 225 *etc*. Seu arrependimento e lágrimas, 243. Tôrpia apaga o fogo, 257. Inaugura-o e unge-o, 287. Sua coroa, por quem foi trançada, 223. De que é composta, I 303. Quem o introduziu na corte, 300. Quem são seus apoiadores, 307. Sua entrada, acompanhantes e proclamação, *usque ad fin*. Sua entronização, II 1. Passa todo seu reinado assistindo espetáculos, Livro II *passim*. E sonhando sonhos, Livro III *passim*. Settle aparece para ele, III 35. Semelhança entre ele e Settle, III 37 e I 146. Profecia de Goodman sobre ele, III 232.

Como ele traduziu uma ópera sem saber o enredo, 305. E incentivou farsas porque era contra sua consciência, 266. Declara que nunca montou um dragão, 268. Apreensões acerca de atuar numa serpente, 287. Quais foram as paixões de sua velhice, 303, 304. Finalmente reclina no colo de Tôrpia, onde descansa por toda a eternidade, IV 20 e nota seu pai, I 31; seus dois irmãos, 32; seu filho, III 142; sua melhor progenitura, I 228
CONCANEN (Matthew) um dos autores dos *Weekly Journals*, II 299
   da opinião de que Juvenal nunca satirizou a pobreza de Codro, II 144
   declarou que, quando este poema tinha lacunas, indicavam traição, II 297
COOKE (Thomas) injuriado pelo Sr. Pope, II 138
Corncutter's Journal, quanto custava, II 314
Corujas e ópio, I 271
Corujas, desejadas para responder ao Sr. Ralph, III 166
Cozinheiros franceses, IV 553
Críticos verbais, deve-se conceder-lhes dois postulados, II 1
Críticos verbais, dois pontos que se lhes deve sempre conceder, II 1
CURLL, Edmund, seu panegírico, II 58
   sua Corina, e o que ela fez, 70
   sua prece, 80 — como Erídano, 182
   muito favorecido por Cloacina, 97 *etc*.
   jogado num cobertor e açoitado, 151
   no pelourinho, II 3

D
Direito divino, IV 188
Defoe, Daniel, no que se assemelha a William Prynne, I 103
Defoe, Norton, escritor escandaloso, II 415
DENNIS (John) seu caráter de si mesmo, I 106
   e política, I 106, II 413
   estimado por nosso autor e por que, *ibid*.
   grande amigo do palco — e do Estado, II 413
   mais velho que o Sr. D'Urfey, III 173
   seu gosto por trocadilhos, I 63
   sua grande lealdade ao rei Jorge, como foi provada, I 106

como ele prova que apenas *non-jurors* e pessoas ressentidas escreveram contra peças teatrais, *ibid.*
seu respeito pela Bíblia e o Corão, *ibid.*
sua desculpa para a obscenidade em peças, III 179
seu medo mortal do Sr. Pope, fundado nas assertivas do Sr. Curll, I 106
da opinião de que ele envenenou Curll, *ibid.*
sua razão pela qual Homero tinha, ou não tinha, dívidas, II 118
suas acusações contra Sir R. Blackmore,
  por não ser protestante, II 268
  por não ser poeta, *ibid.*
sua maravilhosa dedicatória ao Sr. G. D. III 179
Dedicadores, II 198 *etc.*
[Difamador (ver Edwards, Thomas) um crítico da Grub Street que se desmantelou, IV 567]
Dispensário do Dr. Garth, II 140
DULNESS, a deusa, sua origem e seus pais, I 12. Seu antigo império, 17. Seu colégio público, I 29. Academia de Educação Poética, 33. Suas virtudes cardeais, 45 *etc.* Suas ideias, produções e criação, 55 *etc.* Sua observação e contemplação de suas obras, 79 *etc.* E de seus filhos, 93. Sua sucessão ininterrupta, 98 *etc.* a 108. Sua aparição para Cibber, 261. Ela manifesta a ele suas obras, 273 *etc.* Unge-o, 287 *etc.* Institui jogos em sua coroação, II 18 *etc.* A maneira como ela cria um lume, II 47. Grande apreciadora de piadas, 34. E gosta de repeti-las, 122. Sua forma e meios de proporcionar o patético e o terrível na tragédia, 225 *etc.* Incentiva falação e berreiro, 237 *etc.* E é padroeira de propaganda política e ralhação, 276 *etc.* Usa cabeças de críticos como balança para sopesar a massa de autores, 367. Induz ao sono com as obras desses autores, *ibid.* A maravilhosa virtude de dormir no seu colo, III 5 *etc.* Seu Elísio, 15 *etc.* As almas de seus filhos mergulhadas no Lete, 23. Como são trazidas ao mundo, 29. Sua transfiguração e metempsicose, 50. Extensão e glórias de seu império, e suas conquistas por todo o mundo, III 67 a 138. Catálogo de suas forças poéticas nesta nação, 139 a 212. Profecia de sua restauração, 333 *etc.* Realização da mesma, Livro IV. Sua aparição no trono, com as ciências levadas em triunfo, IV 21 *etc.* Tragédia e comédia silenciadas, 37. Assembleia geral de todos os seus devotos, 73. Seus patronos, 95. [Seus críticos, 115.] Seu domínio sobre as escolas, 149 a 180. E universidades, 189 a 274. Como ela educa os cavalheiros em suas viagens, 293 a 334. Constitui virtuosos em ciência, 355 *etc.* Livres-pensadores em religião, 459. Escravos e dependentes no governo, 505. Finalmente transforma-os em bestas, mas preserva a forma de homens, 525. Qual espécie de consolo ela lhes envia, 529 *etc.* Quais comendas e graus ela lhes confere, 565. Qual desempenho ela espera deles, conforme seus diversos encargos e graus, 583. O poderoso bocejo com o qual ela os bafeja, 605 *etc.* Seu progresso e efeitos, 607 *etc.* Até a consumação de tudo, na total extinção da alma razoável e restauração da Noite e do Caos, *usq. ad fin.*

E
[EDWARDS (Thomas) IV 567]
Escolas, sua homenagem a Tôrpia, e no que, IV 150 *etc.*
Escoliastas, III 191, IV 211, 232
Ésquilo, III 313
EUSDEN (Laurence) I 104
  acusado de absurdez por Oldmixon, *ibid.*

F
Face sétupla, quem foi mestre dela, I 244
Falsidades e bajulações que se permitiu inscrever em igrejas, I 43
FALSIDADES, impressas sobre nosso autor
  por ter tirado versos de James Moore, *Test.*
  e por ter pretendido injuriar o bispo Burnet, *ibid.*
  por John Dennis, por ter realmente envenenado o Sr. Curll, I 106
  e por desprezar as Escrituras sagradas, II 268
  por Edward Ward, por ter sido subornado por uma duquesa para satirizar Ward de Hackney no pelourinho, III 34
  por um jornalista do *Mist*, pelo procedimento escuso nas empreitadas da *Odisseia* e de Shakespeare, *Test.*

desmentidas pelo testemunho dos Lordes Harcourt e Bathurst
por um jornalista do *Mist*, acerca do Sr. Addison e dele, duas ou três mentiras, *Test*.
pelo *Pasquin*, por ter participado de uma conspiração, III 179
por Sir Richard Blackmore, por ter macaqueado as Escrituras, segundo declaração de Curll, II 268
Fleet Ditch, II 271. Suas ninfas, 333. Descobertas feitas ali, *ibid*.
Fletcher, tornado propriedade de Cibber, I 131
Fronte de Cibber, o que significa, I 218
lida por alguns como de Cérbero, *ibid*. nota
Furius, Sr. Dennis chamado assim pelo Sr. Theobald, I 106

G

Gazeteiros, o preço monstruoso de seus escritos, II 314. O destino miserável de suas obras, *ibid*.
Gildon (Charles) injuriou nosso autor em muitas coisas, *Test*. I 296
imprimiu contra Jesus Cristo, I 296
Gildon e Dennis, suas infelizes divergências lamentadas, III 173

H

Handel, excelente músico, banido para a Irlanda pela nobreza inglesa, IV 65
Haywood (Sra.) qual espécie de jogo para ela, II 157. Vencida por Curll, 187. Seu grande respeito por ele. Os rebentos de seu cérebro e corpo (segundo Curll), *ibid*. Não desvalorizada por ser comparada a um penico, 165
Heidegger, estranho pássaro da Suíça, I 290
Henley (John, o orador) seu púlpito e eucaristia, II 2. Sua história, III 199. Sua opinião sobre a ordenação e o sacerdócio cristão, *ibid*. Suas medalhas, *ibid*.
Horácio, censurado pelo Sr. Welsted, *Test*. não sabia o que estava fazendo quando escreveu sua *Arte poética*, *ibid*.
Horneck e Roome, dois propagandistas políticos, III 152
[Hutchinson (John) com seu criado Julius, subministro dos ritos de Tôrpia, III 215 nunca dobrou o joelho ao bom senso corta os pomares da Academia, III 334

profana os altos lugares da geometria e pisoteia o Dagon caído da filosofia newtoniana, [IV 192]]

I

Imbecilíada, como grafá-la corretamente, I 1
Impudência, celebrada no Sr. Curll, II 179, 186
no Sr. Norton Defoe, II 415
no Sr. Henley, III 199
no Sr. Cibber *jr*., III 139
no Sr. Cibber *sen*., *passim*
Indecência, em peças, não desaprovada pelo Sr. Dennis, III 179
Injúrias pessoais não devem ser toleradas, na opinião do Sr. Dennis, Theobald, Curll *etc*., II 142
Injúrias pessoais contra o nosso autor, pelo Sr. Dennis, Gildon *etc*., *ibid*. — pelo Sr. Theobald, *Test*. — pelo Sr. Ralph, III 165 — pelo Sr. Welsted, II 207 — pelo Sr. Cooke, II 138 — pelo Sr. Concanen, II 299 — por Sir Richard Blackmore, II 268 — por Edward Ward, III 34 — e seus confrades, *passim*
Injúrias pessoais de outros. Do Sr. Theobald contra o Sr. Dennis pela sua pobreza, I 106. Do Sr. Dennis contra o Sr. Theobald por tirar sustento do palco e da lei, I 286. Do Sr. Dennis contra o Sr. Richard Blackmore por impiedade, II 268. Do Dr. Smedley contra o Sr. Concanen, II 299. Do Sr. Oldmixon contra o Sr. Eusden, I 104. Do Sr. Addison, II 283. Do Sr. Cook contra o Sr. Eusden, I 104

J

Jornais, como custaram caro à nação, II 314

L

Laranjas, e seu uso, I 236
Laureado, sua coroa, do que é composta, I 303
[Liberdade e monarquia confundidas, IV 181]
[Licofron, sua lanterna escura, por quem foi aberta, IV 6]
Lintot (Bernard) II 53
Livreiros, como correm atrás de um poeta, II 31 *etc*.
Loucos, dois parentes de Cibber, I 32

Loucura, de qual espécie era a do Sr. Dennis,
  segundo Platão, I 106
  segundo ele mesmo, II 268
  [como se aliou a Tôrpia, III 15]
Lud (rei) II 359

M

Mac Flecknoe, não tão decente e casto na dicção quanto a *Imbecilíada*, II 75
Mago, seu cálice, e os estranhos efeitos dele, IV 517 *etc.*
Marmelo, totalmente impróprio para ser aplicado a jovens fidalgos, III 334
Mastro de maio na Strand, transformado em igreja, II 28
Medalhas, como foram engolidas e recuperadas, IV 375
Mercúrios e revistas, I 42
Mentiras sepulcrais em paredes de igrejas, I 43
[Microscópio do lume, a ser recebido do Sr. John Upton, IV 233]
MILBOURN, um crítico justo, e por que, II 349
Molière, crucificado, I 132
Monumentos de poetas, com inscrições a outros homens, IV 131 *etc.*
MOORE (James) sua história em seis versos, que ridicularizou o bispo Burnet nas *Mem*órias de *um clérigo de paróquia*, provada falsa pelos testemunhos do Conde de Peterborough, *ibid.*
  Dr. Arbuthnot, *ibid.*
  Erasmo, seu conselho a ele, II 50
  Lorde Bolingbroke, *Test.*
  seus plágios, alguns deles, *ibid.* e II 50.
  Do que ele era realmente autor (além da história mencionada acima). Ver *Lista de artigos difamatórios*
  Sr. Hugh Bethel, *ibid.*
MORRIS (Bezaleel) II 126, III 168
Moscas, inapropriadas como objeto supremo do estudo humano, IV 454

N

Noῦς [onde fazia falta] IV 244

O

O de Needham, I 324
Odisseia, falsidades acerca das propostas do Sr. P. para essa obra, *Test.*
  desmentidas por essas mesmas propostas, *ibid.*
OLDMIXON (John) injuriou o Sr. Addison e o Sr. Pope, II 283. Falsificou a *História de Daniel*, depois acusou outros de falsificar a de Lorde Clarendon; sua calúnia comprovada, *ibid.*
  injuriou o Sr. Eusden e meu Lorde Chamberlain, I 104
Ópera, seu avanço, III 301, IV 45 *etc.*
Orelhas, conselhos a algumas pessoas sobre como preservá-las, III 214
[Osborne, livreiro, coroado com um penico, II 190
Osborne (Mãe) transformada em pedra, II 312]

P

Palmeiros, peregrinos, III 113
Pelourinho, um posto de respeito, na opinião do Sr. Curll, III 34
  e do Sr. Ward, *ibid.*
Piões, III 57
Plágio, descrito, II 47 *etc.*
Pobreza e poesia, sua gruta, I 33
Pobreza, nunca deve ser mencionada na sátira, na opinião dos jornalistas e escritores mercenários — A pobreza de Codro, não abordada por Juvenal, II 144. Quando e em que medida a pobreza pode ser satirizada, *Carta*, p. vi. Quando mencionada por nosso autor, é somente como extenuação e desculpa para maus escritores, II 282
Política, muito útil na crítica, do Sr. Dennis, I 106, II 413
Pope (Sr.) sua vida. Educado por jesuítas — por um pároco — por um monge — em St. Omer — em Oxford — em casa — em lugar nenhum, *Test. init.* Seu pai um mercador, um agricultor, um fazendeiro, um chapeleiro, o Diabo, *ibid.*
  ameaçado de morte pelo Dr. Smedley, *ibid.*, mas depois incentivado a enforcar-se ou cortar sua garganta, *ibid.* Deve ser caçado como um animal selvagem, pelo Sr. Theobald, *ibid.*, a menos que seja enforcado por traição, mediante informação do *Pasquin*, Sr. Dennis, Sr. Curll e Concanen, *ibid.*
Procissão do Lorde Mayor, I 85

Profanidade, não deve ser tolerada no nosso autor, mas muito permissível em Shakespeare, I 50

Propagandistas políticos, suas três qualificações, II 276

[Proteu (fábula de), o que se deve entender por ela, I 31]

Píndaros e Miltons, da espécie moderna, III 164

[Pulgas e críticos verbais comparados, como juízes equivalentes da constituição e do espírito humano, IV 238]

Q

Querno, sua semelhança com o Sr. Cibber, II 15. Chorou de alegria, *ibid*. Como fez o Sr. C., I 243

R

Raiva, uma das características dos *Escritos críticos* do Sr. Dennis, I 106

Ralph (James) III 165. Ver *Sawney*

[Revistas, seu caráter, I 42]

Roome e Horneck, III 152

S

Sawney, um poema: grande ignorância do autor em estudos clássicos, I 1
em línguas, III 165

Sem jantar, um erro acerca desta palavra retificado com respeito aos poetas e outros estudantes comedidos, I 115.

Semelhança do herói com diversos grandes autores,
com Querno, *ut supra*
com Settle III 37
com Banks e Broome, I 146

Settle (Elkanah) relato do Sr. Dennis sobre ele, III 37. E do Sr. Welsted, *ibid*. Já foi preferido a Dryden, III 37. Escritor de panfletos políticos, *ibid*. e III 283. Escritor de farsas e burlescos, empregado por fim na Feira de Bartolomeu, III 283

Shakespeare, deve ser grafado sempre com um *e* no fim, I 1; mas não com um *e* no meio, *ibid*. Uma edição dele em mármore, *ibid*. Deturpado, alterado e cortado por atores e críticos, I 133. Ainda muito doído de Tibbald, *ibid*.

seus elogios a si mesmo acima do Sr. Addison, *ibid*.

[Sibila maltrapilha, III 15]

Sileno, descrito, IV 492

Sinos de Bow, III 278

Soníferos, dois muito consideráveis, II 370. Sua eficácia, 390 *etc.*

Sorvos, perigosos para um poeta, III 146

Suíços do céu, quem são, II 358

T

Tibbald, não é o herói deste poema, I *init*. Publicou uma edição de Shakespeare, I 133. Autor, secretamente, e apoiador de difamações contra o Sr. Pope. Ver *Test*. e *Lista de livros*

Thule, um poema muito setentrional, extingue um fogo, I 258

Tronco (rei) I *ver. ult*.

Trovão, como fazê-lo segundo a receita do Sr. Dennis, II 226

U

Universidade, como passar por ela, IV 255, 289

[Upton (John), escoliasta renegado, escreve notas à beira da lareira, IV 237]

V

[Vassouras (um vendedor de) ensinou a Sr. John Jackson seu ofício, II 137]

Veneza, a cidade, e por que é famosa, IV 308

Viagens, descritas, e suas vantagens, IV 293 *etc.*

Z

Zurrar, palavra muito apreciada por Sir Richard, II 260

Zurro, descrito, II 247

W

Ward (Edward) poeta e dono de cervejaria em Moorfields, I 233
o que foi feito de suas obras, *ibid*.
sua alta opinião de seu homônimo, e seu respeito pelo pelourinho, III 34

Welsted (Leonard) um dos autores dos *Weekly Journals*, injuriou nosso autor *etc.* muitos anos depois, II 207. Tomado por Dennis por um mergulhão, *ibid*. O caráter de sua poesia, III 170

Weekly Journals, por quem são escritos, II 280

FIM

TERMINOLOGIA E OPÇÕES DE TRADUÇÃO

Dunciad
Imbecilíada (título e ocorrência única no liv. 4, v. 604)

dunce (cf. Rumbold nota p. 31)
imbecil (por coerência com o título, foi mantido em todas as ocorrências)

Dulness
(a deusa; mas nunca ocorre "deusa Dulness", somente uma vez, em orações contíguas: "*born a goddess, Dulness never dies*", no liv. 1, v. 18; no mais, o autor utiliza ora "deusa", ora "Dulness")

Por princípio, quis evitar os insultos correntes que derivam de nomes de animais, pois esses seres habitam o planeta há muito mais tempo do que nós e possuem uma apreensão própria do mundo. Muitos deles manifestam formas especiais de inteligência e sentimento, que ainda mal conhecemos. Seja como for, não têm culpa nenhuma pela estupidez humana e só sofrem com ela. Por isso, recusei de saída: asneira, besteira, bestice, burrice e os correlatos anta, asno, besta, burro, jerico, jumento, toupeira.

Preferi a eles termos que se referem à limitação do intelecto humano: estúpido, fronteiriço, idiota, imbecil, limitado, limítrofe, retardado, tapado. Apesar da evidente carga pejorativa que contêm, devemos lembrar que ninguém tem culpa de não saber – exceto quando se esforça para não saber. A ignorância é um estado primordial do qual lutamos para nos libertar. Todos nascemos sem saber nada e chegamos ao fim da vida sabendo muito menos do que deveríamos.

Para o nome da deusa, comecei testando substantivos comuns femininos para traduzir noções correlatas de:
- ignorância: Estultícia, Parvoíce, Toleima, Tolice, Tontice
- incapacidade: Carência, Desídia, Inépcia, Leseira, Moleza
- loucura: Demência, Insânia, Patacoada
- monotonia: Chatice, Modorra, Planura, Tepidez
- vileza: Baixeza, Bazófia, Lorota, Piora, Podridão, a própria Vileza

O mesmo com adjetivos que exprimem:
- ignorância: Néscia, Obtusa, Parva, Sandia
- incapacidade: Débil, Pacóvia, Palúrdia, Tarouca
- insignificância: Pífia
- vileza: Sórdida

Depois tentei criar neologismos com base nesses substantivos ou adjetivos, acrescidos de sufixos com conotação pejorativa, diminutiva ou aumentativa:
Degradina
Desgóstia

Desgostina
Despautéria
Destrambelha
Estúlcia
Imbecilda
Lerdeira
Porcarina
Porquera
Rebaixeza
Rebaixona
Rebaixosa
Rebaixórdia
Sordídia

E até mesmo trocadilhos com o título do poema:

Dúncia (cuja história é narrada na *Dunciana*)
Duncioneia (misturada com a Dulcineia do Dom Quixote)
Furdúncia (cuja epopeia seria a *Furdunçada*, e os sequazes Dúncio e Furdúncio)

Na mesma linha, sondei as possibilidades de nomes curtos, de duas ou três sílabas, com ritmo próximo ao do original:

Díspara
Párvia
Sórdia
Tédia

Também tentei brevemente nomes amalgamados ou trocadilhos, mas já recusando de cara alguns que remetiam a nomes de animais:

Asnédia
Bestacilda
Besteirama (lembra Belisama, deusa gaulesa; seria filha do deus Esculhambo com a deusa Avacalha)
Estultície (de Estulta com Imundície, mas é muito próxima de estultice)
Nescídia (de Néscia com Desídia)
Porcáritas (satiriza as Cárites gregas, equivalentes das Graças romanas, bem como a virtude da caridade, *caritas* em latim)
Rebostalha

Enfim, seria interessante que o nome da deusa correspondesse ao de seus acólitos, qualificados no poema de *dull*, que podem ser os "torpes". Juntando essa ideia com as de neologismo e palavra curta, cheguei em:
Tôrpia

Os termos mais comuns, por sua vez, foram restituídos por meio das equivalências que seguem:

dulness	torpeza
folly	idiotice

nonsense	absurdez
self-conceit	autossatisfação, vaidade (cf. Rumbold p. 342 n. 533)
block(head)	tapado
blunder(er)	parvo(íce)
coxcomb	empertigado, almofadinha
dull	torpe
fop	janota
knave	patife
rake	libertino
rogue	canalha
scoundrel	velhaco
abuse	injúria, injuriar
libel	difamação, difamar
libeller	difamador
rail (at)	ralhar, recriminar
scurrilities	difamações
scurrilous	difamatório
slander	calúnia
tax	acusar, atacar, criticar
hackney writer	escritor mercenário
party-writing	propaganda política
party-writer	propagandista político
brain	cérebro
mind	mente
soul	alma
genius	gênio
spirit	espírito
wit(s)	lume(s), juízo
learning	o saber
(the) learned	(os) douto(s)
the learned Scriblerus	o douto [Martinho] Escrevinho

REFERÊNCIAS BIBLIOGRÁFICAS

Edições da *Imbecilíada*

The Dunciad in Four Books, ed. Valerie Rumbold, Routledge, Longman Annotated Texts, Oxon, 2014 [reimpr. da 2ª ed.], 456 p.

A obra máxima de referência, que fornece a versão mais abalizada do texto e esclarece todas as citações e alusões em comentários precisos e abrangentes. Com introdução da autora, bibliografia e índice.

Ed. anteriores:

1ª ed., Addison Wesley, 1999: todo verso e prosa com notas, apêndices e comentários.

2ª ed., Prentice Hall, 2009, 464 p.

1ª ed., Routledge, Longman Annotated Texts, 2014.

The Poetical Works of Alexander Pope, vol. II, M DCCC LVI, with memoir, critical dissertation, and explanatory notes by the Rev. George Gilfillan

Edição em domínio público disponível no site do Project Gutenberg, foi usada para obter o arquivo digital do texto inglês completo com as notas, introduções e apêndices. Com relação à ed. Rumbold, apresenta variações, menores no corpo do texto, mais importantes nas notas. Não contém os diversos formatos de tipo do livro impresso (itálicos, negritos, versaletes etc.).

Comentários e pastiches do séc. XVIII

A Complete Key to the Dunciad – How easily two wits agree, one finds the poem, one the key (1728), Edmund Curll, Lightning Source, 2009, 28 p.

A New Book of the Dunciad, by William Dodd, occasioned by Mr. [William] Warburton's new edition of the Dunciad complete (1750), Lightning Source, 2009, 36 p.

An Essay on Satire, particularly on the Dunciad, Walter Harte, Library of Alexandria, 2015: 18th--century essay in gratitude for and defense of Pope.

Pastiches do séc. XX

Dunciad Minor, A. D. Hope, Allen & Unwin, 2012: a 20th-century pastiche attacking contemporary literary criticism in defense of Pope's poetry.

The Modern Dunciad, Virgil in London and other poems, George Daniel, Lightning Source, 2007, 352 p.

Comentários acadêmicos

The poetry of Pope's Dunciad, John E. Sitter, Minnesota University, 1972, 144 p.

Obra de referência

The Cambridge Encyclopedia of the English Language, David Crystal, Cambridge University Press, 1995, 489 p.

Completíssima e ricamente ilustrada, cobre história, vocabulário, gramática, fonética, ortografia, uso e aprendizado da língua em suas variações temporais, nacionais, regionais, dialetais e sociais, com preciosas informações sobre as particularidades do idioma em todos os seus períodos históricos, enfatizando a linguagem literária e os vários tipos de texto.

Traduções de Pope para o português

Alexander Pope – poemas, ed. bilíngue, trad. e pref. Paulo Vizioli, Nova Alexandria, 1994.

Sobre tradução de poesia

Arthur Rimbaud, *Prosa poética* (ed. bil.), trad. Ivo Barroso, Topbooks, Rio de Janeiro, 1998, 413 p.
Seu prefácio, ensaio e notas são um guia e estímulo para a tradução poética.

Ovídio (Públio Ovídio Naso), *Metamorfoses*, trad. Francisco José Freire, em "Edição do manuscrito e estudo das *Metamorfoses* de Ovídio traduzidas por Francisco José Freire", Aristóteles Angheben Predebon, dissertação de mestrado, Universidade de São Paulo, 2006.
Utilizada para a tradução dos trechos citados por Pope no poema e seu aparato textual.

Sousândrade, *Poesia*, por Augusto e Haroldo de Campos, col. Nossos Clássicos 85, Livraria Agir Editora, Rio de Janeiro, 1966, 91 p.
Antologia cuja apresentação elucida vários traços estilísticos de utilidade para uma tradução de poesia.

Virgílio (Públio Virgílio Maro), *Eneida*, trad. de Manuel Odorico Mendes, Clássicos Jackson vol. III, eBooksBrasil.org, 1854.
Utilizada para a tradução dos trechos citados por Pope no poema e seu aparato textual. Odorico cita o nome de Pope na sua explanação "Ao público", esperando que sua tradução se aproxime da dele e de outros tradutores celebrados de Virgílio.

THE DUNCIAD
by
ALEXANDER POPE

(Original em inglês)

Este livro foi composto com a tipologia
Minion Pro e impresso em papel
Off White 80g/m² em 2021.